Manfred Matzka

# Hofräte, Einflüsterer, Spin-Doktoren

Manfred Matzka

# Hofräte
# Einflüsterer
# Spin-Doktoren

300 Jahre graue Eminenzen
am Ballhausplatz

Brandstätter

# Inhalt

# Vieler Herren Räte

*„Kennt der Regent noch so genau seine Pflichten, so ist es doch zur Ausübung der Majestätsrechte notwendig, dass er die Verhältnisse des ganzen Staates und die besonderen Bedürfnisse kennt. Diese müssen ihm nun von seinen Räten getreu vorgelegt werden. Hieraus erhellt, von welcher Wichtigkeit die Wahl des Beamten sei. Auf diese kommt alles an. Ist der Monarch von vernünftigen Beamten umgeben, so ist er vor den meisten Fehltritten gesichert."*

Martini, Lehrsätze über das allgemeine Staatsrecht, 1791

„Zum Chef!" Tausendmal hat mich diese denkbar knappe telefonische Mitteilung einer Sekretärin Richtung Minister, Kanzler oder Kanzlerin in Bewegung gesetzt. Selten riefen die hohen Herren und Damen selbst an – manch ein Kollege fuhr sogleich aus seinem Bürostuhl hoch und zupfte sich hektisch die Krawatte zurecht. Ganz selten erschienen sie persönlich in meinem Zimmer, dann war er oder sie entweder sehr gut oder sehr schlecht drauf. „Zum Chef", mitunter verstärkt mit „gleich!", heißt, auf den 50 Metern bis zum Allerheiligsten blitzschnell Revue passieren zu lassen, mit welchem Journalisten du gesprochen hast, welches Projekt aus dem Ruder zu laufen droht, was heute Früh in der Zeitung zu lesen war, welcher Parteirebell oder Intrigant im Terminkalender steht. „Zum Chef" impliziert nicht immer einen Beratungsbedarf, es kann auch sein, dass er einfach nur jemandem zum Reden braucht, Frustration am Ende des Tages abarbeitet, eine spontane Idee loswerden will, Mensch sein will inmitten des gnadenlosen Offiziellen.

Das darauf gemünzte Bonmot eines im obersten Stock des Ministeriums residierenden österreichischen Sektionschefs, der gemeint haben soll, „Es ist mir eigentlich egal, wer unter mir Minister ist", ist allerdings ebenso beliebt wie falsch. Ich war 22 Jahre Sektionschef, fünf Jahre Kabinettschef, mehrmals Kanzlerberater, durfte sieben Bundeskanzlern und acht Ministern dienen – ich weiß das. Kein tatsächlich einflussreicher Spitzenbeamter würde je so etwas sagen und kein Minister würde so etwas dulden. Dennoch ist das Bild von Franz Werfel von „den vierzig bis 50 Beamten, die in Wirklichkeit den Staat regieren" nicht ganz falsch. Schließlich kommt der Verwaltung, den Routiniers, den Ratgebern in unserem Land seit jeher eine wichtige Bedeutung zu. Auch in meinen 40 Berufsjahren in diesem System war das so.

Berater, Sonderberater, Kabinettschef, Generalsekretär, Consulter, Spin-Doctor, Thinktank-Leiter – die Bezeichnungen für jene, die hinter den Kulissen die Regierenden beeinflussen, sind vielfältig. Aber allen ist gemeinsam: Sie treten selbst nicht in das Licht der Öffentlichkeit und stellen sich dort nicht der Verantwortung. Sie sind intelligent, gebildet, wissen viel oder Spezielles, sind bereit, hinter dem Chef zurückzustehen und ihm zuzuarbeiten. Sie werden von diesem geschätzt und gefördert, kennen das Umfeld, dessen Strukturen, die Abläufe und die handelnden Personen bis ins kleinste Detail. Sie verlieren nie die Übersicht und haben einen langen Atem, sie denken strategisch und handeln unbeirrt. Sie überdauern die Politiker und sind daher wichtig.

Diese Rolle ist kein Phänomen der jüngeren Vergangenheit. Seit es Staaten und Verwaltungen in unserem heutigen Verständnis gibt, wird sie ausgeübt. Seit es Minister gibt, sind sie von solchen Personen abhängig. Ihre Funktionen, Arbeitsweisen und ihre Bedeutung haben sich im Kern wenig verändert, nur die Erscheinungsform passte sich dem Wandel der Politik und Gesellschaft an. Zunächst war es das Mitglied des Geheimen Rates, das dem Kaiser mit Rat und Tat zur Seite stand, dann trat der Hofrat beim k. u. k.-Minister in Erscheinung, danach der Sektionschef oder Kabinettschef in republikanischer Zeit. Ab und zu konnte es auch ein Universitätsprofessor sein. Und mit der Zeit modernisierte sich diese Rolle hin zum Medienstrategen, Consulter und Sonderberater.

Die Einflüsse dieser Ratgeber sind nicht immer klar nachvollziehbar, schließlich wird nach außen hin bloß der politische Wille des Ministers und der Regierung sichtbar. Unbestritten ist jedoch, dass die höchsten Ränge der Bürokratie und die beigezogenen externen Experten

Bundeskanzleramt Wien, Sitz der Staatskanzler, Bundeskanzler und Außenminister

enormen Einfluss haben. Sie sind rechte Hand, Auge und Ohr des Chefs, sie entscheiden, wer und was zu ihm vordringt und wer und was nicht, sie entwickeln, wie er denkt und was er sagt. Die graue Eminenz ist immer in der Nähe, wenn entschieden wird, sie lenkt und steuert – zumeist erfolgreich – in die gewollte Richtung, sie vermag einer Entscheidung im Nu zur Umsetzung zu verhelfen oder alles so zu steuern, bis die Sache still im Sande verläuft. Geschickt kann sie Hindernisse aufbauen und wachsen lassen, sie aber gleichzeitig so kunstvoll tarnen, dass sie zunächst ebenso wenig wahrgenommen werden wie derjenige, der sie errichtet hat – bemerkt werden sie erst, wenn es zu spät ist und wieder einmal eine Initiative an den „allgemeinen Umständen" scheitert. Die graue Eminenz erkennt frühzeitig Fallstricke, beseitigt sie unmerklich oder knüpft sie noch fester. Sie weiß, wie es geht, und stellt dieses Wissen auch zur Verfügung – vorbehaltlos oder nur teilweise, allen oder nur Ausgewählten, rechtzeitig oder im Nachhinein.

Der Leopoldinische Trakt der Wiener Hofburg, Arbeitsstätte der habsburgischen Herrscher und Amtssitz der Bundespräsidenten

Die österreichische Ausprägung dieser Akteure im politisch-administrativen System führt den schönen Titel „Hofrat". Ein Rollentypus, der die Systeme und Jahrhunderte überdauerte mit einer Titulierung, die nur in unserem josephinisch geprägten Land Sinn ergab und ergibt und weit über die berufliche Stellung hinausgeht, indem sie soziale und kulturelle Eigenschaften, ja sogar eine typische Sprachmelodie miteinbezieht.

Dieses Buch porträtiert bedeutende oder bloß wichtige Vertreter dieser Spezies. Über die Jahrhunderte hinweg schmückte dieser Titel den Leiter einer obersten Behörde, das ist bis heute so geblieben. Ausnahmen gibt es, manchmal wird jemand auch zum Hofrat ernannt, ohne etwas zu leiten. In der Verwaltung eines Bundeslandes wurde dieser Unterschied einmal fein ziseliert, indem die wirklichen Leiter als „vortragende" Hofräte bezeichnet wurden. Der Bürokratentratsch machte daraufhin prompt jene, die nur den Titel trugen, zu „nachtragenden" Hofräten.

Das Buch erzählt auch von Sektionschefs. Das sind die Leiter der großen Teile eines Ministeriums, der Sektionen. Lange Zeit waren sie die wahren Mandarine in unserem Regierungssystem, direkt und nur dem Minister unterstellt, nahezu allmächtig in ihrem Wirkungsbereich, beeindruckende Persönlichkeiten, die auch ihre gesellschaftliche Stellung im Sozial- und Kulturleben der Stadt behaupteten. Seit es Generalsekretäre in den Ministerien gibt und die Minister von Scharen ehrgeiziger Adepten und Satrapen in Ministerbüros abgeschottet werden, ist ihre Bedeutung allerdings merklich gesunken.

Das Pendant zu den Sektionschefs sind im Auswärtigen Dienst die Botschafter. Sie vertreten üblicherweise das Land in einer anderen Hauptstadt, sie führen diesen Titel allerdings auch, wenn sie hohe Leitungsfunktionen im Inland ausüben. Früher hieß man sie Gesandte, und jene, die sich auf eine der beiden Positionen vorbereiteten, waren Legationsräte.

Die Leiter der Ministerbüros sind die Kabinettschefs, wobei diese Bezeichnung früher nur dem Kanzlerbüro vorbehalten war. Mittlerweile hat dessen inflationäre Verwendung selbst den Vorzimmermann eines Staatssekretärs zum „KC“ aufgewertet.

Wer nicht zum angestellten Personal der Verwaltung gehört, dem sind derlei Titel nicht oder nur unter ganz besonderen Umständen zugänglich. Er oder sie muss sich mit einem Professorentitel begnügen, den man hierzulande nicht nur durch Berufung als Lehrer an einer Universität erlangt, er kann auch als „Berufstitel“ vom Staatsoberhaupt verliehen werden – obwohl in diesen Fällen gerade nicht der Lehrberuf ausgeübt wird. Da mag man Parallelen zum Honorarprofessor und Honorarkonsul sehen, auch sie sind bloße Ehrenbezeichnungen, die nicht mit einem Honorar verbunden sind.

Vor etwa 300 Jahren wurde am Wiener Ballhausplatz jenes Verwaltungssystem ins Werk gesetzt, das, mehrfach umgebaut, erweitert und professionalisiert, in unserem Staat, unserer Gesellschaft, unbestritten eine zentrale Rolle spielt. Das gilt ebenso für die Eliten und Experten dieses Machtapparats. Die – formell etikettierten oder informell bestehenden – obersten Ränge und Entscheidungsträger der Wiener

Bürokratie haben das Habsburgerreich, Österreich und teilweise sogar die europäische Entwicklung und Geschichte mitgeprägt.

Seit im frühen 17. Jahrhundert der Kapuziner Père Joseph wegen der Farbe seiner Kutte als Erster „graue Eminenz" genannt wurde, geistert dieser Rollentypus durch die Geschichte der Politik und Verwaltung. In Österreich, genauer dem Kaiserreich des 18. Jahrhunderts, berieten brillante Persönlichkeiten, begnadete Schreiber, umtriebige Universalgelehrte die Herrscher. Sie kamen mitunter aus dem Ausland, genossen internationales Ansehen, Ruhm in der Geisteswelt außerhalb der Staatsapparate und Ansehen bei Hof und Volk. Sie waren gefallsüchtig, geldgierig, vielsprachig, kulturinteressiert, Bohemiens und verkehrten mit den Monarchen auf Augenhöhe.

Die ersten Jahrzehnte ab 1800 kennen noch einige wenige dieser Stars, danach wird vermehrt auf die Rekrutierung aus dem eigenen Apparat gesetzt. Vor allem nach 1848 werden zahlreiche Beamtenkabinette eingesetzt, der Beamte Eduard Graf Taaffe war mit 14 Jahren Amtszeit der längstregierende Ministerpräsident, nach 1895 machten gewissermaßen nur noch Staatsdiener Politik, von 16 Unterrichtsministern waren 13 Beamte. Die meisten dieser Hofrats-Minister waren in ihrer kurzen Amtszeit zweifellos mächtig, ansonsten aber vor allem eitel, formalistisch und ihrem Stand sowie der Bewahrung des Status quo verpflichtet.

Auch in der Ersten Republik formierten sich unter Johann Schober drei Kabinette mit insgesamt mehrjähriger Dauer vorwiegend aus Staatsdienern. Die politischen Umbrüche und Katastrophen ab Ende der 1920er-Jahre spülten hingegen Berater aus dem Apparat oder externe Einsager nach oben, die klar die ideologische Position der Machthaber teilten und die Fähigkeit hatten, diese am Ballhausplatz durchzusetzen. Rasche Auffassungsgabe, effektive Durchsetzung, ein scharfer Geist sowie kometenhaft aufblitzender und wieder verglühender Einfluss kennzeichnen diese Karrieren. 1938 teilten sie sich in zwei Gruppen – die einen gingen in die innere Emigration, die anderen biederten sich den neuen Machthabern an.

Nach 1945 nahmen zunächst die Präsidialchefs, jene Beamten, die dem Minister am nächsten waren, zentrale Beraterfunktionen ein.

Sie bildeten die Schwelle zum Minister, eine Isolierschicht zwischen ihm und den übrigen Sektionen, nahmen über Budget, Finanzen und Organisation Einfluss auf das ganze Haus. Im Präsidium hatten selbst junge Beamte in unteren Rängen einen überdurchschnittlichen Einfluss. Externe Ratgeber konnte und wollte man sich nicht leisten. Diese Sektionschefs waren fast wieder wie vom alten Schlag der Jahrhundertwende – nur mangels begüterter Herkunft stärker materiell interessiert.

Erst mit den Alleinregierungen 1966 und 1970 bildeten sich Beraterstäbe rund um die Kanzler, die nicht aus dem Ministerium kamen – die Sekretäre. Je stärker diese Regierungen inhaltliche Reformen ins Auge fassten, umso stärker griffen sie auf externe Experten zurück. Als ab Mitte der 1990er-Jahre eine zunehmende Entpolitisierung des Regierens Platz griff, verzichtete man weitgehend auf inhaltliches Fachexpertenwissen. Fortan waren spezielle Fähigkeiten im Verkauf, im Marketing, im Spin und nicht uneigennützige Herrschaftstechniken wichtiger. Dementsprechend wandelten sich bis ins Heute herauf die Akteure: bestens vernetzt, smart, eloquent, slim, überheblich, strahlende Verkäufer, vor allem ihrer selbst.

Diese Entwicklung in der Stellung der Ratgeber zeichnet dieses Buch über drei Jahrhunderte hinweg nach. Frauen sind, bis auf einige wenige Ausnahmen, in der ersten Reihe nicht anzutreffen. In der Monarchie sahen sie sich auf informelle Aufgaben beschränkt – auch wenn sie klug, mächtig und unentbehrlich waren. In der Ersten Republik waren sie noch mehr auf Nebenrollen zurückgedrängt – unter den 300 Sektionschefs in dieser Zeit findet sich keine einzige Frau. Erst nach 1945 vollzog sich ein Wandel – langsam, und vom einflussreichen katholischen Cartellverband gebremst. Ein wirklicher Durchbruch ist nur bei den Ministerpositionen gelungen – auch wenn es nach Maria Theresia 239 Jahre dauern sollte, bis mit Brigitte Bierlein wieder eine Frau ganz vorne stand.

Man darf die Ratgeber und ihre Rolle bei all ihrer Bedeutung nicht verklären oder dämonisieren, auch lässt sich kein allgemeines Berufsbild zeichnen. Es gibt nicht „die Beratung" an sich, keine mit Allgemeingültigkeit darstellbare Beziehung zwischen der grauen und der wirklichen Eminenz. Jede Konstellation ist anders gelagert, jede Beziehung speziell und jeder Anlass entfaltet seine ganz eigene Geschichte. Vor diesem vielfältigen Hintergrund und angesichts unterschiedlicher historischer Epochen lässt sich Beratung und deren Machttechniken nicht abstrakt darstellen. Es bedarf konkreter Personen und Ereignisse, um aus den einzelnen Biografien und historischen Episoden wie bei einem Mosaik ein Gesamtbild entstehen zu lassen. Dabei ist, wie bei jedem Menschen, vor allem die Genese, auch die Herkunft der jeweiligen Persönlichkeit wichtig. So setzen die einzelnen Porträts lange vor jener Zeit ein, bevor die Einflüsterer entscheidende Positionen erreicht haben, und enden, zumindest bei den historischen Figuren, nicht mit ihrem Ausscheiden aus dem Amt – schließlich offenbaren sich erst Jahre und Jahrzehnte später die tatsächlichen Auswirkungen ihres Handelns. Nur so lässt sich verstehen, wie sie in die Macht hineinwuchsen, wann sie entscheidenden Einfluss bekamen und wie lange dieser anhielt.

Trotz der mannigfachen Persönlichkeiten und unterschiedlicher politischer Systeme sind dennoch einige Gemeinsamkeiten erkennbar. Das betrifft die Ausbildung – überwiegend sind sie Juristen – sowie grundlegende Wesenszüge, aus denen sich eine Art Berater-Typologie ableiten lässt: Da gibt es die Visionäre, die weit über den Tag hinausdenken und große Linien und Entwicklungen ins Werk setzen. Oder die braven Staatsdiener, denen das wohlgeordnete Regieren und das allgemeine Wohl oberste Richtschnur ist. Schreibtischtäter sind ebenfalls darunter, die sich keinen Deut darum scheren, was sie mit ihren Entscheidungen anrichten. Ganz im Gegensatz zu den Vertrauten, die den Mächtigen Unterstützung, Sicherheit und Geborgenheit geben. Es gibt die Experten, deren man sich bedient, wenn es gerade nützlich erscheint, und die Netzwerker, die über ausgeklügelte Systeme komplexer Beziehungen steuern und leiten. Schließlich gibt es noch die Wendigen, die sich jedem Herren dienstbar gemacht haben, ganz gleich ob Diktator oder Kanzler.

Von all diesen Beratern handelt dieses Buch.

# 1.

# Der allzeit Getreue

## Johann Christoph von Bartenstein

*Berater von Karl VI., Maria Theresia und Joseph II.*
*1715–1765*

An einem feuchtkalten Oktobertag des Jahres 1740 beugt ein würdevoller Einundfünfzigjähriger in der Geheimen Ratsstube der Wiener Hofburg vor Maria Theresia, die gerade ihre Herrschaft antritt, das Knie und bittet den Usancen entsprechend um Enthebung von seinen Hofämtern. Die Königin reagiert kühl und geschäftsmäßig: „Jetzt sei nicht der Augenblick, in welchem er abdanken dürfe. Er solle es sich aber angelegen sein lassen", fügt sie scharf hinzu, „so viel Gutes zu tun als er vermöge. Böses zu verüben werde sie ihn schon zu hindern wissen."

Der Mann wird dereinst ihr wichtigster Berater bei der Verwaltung des Habsburgerreichss sein. Der eben verblichene Kaiser Karl VI. hatte bereits eine professionelle Administration samt ihren Hofräten entwickelt – als Staatsdienst, nicht als Hofdienst, und damit grundsätzlich für jedermann zugänglich gemacht. Damit drängte er den Einfluss des Hochadels auf den Staat zurück und eröffnete dem Bürgertum seinen Aufstieg. Es wird bereits auf ein Studium der Rechte an der Universität Wert gelegt. Dafür gibt es eine fixe Besoldung, die insbesondere in den unteren Rängen kärglich ist; dennoch erwartet der Monarch absolute Pflichterfüllung und Hingabe an Beruf und Staat und fordert sie energisch ein. Es ist nicht mehr die Lehensbindung der alten Familien, auf der diese Loyalität beruht, auch ein Amtseid, sogar der eines Zugewanderten, kann dafür Grundlage sein. Eine spezielle Vertrauenswürdigkeit wird allerdings eingefordert:

Wenn ein Kandidat jüdisch oder evangelisch ist, hat er bei Amtsantritt zum römisch-katholischen Glauben zu konvertieren – also nach heutigem Verständnis das richtige „Parteibuch" zu nehmen.

Johann Christoph Freiherr von Bartenstein (1689–1767)

Es bilden sich feste Formen heraus, in denen die Herrscher die Beratung und Unterstützung durch diese Mitarbeiterkaste entgegennehmen. Dazu gehört das Erstellen von Gutachten, insbesondere juristischer Ausarbeitungen zu staatsrechtlichen und völkerrechtlichen Fragen – der Bürokratie kommt da eine zentrale Funktion für die Bildung des Rechtsstaats zu. Ein weiteres Betätigungsfeld sind diplomatische Missionen und Verhandlungen mit konkurrierenden oder verbündeten Mächten. Und nicht zuletzt der persönliche Kontakt, Gespräche in Audienzen, ja sogar die Einbeziehung in wichtige und schwierige innerfamiliäre Entscheidungen.

In dieser Zeit gehen diese hohen Funktionen allmählich vom geheimen Ratskollegium, das im Feudalsystem nur fallweise um den Monarchen versammelt wurde, in ein professionelles Amt über, das permanent Aufgaben für ihn wahrnimmt. Hier arbeiten jetzt die Fürsten-Favoriten und Secretarii, die Hof-Räte in der ursprünglichsten Bedeutung des Wortes. Sie stehen protokollarisch in der zweiten Reihe, werden vom hohen Adel misstrauisch beäugt und bekämpft, üben aber großen Einfluss aus und können in ihrer persönlichen und finanziellen Stellung Privates mit der staatlichen Funktion verbinden.

Eine Persönlichkeit, an der all diese Elemente sichtbar werden, ist jener vor Maria Theresia knieende Mann, den der Kaiser seiner Tochter als persönlichen Ratgeber seines Vertrauens für ihren politischen Weg gewissermaßen hinterlässt: Johann Christoph von Bartenstein, geboren am 23. Oktober 1689 in Straßburg und seit 1715 am Wiener Hof.

Er entstammt einer bürgerlichen protestantischen Familie aus Thüringen. Sein Vater Johann Philipp ist Professor der Philosophie und Rektor des Gymnasiums. Er studiert in Straßburg Sprachen, Geschichte, Recht – und das mit besonderem Eifer. Deutsch, Französisch und Latein spricht er Zeit seines Lebens fließend als „Muttersprachen". Gerade einmal 20 Jahre alt, dissertiert er mit einer rechtshistorischen Schrift. Darin bekräftigt er in streng protestantischer Manier, dass die Reichsstände ihre Waffen gegen den Kaiser ergreifen dürfen. Gleichzeitig stellt er eine enorme Belesenheit und Geschichtskenntnis unter Beweis und erregt mit seiner Arbeit an der Straßburger Universität geradezu Aufsehen.

Der junge Doktor reist danach nach Paris und Wien, um sich – so wie heute junge Juristen in Brüssel und junge Techniker in Deutschland Karrierechancen sondieren – beruflich umzusehen. In Paris trifft er mit den berühmten Benediktinern der Kongregation von Saint-Maur zusammen, die ihm raten, nach Wien zu gehen. Ausgestattet mit einem Empfehlungsschreiben findet er in der Habsburgerresidenz Kontakt zu Gottfried Wilhelm Leibniz. Der Universalgelehrte – und Reichshofrat – empfiehlt ihn für den Eintritt in den Staatsdienst. Dennoch erkundigt sich Bartenstein noch bei anderen Mächten über die Möglichkeit der Aufnahme in die Diplomatie, widerstrebt ihm doch der in Österreich notwendige Übertritt zum Katholizismus.

So wird jahrelang zugewartet, verhandelt und abgewogen. Erst 1715 kommt man zur Vereinbarung, den klugen Elsässer mit dem Titel eines kaiserlichen Rates und tausend Talern Gehalt in den österreichischen Staatsdienst aufzunehmen. Zwei Jahre später wird er zum niederösterreichischen Regierungsrat ernannt, als er 30 Jahre alt ist, wird er in den Ritterstand erhoben. Jetzt kann er sich auch privat etablieren und heiratet 1725 die adelige Maria Doblhoff, die Tochter des kaiserlichen Leibarztes. Bald kommt sein erster Sohn Joseph Philipp zur Welt, neun Jahre später Christoph Innozenz.

Es beginnt die steile Karriere des Freiherrn von Bartenstein. 1726 wird er zum Hofrat bei der österreichischen Hofkanzlei ernannt. Im

Kaiserin Maria Theresia (1717–1780) und ihr Sohn Joseph

Jahr darauf geschieht Entscheidendes für seinen Berufsweg. Er wird dem schwer kranken geheimen Staatssekretär Johann Georg von Buol zugeordnet, um für ihn und unter seiner Aufsicht in der Geheimen Konferenz – der Vorläuferorganisation der späteren Ministerräte – das Protokoll zu führen, Beschlüsse vorzubereiten und auszufertigen. Als Buol verstirbt, geht sein Posten auf Bartenstein über. Damit ergibt sich zwangsläufig ein direkter Draht zu Karl VI., der mit seinen Ministern überwiegend schriftlich und somit über Bartenstein verkehrt.

Sein häufiger Kontakt mit dem Monarchen lässt seinen Einfluss von Tag zu Tag wachsen. Ein weiterer Grund ist, dass er als Sekretär der Geheimen Konferenz zwar an deren Beschlüsse und die Vorgaben des Kaisers gebunden ist, doch diese gehen oftmals nicht ins Detail. Für ihn bleibt also ausreichend Raum, hier zu verschärfen, dort zu akzentuieren, da zu interpretieren und etwas wegzulassen oder zu ergänzen. Dabei ist er, wie Zeitzeugen festhalten, „rechthaberisch, aber zugleich überzeugungstreu und von einer Furchtlosigkeit, welche bei einem Niedriggeborenen doppelt überraschte. Nicht nur in der Konferenz, in welcher bloß zu schreiben, nicht aber auch zu sprechen sein Amt wäre, sagt er seine Meinung geradeheraus und verficht sie mit Hartnäckigkeit. Auch gegen die fremden Minister am Wiener Hofe tut er das Gleiche (…), oft in einer Weise, welche wirklich geeignet ist, abzustoßen und zu verletzen."

Bartenstein festigt mit seinen Kenntnissen, seiner Intelligenz und Wendigkeit die Zuneigung und das unbegrenzte Vertrauen des Monarchen. Vor allem seine wissenschaftliche Qualifikation im deutschen Rechtswesen beeindruckt zutiefst, wobei er sich nicht ungern durch Spitzfindigkeiten und juristische Haarspaltereien, insbesondere in Angelegenheiten des Heiligen Römischen Reichs Deutscher Nation hervortut. Diese Lust am Rabulieren und am Advokatischen wird ihm bald eine besondere Aufgabe bescheren.

Karl VI. hat nämlich das große Problem, dass er keinen männlichen Thronerben, sondern nur Töchter hat. Das könnte die Kurfürsten von Bayern und Sachsen, seine Schwäger, dazu verleiten, nach seinem Tod Ansprüche zu stellen und seine Tochter Maria Theresia

Kaiser Karl VI. (1685–1740), der Vater von Maria Theresia

auszubooten. Zwar hat er bereits 1713 mit der Pragmatischen Sanktion die weibliche Erbfolge eingeführt. Nun geht es darum, jedes einzelne habsburgische Erbland samt Ungarn zur Annahme dieser verfassungsrechtlichen Verfügung zu bewegen und die Anerkennung durch die internationalen Mächte sicherzustellen.

Hier erreicht Bartenstein mit diplomatischem Geschick 1723 die Zustimmung Ungarns, 1726 die Brandenburg-Preußens und 1731 die von England. Zwei Jahre später wird er dafür in den Freiherrnstand erhoben, Geheimer Rat und Vizekanzler der Staatskanzlei. In dieser Funktion ist er nach dem Kanzler die Nummer zwei am Ballhausplatz. Mit nur zwei Konzipisten, zwei Kanzlisten und je einem Mann für Versand und Archiv hat er diese Anerkennungen zustande gebracht. Sein Arbeitsstil in der Kanzlei ist eher altmodisch: Er zieht alles an sich, kann nicht delegieren und will auch keinen größeren professionellen Mitarbeiterstab.

Sein Meisterstück für den Kaiser und dessen Älteste ist aber 1735 eine Familienangelegenheit von politischer Tragweite: In den Wiener Verträgen von 1725 hatte sich Karl VI. im Gegenzug für die Anerkennung der Pragmatischen Sanktion verpflichtet, zwei seiner drei Töchter mit dem spanischen Königshaus zu vermählen. Für Maria Theresia hätte dies eine Ehe mit dem Infanten Don Carlos bedeutet – was für die eigenwillige Prinzessin aber ganz und gar nicht in Frage kam. Sie hat sich bereits als Heranwachsende in den um neun Jahre älteren lothringischen Prinzen Franz Stephan verliebt, in dem sie seit ihrem sechsten Lebensjahr den künftigen Ehemann sah.

Bartenstein argumentiert hier zunächst juristisch spitzfindig. Aufgrund des frühen Todes von Maria Theresias Schwester Maria Amalia sei der Vertrag nichtig geworden, weil man nun nicht mehr zwei aus dreien auswählen könne. Dann argumentiert er politisch, dass England und die Niederlande eine Verschiebung des Machtgleichgewichts am Kontinent nicht nur fürchten, sondern die Verbindung zwischen Wien und Madrid auch bekämpfen würden. Gleichzeitig besänftigt er Frankreich, das eine Hochzeit der Erzherzogin mit Franz Stephan von Lothringen zu verhindern sucht. Die mögliche Vereinigung des direkt an der Ostgrenze gelegenen Territoriums mit den Habsburger Ländereien ruft vor allem den französischen Minister Kardinal de Fleury auf den Plan. Bartenstein gewinnt ihn mit der Idee, dass Franz Stephan sein Herzogtum im Tausch gegen die Toskana an Frankreich abtreten werde. Als der Lothringer, der nicht in die Verhandlungen eingebunden war, zögert, macht ihm Bartenstein kurz und bündig klar: „Keine Abtretung, keine Erzherzogin!“

Damit ist die Heirat unter Dach und Fach. Sie findet 1737 in Wien statt, es folgt ein überaus reicher Kindersegen und 1745 wird der Lothringer Kaiser des Heiligen Römischen Reiches Deutscher Nation. Diese diplomatische Glanzleistung sichert Bartenstein die lebenslange Loyalität Habsburgs. Nebenbei fädelt er auch noch die Ehe der zweiten Kaisertochter Marianne mit dem jüngeren Bruder Franz Stephans ein.

Weniger erfolgreich ist der Berater bei anderen außenpolitischen Analysen und Entscheidungen. Seine Empfehlung, Österreich solle an der Seite Russlands gegen die Türken 1737 in den Krieg eintreten, führt zu einer empfindlichen Niederlage.

Der nobilitierte Bürgersohn ist eine Schlüsselperson am Hof geworden. Sogar altehrwürdige Adelige bemühen sich um seine Gunst und Unterstützung. Gleichzeitig zieht der Emporkömmling aus Straßburg deren Neid und Misstrauen auf sich. In diesen Spannungen ist Bartenstein wenig zimperlich und kein angenehmer Höfling. Wenn ihm besonders Hochgestellte entgegentreten, sorgt er gerne dafür, dass sie den Kürzeren ziehen. Man erzählt, er habe den Bischof von Bamberg, Friedrich Karl Graf Schönborn, um seinen Posten als Reichsvizekanzler gebracht, weil dieser in der geheimen Konferenz zu sagen wagte, das Amt des Sekretärs sei zu schreiben und nicht zu reden. Auch Feldmarschall Joseph Lothar Graf Königsegg musste fast abdanken, nachdem er dem Kaiser riet, „militärische Angelegenheiten lieber seinen Generalen als seinen Schreibern anzuvertrauen".

Auch in der öffentlichen Meinung ist Bartenstein nicht beliebt. Da er als des Kaisers einflussreichster Ratgeber gilt, wird er für alles verantwortlich gemacht, was unter Karls Regierung schiefläuft – und das ist in seinem letzten Jahrzehnt eher viel. „Die Hauptschuld hievon wurde auf Bartensteins Schultern gewälzt", schreibt 1871 der Historiker Alfred Ritter von Arneth, „und viele wiesen darauf hin, wie sein Eintritt in jene einflussreiche Stellung so ziemlich mit dem Zeitpunkt zusammenfiel, in welchem der Glücksstern Karls VI. nach und nach zu erbleichen begann. Insbesondere soll er den Kaiser (...) zu all den Opfern verleitet haben, welche gebracht wurden, um sie zur Gewährleistung der Pragmatischen Sanktion zu bewegen, während doch ein Teil dieser Mächte gleich nach des Kaisers Tod dieselbe offen verletzte."

Als Karl 1740 unerwartet stirbt, wähnen viele Feinde Bartensteins das Ende seiner Macht. Sein Verhältnis zu Thronfolgerin Maria Theresia ist nicht besonders eng, vor allem aber teilt auch sie die Meinung, er trage die Hauptschuld an der unheilvollen Entwicklung der vergangenen Jahre. Doch sieht die junge Königin auch, dass sie einen Routinier als Berater braucht, und Bartenstein stärkt ihr als Einziger am Hof sofort und uneingeschränkt den Rücken. „Alle meine Mitarbeiter ließen, statt mir Mut zuzusprechen, diesen gänzlich sinken, taten sogar, als ob die Lage gar nicht verzweifelt wäre. Ich allein war es, die in allen diesen Drangsalen noch am meisten Mut bewahrte", schreibt sie in ihrem politischen Testament. Allein Bartenstein, gegen den allseits heftig intrigiert wird, habe sie im Gewirr der Meinungen unterstützt, sie „unvergleichlich souteniret", und „die Gemüter zu präparieren gewusst". In dieser Krise und Bedrängnis will und kann die Regentin nicht auf seine Dienste, seine kräftige Stütze, Fähigkeiten und Kenntnisse, seinen festen Charakter und seine unbeugsame Treue zu Habsburg verzichten.

Bartenstein nutzt dabei sein Talent, Menschen richtig einzuschätzen. Er enthält sich jeder Schmeichelei, weil er weiß, dass Maria Theresia das durchschaut, und jeder Bevormundung, um sie nicht „durch einen in hofmeisterischem Ton gegebenen Rat zu verletzen, sie ihre Unerfahrenheit fühlen zu lassen. Da er sie allzu geneigt sah, ihrem eigenen Urteil zu misstrauen, trachtet er darnach, sie mit Selbstgefühl zu durchdringen und sie dazu zu bewegen, auch manchmal unbekümmert um ihre Minister Entschlüsse zu fassen und auszuführen." In kurzer Zeit wird das und sein unglaublicher Arbeitseinsatz von der Königin anerkannt. Schlau betont er immer wieder, er allein sei es gewesen, der die Heirat mit dem spanischen Infanten verhindert hatte. Gleichzeitig wendet er alle Kraft auf, um die Mitregentschaft Franz Stephans politisch durchzusetzen; und er ist in den schwersten Stunden der Niederlagen gegen Preußen immer zur Stelle.

Ihre ersten Regierungsjahre sind auch die schwierigsten Jahre in Bartensteins politischem Wirken als Ratgeber. Als die habsburgische Monarchie sowohl durch den preußischen Einmarsch in Schlesien als auch infolge der durch Frankreich unterstützten Angriffe Bayerns und Sachsens in eine existenzielle Krise gerät, steht der Freiherr „ungebeugten Sinnes" zu Monarchie und Monarchin, die er auch darin bestärkt, Gebietsabtretungen strikt abzulehnen und auf der Unteilbarkeit ihrer

Länder zu beharren. Er rät dazu, sich Friedrich von Preußen militärisch entgegenzustellen. Er verfasst die Kriegserklärung an Frankreich 1741. Er ist während der Schlesischen Kriege der wichtigste politische Publizist der Hofburg und vertritt den Rechtsstandpunkt Habsburgs in zahlreichen Druckschriften, die er über die Gesandtschaften in Tausenden Exemplaren verbreiten lässt.

In dieser Zeit wird viel konzipiert, geschrieben, kopiert und expediert in der Staatskanzlei am Ballhausplatz. Bartenstein beklagt erstmals die ständig wachsende Fülle an täglicher Routinearbeit, mit der jedoch keine Personalvermehrung einhergeht. Da er seine Aufgaben lieber im Alleingang erledigt, ist er Tag und Nacht im Hochparterre anzutreffen. Doch die Entscheidungen fallen ab 1740 auf dem Felde: Die schlecht ausgerüsteten, miserabel bezahlten und inkompetent geführten Truppen Österreichs erleiden gegen Preußen eine Niederlage nach der anderen. Bartenstein unterläuft der strategische Fehler, viel zu lange darauf gehofft zu haben, dass Frankreich neutral bleibe. Doch Ludwig XV. tritt bereits nach wenigen Monaten aufseiten Preußens in den Krieg ein. Im Oktober 1741 muss ein schmählicher Waffenstillstand geschlossen werden.

In dieser dramatischen Zeit stirbt auch noch Kanzler Philipp Ludwig Graf Sinzendorf am 8. Februar 1742. Bartenstein macht sich Hoffnungen auf die Nachfolge, hat er doch in den letzten Jahren des Ministers das Außenamt de facto geführt. Die Monarchin aber denkt in Standeskategorien: Nachfolger kann nicht der Bürgersohn Bartenstein werden, sondern nur ein Diplomat von hohem Adelsrang. Als der Freiherr das erkennt, macht er sich auf die Suche nach einer möglichst schwachen Kanzlerpersönlichkeit und findet Anton Corfiz Graf Ulfeldt, den er Maria Theresia erfolgreich präsentiert.

Damit hat er die zweitbeste Lösung für sich erreicht: Er muss sich jetzt zwar formell auf seine Funktion als Sekretär der Geheimen Konferenz stützen, bleibt aber weiterhin die graue Eminenz am Ballhausplatz, da ihm sein Chef, eine matte Figur, großen Gestaltungsraum in der Außenpolitik lässt. Natürlich kränkt es ihn, dass er nicht als Minister ins Palais einziehen kann, sondern in seinem Privathaus in der Bäckerstraße wohnen bleiben muss. Doch er ist Profi und lässt sich das nicht anmerken. Nur im Amtskalender achtet er pedantisch darauf, gleich neben dem Ressortchef genannt zu werden.

Gegenüber den geschniegelten Diplomaten bei Hofe ist der Freiherr weiterhin wenig verbindlich. Daher sind auch deren Urteile über ihn alles andere als schmeichelhaft. Der venezianische Botschafter Foscari beschreibt ihn als „eine eher skurrile Gestalt, ein typischer deutscher Rechtsgelehrter, dem es an jeglicher sozialer Kompetenz fehlt und dessen schriftlicher Ausdruck sich durch einen furchtbaren Stil auszeichnet". Der Preußische Botschafter Podewil wird sogar untergriffig: Bartenstein sei klein gewachsen „und seine Manieren sind die eines Emporkömmlings. Die Leute von Geburt nachäffend hat er dadurch eine impertinente Haltung angenommen. Er stellt sich als Schönredner hin, bemächtigt sich immer des Gespräches, will überall der Erste sein, schreit wie ein Adler, spielt den Kurzweiligen, behandelt Personen vom vornehmsten Range vertraulich und erlaubt sich gegen sie dasselbe Benehmen wie gegen Seinesgleichen. Mit einem Wort, er ist ein pedantischer Geck."

Doch Bartenstein erzielt mit dem von ihm gegängelten Minister Ulfeldt außenpolitische Erfolge: England kann zur Intervention gegen Preußen gewonnen werden. Damit wendet sich das Blatt, 1743 kann sich Maria Theresia die böhmische Königskrone aufs Haupt setzen. Noch einmal versuchen die Preußen einen umfassenden Militärschlag, diesmal aber ohne Erfolg. Als 1745 der aus Bayern stammende Kaiser Karl VII. stirbt, schlägt wieder die große Stunde der Diplomaten vom Ballhausplatz: Bartenstein und sein Team schaffen es, Franz Stephan für die Nachfolge als Kaiser in Position zu bringen. Bayern erhält habsburgische Gebiete und unterstützt Franz Stephan. Damit ist auch der Weg zum Frieden mit Preußen frei, der allerdings mit dem Verlust Schlesiens bezahlt werden muss.

Ulfeldt und sein Einflüsterer betreiben eine strikt antifranzösische Politik des Bündnisses mit England und den Niederlanden. Doch es bahnt sich eine neue, für die Zukunft des Freiherrn entscheidende

Entwicklung an: Im Jänner 1749 wird der achtunddreißigjährige Wenzel Anton Graf Kaunitz ins Kollegium der Konferenz berufen und steigt rasch zum neuen Vertrauten Maria Theresias in außenpolitischen Fragen auf. Er aber ist frankreichfreundlich.

Kaunitz beginnt, die Geheime Konferenz samt ihrem Sekretär zu entmachten und die auf den Einmannbetrieb des Sechzigjährige zugeschnittene Arbeitspraxis der Kanzlei zu „bürokratisieren". Es sollen nicht mehr einige wenige Personen dem Chef direkt zuarbeiten, sondern Abteilungen sollen eingerichtet und in diese qualifizierte Beamte eingestellt werden. Außenpolitisch leitet Kaunitz mit seiner profranzösischen Linie einen radikalen Kurswechsel gegenüber der bisherigen Ausrichtung ein, den „Wechsel der Allianzen". Bartenstein erkennt, dass sein Einfluss sinkt. Er unternimmt noch einige hinhaltende Versuche, um seine Macht zu retten, doch kann er die Entwicklung nur mehr verzögern, nicht mehr verhindern. Nach drei Jahren zäher Intrigen wird er 1753 durch Kaunitz als Leiter der Außenpolitik abgelöst.

Aber die Kaiserin lässt ihren alten Berater und Favoriten nicht ganz fallen. Sie vergoldet ihm den Abschied durch eine Erhöhung seines Gehalts, eine einmalige Zahlung in Höhe von 100.000 Gulden und Stipendien für seine Söhne.

Seine Dienste sind fortan auf die innere Verwaltung der Kronländer beschränkt. Er wird Vizekanzler des Directoriums in publicis et cameralibus – also der österreichisch-böhmischen Hofkanzlei –, zusätzlich wird ihm die Direktion des neu errichteten geheimen Hausarchives übertragen. Zwei Jahre später soll er einen neuen Zolltarif für Österreich ob und unter der Enns erstellen. Später wird er Präsident der illyrischen Hofdeputation, die die Angelegenheiten der aus Serbien eingewanderten Bevölkerung zu regeln hat, und schließlich führt er die Deputation zur Leitung des Sanitätswesens. Das sind zwar nicht bloß Pensionsjobs und Ehren für einen „Senior Expert", in den zentralen Regierungsprojekten jedoch hat Bartenstein nichts mehr zu sagen. Maria Theresia hat ihren eigenen Weg gefunden, sie hört immer öfter auf eine neue Generation junger, aufgeklärter, kreativer Geister.

Dennoch vertraut die Kaiserin die Erziehung und den Unterricht ihres ältesten Sohnes Joseph dem alten Berater an. Er entwirft die Grundlinien der Ausbildung, definiert die Fächer, die für einen künftigen Regenten wichtig sind, und erstellt umfangreiche Skripten. Am Ende umfassen diese 14 handschriftliche Bände sowie sechs zusätzliche mit Beilagen. Eine darin enthaltene Zusammenstellung soll ein detailliertes Bild des aktuellen inneren Zustandes der einzelnen Länder der österreichischen Monarchie vermitteln – diese „Compendien über den Kaiserstaat und dessen Verwaltung, Nachrichten von den ungarischen und siebenbürgischen Bergwerken, Rechtscompendien" bleiben allerdings unvollendet.

Einmal ergibt sich noch ein völkerrechtlicher Konsultationsbedarf: Als Maria Theresia nach der verlorenen Schlacht bei Prag im Mai 1757 nahe daran ist, dem preußischen König Friedrich II. einen Teil Böhmens abzutreten, bäumt sich der alte Recke in seiner Funktion als böhmischer Hofvizekanzler dagegen auf: Zitternd legt er die bereits ausformulierte Urkunde aus der Hand und verweigert die Unterschrift. „Wir befehlen es ihm hiermit", ruft die Kaiserin aus, aber Bartenstein wirft sich ihr förmlich zu Füßen und beschwört sie, von dem Vorhaben abzulassen. Maria Theresia fügt sich schließlich tatsächlich, Feldmarschall Leopold Joseph von Daun erhält Order, Prag zu entsetzen. Wenige Wochen danach entscheidet die Schlacht von Kolin tatsächlich das Schicksal Böhmens zugunsten Österreichs.

Am 5. August 1767 geht Bartensteins Leben zu Ende. Seinen Kindern hinterlässt er ein enormes Vermögen von mehr als anderthalb Millionen Gulden, das er der Freigebigkeit Maria Theresias verdankt. Nicht ohne realen Bezug hat ja die Kaiserin gemeint, „ich werde, so lange ich lebe, an diesen Ihren Personen, Kindern und Kindeskindern erkennen, was Sie mir und dem Staate vor Dienste geleistet; auch verobligire (ich) meine Nachkömmlinge, solche an denen Ihrigen allezeit zu erkennen, so lang sie selbige finden und seyn". Zu diesem Vermögen gehören umfangreiche Ländereien in Niederösterreich, Mähren und Schlesien. Um Zigtausende Gulden hat er Güter in Iglau (Jihlava),

Johannesthal (Janov) und Hennersdorf (Jindřichov) gekauft, 1749 Ebreichsdorf, 1760 Raabs. Aus den Erträgen wird die Herrschaft Poysbrunn erworben und im niederösterreichischen Falkenstein die Familiengruft angelegt. Später kommen Besitzungen in Schrems, Tribuswinkel und in Deutsch-Knönitz (Miroslavské Knínice) hinzu. Der Migrant aus Straßburg, der einst als mittelloser Referendar nach Wien kam, hat seine Stellung offensichtlich nicht nur offiziell und politisch, sondern auch persönlich und ökonomisch bestens genutzt. Private Haushaltung und öffentliche Repräsentanz sind ja in seiner Zeit noch nicht voneinander getrennt, finanzielle Zuwendungen für amtliche Tätigkeiten üblich. Erst viel später wird die strikte Abgrenzung zwischen privater und beruflicher Sphäre Auswirkungen auf die Arbeit und das Leben von Hofräten und Ratgebern haben – und einige, die sich nicht daran hielten, unehrenhaft scheitern lassen.

Johann Christoph von Bartenstein ist die erste große Figur eines Ratgebers, dessen Einfluss auf die Entscheidungen der Monarchen klar und über lange Zeit dokumentiert ist. Seine Wirkung, Bedeutung und Arbeitsweise sind mit späteren Beratern durchaus vergleichbar. Auch seine Karriere – kluger und eloquenter Jurist mit direktem Kontakt zur obersten Ebene, Macht, Erfolge, Neider, erzwungener, dennoch ehrenhafter Rückzug – entspricht diesem Muster. Aber seine Stellung gegenüber der wichtigsten Person, die er berät, ist eine besondere und einmalige. Der bürgerlich geborene Einzelgänger hat keine Hausmacht und verfügt nicht über ein solides Beziehungsnetzwerk. Er ist „nur" der Favorit des Kaiserhauses, der „wahrhaft zutiefst ergebene Diener (und) letzte Mitkämpfer ihrer heroischen Jahre", „der einflussreichste Ratgeber", dem Maria Theresia „das Wohlwollen (…) wegen seiner Ergebenheit und unermüdlichen Arbeit" erhält, er ist „erster Beamter", „wichtige Stütze", „vertrauter Mitarbeiter der Kaiserin". Diese Epitheta ornantia aus der Literatur werden Johann Christoph von Bartenstein wohl gerecht, am besten hat es die Monarchin aber selbst getroffen: „Muß Ihme die Justiz leisten, daß Ihme allein schuldig die Erhaltung dieser Monarchie; ohne Seiner wäre Alles zu Grunde gegangen."

# 2.

# Visionär und Lehrmeister

## Joseph Freiherr von Sonnenfels

*Berater von Maria Theresia und Joseph II.*
*1765–1815*

Reformen gehen hierzulande meist von oben aus und werden mit prominenten Namen verbunden. Joseph von Sonnenfels beeinflusste 50 Jahre lang solche Reformen, ohne selbst höchste Staatsämter innezuhaben. Er war in erster Linie Professor für politische Wissenschaften und Publizist, daneben niederösterreichischer Regierungsrat, Hofrat der Hofkanzlei, Projektmanager, führendes Mitglied von Kommissionen, wichtiger Streiter für den Rechtsstaat, Reformator der Gesetzessprache und Lehrer berühmter Verwaltungsmänner. Er war der „Montesquieu Österreichs" und sein Wort hatte über viele Jahre Gewicht bei einer großen Königin und drei Kaisern, in der Politik des Hauses Habsburg und der Wiener Staatenlenker. Sein Verdienst um die Abschaffung von Folter und Todesstrafe ist legendär.

Er hat – anders als viele andere mächtige Berater und graue Eminenzen – nie zu einer höchsten Position oder zum großen Geld gedrängt. Er war persönlich zwar „voll Anmaßung und Eitelkeit, äußerst fanatisch, spricht zuviel und rühmt sich zuviel", dennoch ist sein Vermächtnis so glorios wie kaum das eines anderen, in der historischen Darstellung kommt er prominenter vor als andere Persönlichkeiten in vergleichbarer Stellung, als „hellleuchtender Stern aus den Tagen des Übergangs von der Dämmerung zum Lichte, unaufhörlich bestrebt, das seines starren Festhaltens am Alten viel verschrieene Österreich vorwärts zu bringen, Mißbräuche beseitigend, Neuerungen fördernd."

Weder der Tag seiner Geburt, nicht einmal das Jahr sind präzise feststellbar, er wird 1732 oder 1733 in Nikolsburg (Mikulov) in Mähren geboren, die jüdischen Geburtsbücher beginnen erst 1735. Der Großvater ist Oberrabbiner, sein Vater ein etwas unsteter Hebräischlehrer namens Lipman Perlin, den es in die mährische Kleinstadt verschlagen hat. Der hiesige Fürst Carl von Dietrichstein wird auf ihn aufmerksam und nimmt ihn in seine Dienste auf, zuvor jedoch muss er zum katholischen Glauben konvertieren. 1735 lässt er sich samt seinen Söhnen taufen und nimmt den Namen Alois Wienner an. Die Beziehung der Familie zum Fürsten ist für deren weiteren Weg bedeutsam. Joseph, einer der Söhne des Lehrers, ist sogar sein Patenkind, dem er immer wieder ein paar Groschen schenkt. Im Piaristengymnasium seiner Heimatstadt fällt der Bub als begabter und braver Schüler auf. Mit knapp 14 Jahren jedoch holt ihn sein Vater, der in Wien eine akademische Karriere gemacht hat, in die Reichshauptstadt nach, wo Joseph bereits Vorlesungen der Philosophie besucht.

Joseph Freiherr von Sonnenfels (1732–1817)

Alois Wienner ist mittlerweile Lehrer an der Universität, besitzt ein Haus in der Stadt und wird 1746 mit dem Prädikat „von Sonnenfels“ geadelt. Dann aber schlittert er in finanzielle Probleme, seiner Frau droht wegen unbezahlter Rechnungen sogar der Schuldturm, er muss die Universität verlassen und aufs Land übersiedeln. Josephs Ausbildung bricht ab. Längere Zeit geht er weder zur Arbeit noch zur Schule. Erst mit 17 sieht er ein, dass ihn sein Vater nicht unterstützen kann, und meldet sich unter dem Namen Joseph Wienner als Soldat bei den Deutschmeistern. Mit diesen zieht er in den folgenden fünf Jahren nach Maribor, Klagenfurt, ins Böhmische und nach Ungarn. Da er einer der wenigen Gebildeten in der Truppe ist, avanciert er zum Korporal, bildet sich nebenher weiter, liest viel, lernt Französisch von Deserteuren und Böhmisch von den Mädchen und spricht am Ende neun Sprachen.

Als er erfährt, dass sich die Lage seines Vaters wieder gebessert hat und dieser ihn nun „mit Kost und Wohnung unterstützen" kann, erwirkt Joseph – über Vermittlung seines Fürsten – seine Entlassung aus dem Militär und beginnt mit 22 Jahren an der Universität Wien Recht zu studieren. Vor allem der reformorientierte Naturrechtler Karl Anton von Martini, der spätere Justizminister Josephs II., beeindruckt ihn. Als Sonnenfels Senior wieder an die Universität zurückkehren kann, arbeitet sein Sohn nach der Promotion zeitweilig als sein Assistent und publiziert einen juristischen Aufsatz. Tatsächlich aber strebt er eine Lehrtätigkeit für Sprachen an, vor allem seiner ausgezeichneten Hebräischkenntnisse wegen. Eine Stelle findet er jedoch nicht.

Der junge Jurist hilft jüdischen Bürgern bei Übersetzungen von Testamenten und Vorschriften, schließlich fängt er in der Hoffnung auf eine spätere besoldete Anstellung als Rechtspraktikant in der „Obersten Justizstelle" an. Zwei Jahre arbeitet Joseph von Sonnenfels ohne Einkommen, obwohl er bereits aufgrund einiger Publikationen in Insiderkreisen als aufstrebender Wissenschaftler geschätzt wird. Um seinen Lebensunterhalt zu bestreiten, bewirbt er sich schließlich 1761 um die Stelle eines Rechnungsführers und Schreibers bei der kaiserlichen Leibgarde. Sie ist zwar mit 356 Gulden schlecht besoldet, dafür lernt er einen für seinen weiteren Weg wichtigen Mann kennen, General Ernst Gottlieb Freiherr von Petrasch. Dieser erkennt bald, dass der talentierte Achtundzwanzigjährige für den Schreiberposten überqualifiziert ist, und interveniert für eine Dozentur an der Universität. Der junge Mann nutzt die Freundschaft zum Freiherrn, um Zugang zur hochadeligen Wiener Gesellschaft zu erhalten. Einmal darf er sogar ein kleines Theaterstück für die Kaiserkinder schreiben – sein erster direkter Kontakt zum Hof.

Am 2. Jänner 1761 macht der umtriebige Sonnenfels in einer Deutschen Gesellschaft in Wien durch ein brillantes Referat über Sprachkultur von sich reden. Petrasch vermittelt ihm daraufhin einen

Doppelporträt Kaiserin Maria Theresia und ihr Sohn und Mitregent Kaiser Joseph II. (1741–1790)

Kontakt zu Staatsrat Egid Freiherr von Borié, der seit Längerem die Etablierung der Polizei- und Kameralwissenschaften und damit erstmals eine systematische Ausbildung der Beamten an der Universität Wien plant. Mit ihm entwickelt sich eine angeregte Diskussion über Staat, Verwaltung und die Wichtigkeit des Bevölkerungswachstums. Sonnenfels publiziert 1762 mehrere Schriften dazu, die bis zu Kaiserin Maria Theresia gelangen. Sowohl die Monarchin als auch ihr Kanzler Wenzel Graf Kaunitz erkennen die Bedeutung der „Cameralwissenschaft" als Grundlage für eine Staats- und Verwaltungsreform.

Am 17. Mai 1762 hält Sonnenfels eine öffentliche Lobrede auf Maria Theresia anlässlich ihres 45. Geburtstags, die gedruckt und bis

Berlin verbreitet wird. Zeitgleich verfasst er ein langes Bewerbungsschreiben für eine Dozentenstelle, in dem er zwar nicht die verlangten Vorlesungspläne darlegt, aber die Kaiserin über seine Quellen informiert: „Die berühmtesten Schriftsteller, deren Werth durchwegs erkannt wird, als: L'esprit de loix, Les Elements du Commerce, La theorie et la practique du Commerce". Dank seiner beiden hohen Förderer erhält Joseph von Sonnenfels die neu geschaffene Lehrkanzel und wird Professor für Polizei- und Kameralwissenschaften. Die Fakultät wird dabei von der Monarchin glatt übergangen.

Jetzt kann Joseph auch heiraten. Der Ordinarius nimmt die erst fünfzehnjährige Maria Theresia, Tochter eines böhmischen Amtmanns, zur Frau. Sie wird wegen ihrer hohen sozialen Kompetenz und ihres weithin gerühmten Salons große Bedeutung für das gesellschaftliche Netzwerk ihres Gatten erlangen. Die Ehe hält bis zu seinem Tod.

Der Hof setzt sein Gehalt mit nur 500 Gulden jährlich fest, wovon die Familie nicht leben kann, erst über Intervention des Staatsrates Borié werden angemessene 1.200 bewilligt. Als er sich verpflichtet, auch am Theresianum zu unterrichten, werden es sogar 2.000 Gulden. Die Kaiserin nimmt lebhaften Anteil an der Arbeit der Lehrkanzel, sie stiftet Stipendien und will sogar die Namen der Studierenden wissen.

Sonnenfels stürzt sich in die Aufgabe und stellt 1765 ein Lehrbuch fertig, die „Grundsätze der Polizey, Handlung und Finanz" in drei Bänden, das Standardwerk für alle Verwaltungsmanager des Kaiserreichs in den nächsten 50 Jahren. Allein dieser Erfolg würde ihm einen bleibenden Platz als Berater sichern, zum Dank ernennt ihn die Kaiserin zum niederösterreichischen Regierungsrat – das ist aber nur ein Titel ohne Aufgaben. Sonnenfels intensiviert seine Arbeit, er verfasst zahlreiche Gutachten für den von Borié geführten Staatsrat – niemand anderer kommt in dessen Akten so häufig vor wie er. Zudem erstellt er Musterbücher mit Eingaben und Erledigungsformularen für den Amtsgebrauch, hält Reden, wo immer es geht, und wird gewissermaßen zum Politologieprofessor der Nation. Als solcher setzt er weitere Lehrstühle nach seinem Muster in Linz, Tyrnau (Trnava) und Klagenfurt durch, erhält zusätzliche Assistenten und baut sich ein Netzwerk auf.

„Sein glänzender Vortrag und die Tüchtigkeit des Inhalts erwarben ihm bald die Liebe und Verehrung der Jugend. In periodischen Blättern trat er gegen alle an dem Baume der Cultur im Laufe der Jahrhunderte sichtbar gewordenen, denselben in seiner Entwicklung störenden Auswüchse auf, gegen den Aberglauben, gegen die Selbstsucht, gegen die schroffen Mängel in der Erziehung, gegen die Vorurtheile des Adels, gegen die Ueberzahl und Zwecklosigkeit der Klöster." Neben seiner wissenschaftlichen Arbeit ist Sonnenfels auch journalistisch tätig, etwa als Herausgeber von „moralischen" Wochenzeitungen, des Journals „Der Mann ohne Vorurteil" sowie Publikationen mit blumigen Titeln wie „Der Verkannte" oder „Theresia und Eleonore".

In der Folge ist er immer seltener im Hörsaal anzutreffen. Das führt zu einem heftigen Streit mit der Studienhofkommission, die dem heutigen Wissenschaftsministerium entspricht. Doch das ficht Sonnenfels kaum an. Er hat den Staatsrat und die Kaiserin hinter sich. Als ihm 1770 Maria Theresias Sohn und Mitregent Joseph auf Vorschlag der Kommission befiehlt, mehr Vorlesungen zu halten, wendet er sich sofort an die Monarchin, die ihn wieder von der Lehrtätigkeit dispensiert. Er hat es geschafft, vom bloßen Professor zum Direktor der Verwaltungswissenschaften im Land aufzusteigen. Damit ihm künftig niemand in die Quere kommt, lässt er sich selbst in die Studienhofkommission ernennen.

Doch mächtige Feinde intrigieren weiterhin gegen ihn: Einerseits die konservative Hochschule, in deren Gremien es gar nicht gern gesehen wird, dass ein neues Fach mit modernem Zuschnitt ihre wohlgesetzte Ruhe stört und zu neuen Arbeitsweisen und Methoden der Personalrekrutierung im Staat führt. Andererseits die Verwaltungspraktiker, die sich ungern von einem Theoretiker belehren lassen wollen. Und schließlich die Politiker, die den aufklärerischen Elan des Parvenüs missbilligen. Schließlich lehrt er ganz nach dem neuen französischen Geist und wird daher beschuldigt, „das Verständniß für die historischen

Grundlagen des Staatswesens und Volkslebens verloren zu haben, und die großartigsten, durch jahrhundertjährige Erfahrung gewonnenen Institutionen und Resultate einseitig den philosophischen Doctrinen der Zeit zu unterstellen".

Tatsächlich hat Joseph von Sonnenfels die Gabe, moderne Theorien verständlich zu vermitteln und sie für das Reich und dessen Verwaltung nutzbar zu machen. Sein Staatsmodell ist der aufgeklärte Absolutismus, den er als ideale Regierungsform betrachtet. Sinn und Zweck der Gesetze liegen für ihn in der Förderung der allgemeinen Wohlfahrt. Zu große soziale Unterschiede sollen ausgeglichen werden, Herrschaft soll vernunftgeleitet und zweckmäßig agieren, die Regierung verfassungsmäßig handeln. Den Staat teilt er in vier Klassen ein, eine Pyramide mit dem Herrscher an der Spitze.

„Dass es ihm bei solchem Freimuth in seinen Ansichten nicht an Feinden fehlte, begreift sich leicht; es ergingen heimliche und öffentliche Denunciationen gegen ihn; aber die große Kaiserin ließ sich dadurch nicht irre machen." Maria Theresia weiß nur zu gut um die Notwendigkeit, in der Verwaltung gründlich aufzuräumen. Deren Unterbau stammt noch aus dem Mittelalter und wird den neuen Anforderungen nicht gerecht. Die militärischen Niederlagen gegen Preußen haben gezeigt, dass es hoch an der Zeit ist, die Administration zu modernisieren, effizienter zu machen und die Mittel besser einzusetzen. Dafür bedarf sie guter Minister, dafür brauchen diese aber eine wissenschaftliche Basis und eine perfekte Kommunikation. Beides besorgt Sonnenfels für sie. Ab und zu, wenn die Protestnoten überhandnehmen, ermahnt sie ihren Professor, dass er „seine allzugroße Freyheit im Schreiben überhaupt behörig mässige und beschränke" und sich größerer „Bescheidenheit und reifrer Oberlegung bedienen" möge. Allenfalls fragt sie Gerard van Swieten, ebenfalls einer der Reformer im Umfeld der Kaiserin, um Rat. Doch der spricht sich immer zugunsten von Sonnenfels aus – das fortschrittliche Beraterteam der Kaiserin lässt sich keinen herausschießen.

Nun nimmt der Hof den Berater und Verwaltungsexperten auch für Vollzugsaufgaben in Anspruch: Ab 1770 amtiert er zwei Jahre als Zensor und hat damit beträchtlichen Einfluss darauf, was gedruckt erscheinen darf. Dabei begibt er sich aber mit großem Engagement an eine Nebenfront: Er bekämpft die Bühnenfigur des derben Hanswurst und eröffnet „einen hartnäckigen Krieg (...) gegen die Zoten auf den Theatern und den Unfug der extemporirten Stücke. Es entbrannte alsbald ein Kampf auf Leben und Tod zwischen Sonnenfels und dem Hanswurst. Selbst als die Kaiserin Maria Theresia resolvirte: ‚Die Comödianten sind eine Bagage und bleiben eine Bagage und der Herr Hofrath von Sonnenfels könnte auch was Besseres thun, als Kritiken schreiben', lässt er sich nicht beirren." Als viele Jahre später nach dem Tod Kaiser Josephs II. die konservative Theaterzensur auf Sonnenfels' alte Ausführungen zurückgreift, trägt es ihm massive Kritik ein, seinerzeit politische Zensur salonfähig gemacht zu haben.

Am Anfang seiner Tätigkeit für die Zensurbehörde steht er innerhalb der Kommission noch auf der liberalen Seite. Deren Chef Gerard van Swieten hat ihn ja auch genau wegen dieser Haltung zur Unterstützung in seinem Kampf mit dem konservativen Wiener Kardinal geholt. Folgerichtig erbittet Sonnenfels nach dem Tod van Swietens im Jahr 1772 seine Entlassung aus der Kommission, was die Kaiserin umso lieber gewährt, nachdem er für einen Verbleib ein zusätzliches Honorar von 1.500 Gulden begehrt.

Ein Jahr nach seinem Abgang wird Sonnenfels Referent für Polizeiwesen bei der niederösterreichischen Regierung. Anschließend fungiert er ab 1776 als „Illuminationsdirektor" von Wien. Der bisherige Beleuchtungspächter hatte kläglich versagt, in den folgenden zwei Jahren zeigt Sonnenfels, dass er nicht nur ein guter Theoretiker, sondern auch ein guter Verwalter ist: Unter seiner Führung entsteht die erste permanente Straßenbeleuchtung Europas. Wieder ist die Kaiserin mit ihm sehr zufrieden: „Nachdeme dieses Werk Sonnenfels so gutt geführt, so solle er noch selbes continuiren mit 2000 Gulden aus dem illumnations fondo remuneration und gratis den Hofraths Titl."

Über das Selbstbewusstsein des Beleuchtungsdirektors gibt eine Anekdote beredtes Zeugnis: Eines Spätabends fährt er mit einem Gast von Schönbrunn zurück über die Laimgrube in die Innenstadt. Die Glacis-Laternen brennen lustig, der Himmel ist bewölkt. Plötzlich tritt der Mond hervor und erhellt die Stadt. „Welch' herrliche Beleuchtung!", ruft der Fremde aus. Sonnenfels im Glauben, er meine die der Laternen, entgegnet geschmeichelt: „Sie ist ja auch von mir."

Sein größter Erfolg als Berater der Regierung und der Kaiserin steht aber noch bevor: der Kampf gegen Folter und Todesstrafe, der ihn 20 Jahre lang nicht loslässt. Schon im Lehrbuch von 1765 führt er aus, dass die Todesstrafe nicht wirklich abschreckend auf Verbrecher wirke. Jedes verlorene Leben eines Untertanen sei ein Verlust für den Staat. Zwei Jahre später wird er wegen dieser, dem geltenden Recht widersprechenden Thesen angezeigt, doch die Kaiserin gewährt ihm Lehrfreiheit. Er nutzt sie weidlich und setzt noch eins drauf: Die Folter sei ein sehr zweifelhaftes Instrument, da sie kräftige Verbrecher gegenüber Schwächlichen begünstige. Abermals führt seine Kritik am Gesetz zu einer Anzeige, 1772 erfolgt eine offizielle Rüge durch die Hofkanzlei. Maria Theresia erhält Kenntnis davon, dass Sonnenfels fortwährend von der Lehrkanzel herab gegen die Tortur spreche, und lässt ihm ausrichten, „er solle aufhören, so anzüglich zu reden, weil er sonst entfernt werden müsse".

Doch gleichzeitig nimmt nun angesichts spektakulärer Einzelfälle auch die öffentliche Kritik an der Folter im Strafverfahren zu. Sogar die medizinische Fakultät erstattet ein Gutachten über deren schädliche Auswirkungen. Maria Theresia schränkt daraufhin ihre Anwendung ein, allerdings ohne sie aus dem Gesetz zu streichen. 1773 erteilt die Kaiserin an mehrere Behörden den Auftrag, Gutachten zu erstellen, und beruft Sonnenfels in ein Koordinierungsgremium. Als er sich dort gegen die Befürworter nicht durchsetzt, geht er mit einem Votum Separatum gegen die Folter an die Öffentlichkeit. Dieses Druckwerk führt wieder zu einem Verfahren gegen ihn.

Der kaiserliche Mitregent Joseph II. hat mittlerweile bei seiner Mutter erreicht, dass die Entscheidung über eine Reform des Strafrechts vollständig in seine Hände gelegt wird. Das und eine breite

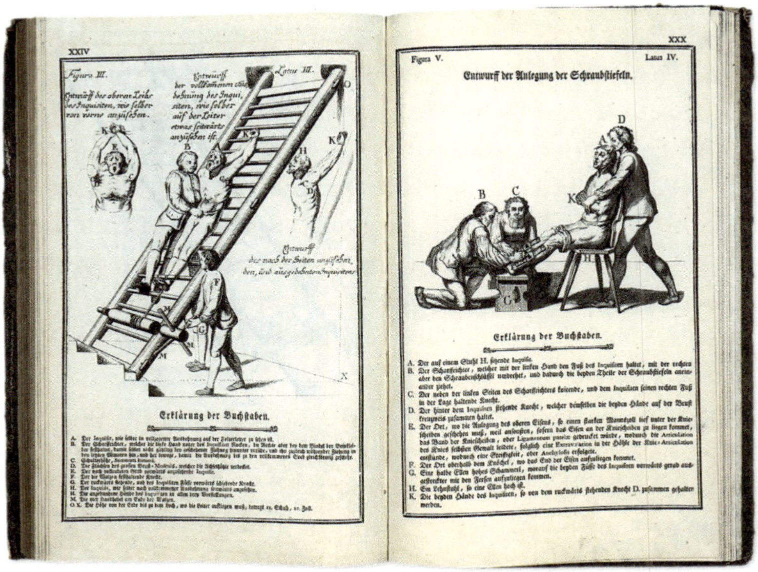


Anleitung zur korrekten Folter in der Constitutio Criminalis Theresiana, der „peinlichen Gerichtsordnung“ Maria Theresias

Unterstützung der Öffentlichkeit ermöglichen es Sonnenfels nun, sich in diesem Verfahren wieder direkt an die Kaiserin zu wenden.

„Die Kaiserin bestimmt einen Tag zur Audienz. Als Sonnenfels in den Audienzsaal getreten ist, lässt sich die Kaiserin auf einen Sessel nieder und Sonnenfels beginnt – nach damaliger Hofsitte auf einem Knie ruhend – den Vortrag. Die Kaiserin nimmt wahr, daß ihm diese Stellung beschwerlich ist und sagt zu ihm: ‚Knie er sich näher zu mir und lege er seine Schriften auf meinen Schooß.‘ Sonnenfels kommt diesem Auftrage nach und hält mit seiner bekannten Rednergabe einen glänzenden Vortrag für Abschaffung der Tortur. Am Schlusse dieses Vortrages treten der tief ergriffenen Kaiserin Thränen in die Augen, und in diesem Augenblick vergisst Sonnenfels die Hofsitte, erhebt sich von den Knien und spricht mit Begeisterung: ‚Wenn Europa diese Thränen in den Augen der größten Monarchin unserer Zeit gesehen hätte, so würde es keinen Augenblick zweifeln, daß die Tortur in Oesterreich sogleich abgeschafft wird.' Die Kaiserin trocknet die Thränen, legt ihre Hand auf des Redners Schulter und sagt zu ihm: ,Laß Er's gut sein, die Tortur wird abgeschafft.'" Am 2. Jänner 1776 wird öffentlich kundgemacht, dass in den österreichischen Staaten die Tortur aufgehoben ist.

Das Ende der Folter im Habsburgerreich wird dem Aufklärer von da an als persönliches Verdienst zugeschrieben. Wieweit auch andere Personen entscheidenden Einfluss ausübten, lässt sich aus heutiger Sicht schwer sagen. Doch ist unbestreitbar, dass er hier mutig, nachhaltig und erfolgreich als Berater wirkte und diese historische Entscheidung maßgeblich mitgestaltete.

Es wäre aber nicht Sonnenfels, wenn er sich mit diesem Erfolg zufriedengäbe. Er bleibt provokant und wird auch weiterhin öffentlich als Religionsspötter und Verführer der Jugend kritisiert, was auch in den Folgejahren immer wieder zu offiziellen Untersuchungen führt. Diese bewirken allerdings das Gegenteil: Maria Theresia ernennt ihn 1779 zum Wirklichen Hofrat bei der böhmischen und österreichischen Hofkanzlei sowie zum Beisitzer der Studien- und Zensurkommission.

Als die Monarchin im Jahr darauf stirbt, ist Sonnenfels an ihrem Totenbett anwesend und gibt Zeugnis, wie präzise sie ihrem Sohn Joseph II. die Geschäfte im Detail übergeben hat – „über jedes Reich, jede Provinz im Einzelnen (...) den Zusammenhang, das Verhältnis, über die Schwäche und Stärke jedes Theiles (...)". Der Tod der Kaiserin ist indes für ihn ein schwerer Schlag. Mit dem neuen Herrscher verbindet ihn kein persönliches Naheverhältnis und in der Vergangenheit gab es mehrmals Konflikte. So bemüht sich der Herr Professor wieder um ein Amt nahe beim Kaiser. Da Joseph II. bei der Integration der Zensurbehörde in die Studienkommission erneut Expertise benötigt, wird Sonnenfels ein zweites Mal Zensor. Er koordiniert, beeinflusst Personalbesetzungen und gibt wohl auch Voten über Bücher ab – zehn Jahre lang.

Noch eine weitere Aufgabe übernimmt der Professor: Im Auftrag des Kaisers unterzieht er ab 1781 alle neuen Gesetze einer sprachlichen Revision und ist damit als einer der Schöpfer der österreichischen Gesetzes- und Amtssprache zu sehen. Sein Projekt einer Sammlung von politischen Gesetzen („politischer Kodex"), das nach seinem Tod 1818 endgültig scheitert, ist mehr als eine Kompilation. Es umschreibt damit eine durch Regierungsleitlinien verfassungsmäßig begrenzte Monarchie – ein Vorgriff auf konstitutionelle Prinzipien des nächsten Jahrhunderts.

Die „Polizey"-Gesetzgebung beschäftigt ihn intensiv und über lange Zeit – und „Polizey" ist damals ein weit umfassenderer Begriff als die heutige Sicherheitsverwaltung. Sie meint alle inneren Angelegenheiten einschließlich der Bildung und der öffentlichen Wohlfahrt. Er sammelt und studiert die Gesetze und Informationen über Einrichtungen fremder Staaten mit dem Ziel, „die wirklichen und scheinbaren Gegensätze in denselben aufzusuchen und mit Beseitigung des Unhaltbaren oder durch die veränderten Zeitverhältnisse überflüssig Gewordenen, ein den Anforderungen der Gegenwart entsprechendes Elaborat zu bringen".

Auch bei der Strafrechtsreform wird der Reformer noch einmal von Joseph II. als Konsulent herangezogen. Die Kommission zur Einschränkung der Todesstrafe wird von seinem Schüler Georg von Keeß geleitet. Dieser unterbreitet dem Kaiser 1783 einen gemeinsam mit Sonnenfels erstellten Strafgesetzentwurf, der sich eng an dessen Lehrbuch anlehnt. 1787 tritt schließlich das Gesetz in Kraft, mit dem auch die Todesstrafe im regulären Strafrecht abgeschafft wird. Sonnenfels' Vorschläge beschränken sich übrigens nicht nur auf Leibesstrafen, sondern berühren auch weitere Details: So tritt er dagegen auf, gefallenen Mädchen auch noch die Kirchenbuße aufzuerlegen; vielmehr soll man ihnen die geheime Entbindung erleichtern.

Joseph von Sonnenfels ist ein Netzwerker von hohem Talent. Es liegt also nahe, sich auch in Kreisen zu engagieren, in denen sich seit dem Amtsantritt Josephs II. viele fortschrittliche Geister organisieren: bei den Freimaurern. Immer mehr Beamte sind in den Logen in Wien versammelt. In der Eliteloge „Zur wahren Eintracht" sind es 62 von 176 Mitgliedern, und ihr Meister Ignaz von Born ist selber Hofrat der Hofkammer. Auch bei den „Drei Adlern" und beim „Palmenbaum" ist ein Fünftel Beamte. Insgesamt sind es rund 200 Personen in einflussreichen

Positionen, und es hat natürlich Auswirkungen, wenn sie alle gezielt und im Gleichklang nachhaltig auf das Dutzend Minister einwirken, bei denen sie dienen.

So wird Sonnenfels, der schon 1776 einen ersten Kontakt zur Leipziger Loge geknüpft hat, 1782 Mitglied der „Wahren Eintracht" und zählt danach mit seinen Freunden Ignaz von Born, Aloys Blumauer und Joseph Freiherr von Retzer zu den Führern der Freimaurer in Wien. Er wird Stellvertreter Borns und organisiert ein intensives Wissenschafts- und Vortragsprogramm, über das auch in einem eigenen Journal berichtet wird. 1784 gründet er eine Landesloge für das gesamte Habsburgerreich, deren Chef übrigens Fürst Dietrichstein wird, der Gönner seiner frühen Jahre. Er selbst wird Meister der Distriktloge „Zur wohltätigen Eintracht". Born und Sonnenfels führen überdies noch eine Organisation innerhalb der Organisation, nämlich den geheimen Orden der Illuminaten, in dem auch Hofkanzler Leopold von Kolowrat Mitglied ist. So kann Sonnenfels ein persönliches Verhältnis zum Hofkanzler aufbauen, der bei seinen Verwaltungsprojekten sein Vorgesetzter ist.

Dieses Netzwerk von Influencern und Lobbyisten wird allerdings Ende 1785 durch das Freimaurerpatent stark beschnitten. Damit ist die Organisation für Sonnenfels kein Thema mehr und er tritt aus. Jahre später werden unter Kaiser Franz I. 1797 alle Logen verboten und ab 1801 müssen die Beamten jährlich schwören, keiner Geheimgesellschaft anzugehören. Es wird bis ins 20. Jahrhundert, bis nach dem Zweiten Weltkrieg dauern, dass diese Vereinigung wieder maßgeblichen und organisierten Einfluss in der österreichischen Verwaltung, insbesondere im Kultur- und Gesundheitsbereich, erlangt.

In der Regierungszeit Josephs ist der Einfluss von Sonnenfels schwächer als in der Zeit Maria Theresias. Das hat nicht nur persönliche Gründe, der Habsburger misstraut grundsätzlich Beamten, selbst den reformfreudigsten unter ihnen. Er setzt kontrollierende Hofkommissäre ein und drängt in „Hirtenbriefen" immer wieder auf eine raschere Umsetzung seiner Entscheidungen. „Auf die mechanisch-knechtische Art ist es unmöglich, mit Nutzen die Geschäfte zu betreiben." Er kann sich also nicht auf die Beamtenschaft in ihrer Gesamtheit verlassen und deren Rat und Unterstützung suchen. Joseph II. hört nur auf wenige Gleichgesinnte in den Verwaltungsspitzen, und auch diese wählt der Kaiser sorgfältig und ausschließlich für ganz bestimmte Projekte aus. Im Licht dieser Bedingungen steht auch Sonnenfels' Wirkungsrahmen ständig zur Disposition.

Als im Jahr 1790 Leopold II. die Kaiserkrone übernimmt, ist Sonnenfels ein vielgeachteter Mann, auf dessen Wort man im Allgemeinen Wert legt. Als er Leopold aber anbietet, ihn direkt, regelmäßig und persönlich in einer Art privater Vorlesungen zu beraten, lehnt dieser dankend ab. Man nimmt zwar seine Dienste in Anspruch, persönlicher Vertrauter des Kaisers aber ist er nicht mehr. Leopold notiert über ihn: „(...) ein Mann von großem Talent, sehr fähig und ein großer Arbeiter, aber voll Anmaßung und Eitelkeit, lobt sich immer selbst, äußerst fanatisch, macht alle Sachen mit dem größten Aufsehen und Publizität, spricht zuviel und rühmt sich zuviel, übernimmt viele Verpflichtungen, die er dann nicht erfüllen kann."

Dennoch nimmt der Kaiser 1791 Sonnenfels' Gesuch um Befreiung vom universitären Lehramt an und spielt ihn damit wieder für Legistikaufgaben frei. Er bleibt zwar Mitglied der Fakultät, wird aber Vizepräsident der Hofkommission in Gesetzessachen und der Kommission für die Sammlung politischer Gesetze. Zusätzlich erhält er den Auftrag, eine neue „Polizeyverfassung" für Wien auszuarbeiten.

1791 legt er den Text eines modernen Gesetzes zur Bekämpfung des Wuchers vor. Er schlägt vor, Zinsen nicht zu verbieten, sondern so zu regeln, dass es der Wirtschaft nützt, aber Existenzvernichtungen hintanhält. Das Thema beschäftigt ihn schon lange. Bereits gegenüber Maria Theresia hat er das Zinsennehmen verteidigt. Als damals ein Priester, der das Vertrauen der Kaiserin besaß, meinte, es „steht in der Heiligen Schrift geschrieben: Du sollst keine Wucherzinsen nehmen", entgegnete Sonnenfels scharfzüngig: „Hochwürden, jeder von uns ist ein Wucherer. Sie selbst sind der ärgste Wucherer, für 4000 Gulden verkaufen Sie Ihrer Majestät Ihre frommen Dienste; ich kenne einen würdigen

Caplan, der für den zwanzigsten Theil Ihres Einkommens dieselben Dienste leisten würde."

Sonnenfels spürt, dass unter Leopold sein Stern verblasst, und kämpft dagegen nach Kräften an. Als sein gegen seinen Willen vom Kaiser eingesetzter Nachfolger an der Universität bei den Ämtern Akteneinsicht erhalten will, hintertreibt er das; als dieser eine Zeitschrift gründet, gründet er eine andere dagegen; einen kritischen biografischen Artikel versucht er zu verhindern; ein kaiserliches Dekret zugunsten des Nachfolgers schreibt er gar um. Doch all das nützt letztlich nichts – er bleibt in die zweite Reihe abgedrängt.

Bis zu einem gewissen Teil hat er sich das selbst zuzuschreiben, man spöttelt darüber, dass er viel spricht und sich nur zu gern reden hört. „Ein Bittsteller steht eine Stunde vor ihm – er redet kein Wort. Sonnenfels allein spricht ununterbrochen. Er entlässt den Menschen. ‚Mit dem jungen Manne', erzählt er, ‚habe ich mich trefflich unterhalten.'" Ein anderer Kritiker bedient gängige Vorurteile: „Sonnenfels hatte Vieles, was dem zehnmal getauften Juden durch ganze Eimer von Taufwasser nicht wegzuwaschen ist: So war er Egoist, von maßlosem Eigendünkel erfüllt, eifersüchtig und unduldsam gegen andere Talente, insbesondere wenn er besorgte, dass sie ihn verdunkeln, in seinem Einflusse beschränken oder gar verdrängen könnten; er war ehrgeizig und strebte im Übermaß nach Ehren und Würden."

Aber Sonnenfels gibt nicht auf. Er organisiert aus dem Hintergrund eine wahre Schriften- und Vorträgeschlacht an der Universität und reorganisiert sein Wiener Netzwerk. Als Leopold 1792 unerwartet früh verstirbt, ist er wieder da: 1794 und 1796 wählt ihn die Universität zu ihrem Rektor magnificus. Gleichzeitig jedoch muss er ohne einen seiner stärksten Verbündeten der vergangenen 30 Jahre auskommen: Kanzler Kaunitz ist 1792 zurückgetreten und zwei Jahre später verstorben.

In den Jahren nach 1796 wird Sonnenfels nochmals in eine Vielzahl legistischer Projekte einbezogen. Seine Tätigkeiten reichen von der abermaligen Überarbeitung des Strafgesetzbuches, der Redaktion des späteren Allgemeinen bürgerlichen Gesetzbuches bis zum Abfassen juristischer Gutachten und Kommentare. Die Erstellung eines Codex für die gesamte Staatsverwaltung, den er 1808 beginnt, kann er allerdings nicht mehr abschließen.

Das Ansehen und öffentliche Ehrungen bleiben dem betagten Professor erhalten. Er pflegt seine sozialen Beziehungen, so hat er etwa engen Kontakt zu Ludwig van Beethoven, der ihm 1802 seine Klaviersonate in D-Dur widmet. Für seine besonderen Verdienste erhält er 1804 das Kleinkreuz des St. Stephans-Ordens, Wien verleiht ihm 1806 das Bürgerrecht. 1810 wird Sonnenfels zum Präsidenten der k. k. Akademie der bildenden Künste ernannt. Kanzler Klemens Fürst Metternich, auf den diese Bestellung zurückgeht, lobt dabei Sonnenfels überschwänglich, aber nicht ohne spöttischen Unterton, als „würdigen Greis". Tatsächlich wirkt der mittlerweile Achtzigjährige noch immer aktiv im Management der Akademie, organisiert sie um, macht Personalpolitik und gründet neue Institute.

Politisch hat er jedoch nichts mehr zu sagen. Er ist, obgleich noch immer geistig und publizistisch aktiv, wegen seiner Gebrechlichkeit an die Stube gefesselt, die er nur noch verlässt, um Feierlichkeiten in der Akademie beizuwohnen. Er wird immer verbitterter, und da er sonst kaum eine Gelegenheit hat, seinem Groll Luft zu machen, nutzt er die Anlässe in der Akademie, um sich seinen Pensionsschock und seine Enttäuschungen von der Seele zu reden. Er beurteilt scharfzüngig Tagesereignisse und ist verzweifelt darüber, dass im öffentlichen und politischen Leben Widerstand gegen falsche Regierungsentscheidungen nutzlos und unmöglich geworden ist.

Sonnenfels stirbt im Alter von 85 Jahren am 25. April 1817 in seinem Haus in der Wollzeile. Er wird im Stephansdom feierlich eingesegnet und auf dem Friedhof St. Marx beerdigt. Sein Grab aber erleidet dasselbe Schicksal wie jenes Mozarts: 1843 stellt der Registraturdirektor der vereinigten Hofkanzlei fest, dass dessen genaue Lage leider vergessen ist.

In seinem Testament schreibt Sonnenfels: „Ich besitze kein Vermögen, das ist bekannt; ich habe mich während meiner vieljährigen arbeitsamen Laufbahn nur bestrebt, meine Pflicht zu erfüllen, nicht Vermögen zu sammeln. Meine Gattin brachte mir dreitausend Gulden zur Mitgift, deren Empfang ich hiermit noch einmal bestätige; ich versprach selbe mit sechstausend Gulden zu widerlegen (...). Ich ersuche (sie), an das Armen-Institut fünfzig Gulden abzuführen. Ihrem wohlthätigen Herzen überlasse ich, mein Dienstvolk nach Verhältnis ihrer Dienstjahre und der dem Hause bezeugten Ergebenheit zu belohnen. Und nun, theuere Gefährtin meines Lebens, empfange die Versicherung, daß meine innigste Verehrung und Dankbarkeit für die Glückseligkeit von acht und vierzig Jahren mich hinaus über das Grab beglücken wird." Der Erlös der Habseligkeiten des Hofrats beträgt letztlich nur 3.000 Gulden, daher belässt Kaiser Franz der Witwe die gesamte Besoldung als Pension.

Der Hofrat und Professor Joseph von Sonnenfels war Teil eines besonderen Beratungssystems. Maria Theresia und Joseph II., beide Vertreter des aufgeklärten Absolutismus, nahmen eine ganze Reihe solcher Ratgeber in Anspruch: Bartenstein, Zinzendorf, Kaunitz, Haugwitz, Daun, Laudon, van Swieten, Martini, Zeiller, Pergen, Keeß sind hier zu nennen, und die Liste ist keineswegs vollständig.

Das war keine individuelle Marotte dieser Herrscherpersönlichkeiten, sondern vielmehr der zunehmenden Komplexität des Gemeinwesens geschuldet, das effiziente Strukturen und professionelles Verwaltungspersonal erforderte. Die obersten Amtsträger mussten erfolgreich sein, die ererbte Gnade Gottes reichte nicht mehr aus, dauerhaft die Herrschaft einer Person oder Dynastie zu sichern. Um die Rolle des erfolgreichen Regenten erfüllen zu können, musste er sich gute Berater suchen, um alles zu wissen und alles zu können. Die Verwaltung sollte im Interesse der Effizienz und Nachhaltigkeit an Regeln gebunden werden, was eine präzise Formulierung rechtsstaatlicher Instrumente erforderte. Es sollten die Macht des Adels geschwächt und klugen Bürgerlichen Aufstiegsmöglichkeiten eröffnet werden. Bei der Rekrutierung der besten Leute waren die Habsburger nicht engstirnig und bewiesen eine gute Hand: Nicht wenige waren protestantischer oder jüdischer Herkunft, und es war daher mutig, ihnen in einem grundkatholischen Land Macht und Einfluss zuzuerkennen. Viele kamen aus dem „Ausland", was ein aktives Bekenntnis zu einer modernen Integrationspolitik erforderte.

Die Beratung erfolgte von außen, also in beruflichen Stellungen jenseits des noch kleinen Ministerialapparats. Sie geschah in hohem Maß mithilfe von Briefen, Schriften, Büchern und öffentlichen Reden selbstbewusster Intellektueller. Nicht zufällig bezeichnet sich Sonnenfels selbst in erster Linie als „Schriftsteller", als „Lehrer". Und sie erfolgte im persönlichen Gespräch mit dem Monarchen, in einer Audienz. Dieser direkte Kontakt war den Regenten wichtig, sie wollten den Rat nicht durch „Kabinettschefs" oder Mitarbeiter verzerren oder filtern lassen.

In diesem Kontext konnte jemand wie Sonnenfels wirksam sein, obwohl er „nur" externer Experte war. Er hat Recht gelehrt, wissenschaftliche Grundlagenarbeit geleistet und nur fallweise auch die praktische Durchführung in die Hand genommen. Die Sprache war sein wichtigstes Werkzeug – brillante Vorträge, provokante Vorlesungen, machtvolle Prosa, feine Satire, polternde Moralsätze. Mut, Selbstsicherheit, mitunter Sturheit und glühende Überzeugungen halfen ihm, diese Mittel wirksam zu entfalten. Konsequent hat er seine Linien verfolgt, Ziele angesteuert und Einfluss ausgeübt. Er war streitbar und konfliktfreudig, hat Schimpf und Schmach öffentlich über sich ergehen lassen, aber auch mit schneidender und verletzender Feder zurückgeschlagen. Eine Beharrlichkeit ohnegleichen zeichnete ihn aus, wenn er gewissermaßen tropfenweise seine Neuerungen einbrachte und erklärte. Den Glauben an die Freiheit, an angeborene Menschenrechte, an Rationalität und Vernunft, an die Besserungsfähigkeit von Menschen, Staaten und der Verwaltung hat er nie aufgegeben.

# 3.

# Schillernder Stratege

## Friedrich von Gentz

*Berater von Klemens Wenzel Fürst von Metternich und Franz I.*

*1800–1830*

Das ausgehende 18. Jahrhundert bringt eine lebhafte internationale – damals europaweite – Beschäftigung mit Staat, Herrschaft und Verwaltung. Aufklärerische Gedanken haben Konjunktur, auch außerhalb des revolutionären Frankreichs, es wird viel gelesen, geschrieben und diskutiert. Diese Debatten bewirken auch Veränderungen in den Verwaltungen und bringen es mit sich, dass die scharfen Geister und erfolgreichen Schreiber auch Zugang zu Funktionen in den Staatskanzleien finden. Der staatenüberschreitende Charakter dieser Entwicklung ermöglicht es Menschen, ihre Nationalität zu wechseln und Karrieren bei „fremden" Regierungen zu machen. Reformorientierte Herrschende können so gutes Personal auch außerhalb der Landesgrenzen rekrutieren.

Ein Beispiel für alle drei Entwicklungen – das Engagement von Theoretikern in praktischen Staatsgeschäften, den Aufstieg aus dem Bürgertum in die regierende Klasse und den Wechsel des Vaterlandes – ist Friedrich von Gentz, der engste Mitarbeiter des einflussreichsten österreichischen Staatsmanns jener Zeit, Klemens Wenzel von Metternich.

Gentz wird am 2. Mai 1764 in Breslau geboren. Sein Vater ist hoher Münzbeamter, seine Mutter kommt aus einer hugenottischen Beamtenfamilie. Daher wächst der Knabe zweisprachig auf und verwendet zeit seines Lebens Deutsch wie Französisch als Muttersprachen. Er besucht das Gymnasium in Breslau und in Berlin und inskribiert danach an der Universität Königsberg. Dort lernt er Immanuel Kant kennen, ist von ihm fasziniert und gehört bald zum engsten Kreis seiner Schüler.

Friedrich von Gentz (1764–1832)

Aber langes Studieren liegt dem klugen und extrovertierten Burschen wohl nicht. Nach zwei Jahren hängt er sein Studium der Rechtswissenschaften unvollendet an den Nagel, lässt seine Liebschaften zurück und wird 1785 preußischer Hofbeamter in Berlin. In den Folgejahren macht er als Sekretär in diversen Ministerien allerdings nur mäßig Karriere und bringt es mit 30 mit Mühe gerade einmal zum „Kriegs- und Domänenrat" mit zwölfhundert Talern Gehalt. Den obersten Vorgesetzten bis hin zum König wird er aber als Protokollführer und kluger Formulierer von Dossiers diverser Kommissionen bekannt. Für den brillanten Text zur Aufhebung des Tabakmonopols, die man ihm anvertraut hat, wird er sogar öffentlich gefeiert. Und so ist sein Einfluss im preußischen Staat bald größer, als es seinem Rang zukommt.

Er hat allerdings andere Interessen als das Amt. Privat ist er kein Kostverächter. Er frequentiert die Berliner literarischen Salons der romantischen Schriftstellerin Henriette Herz, wo er unter anderem die Brüder Humboldt kennenlernt; Wilhelm wird ihm ein enger Freund fürs Leben – und er berichtet uns von frühen Geliebten und aufgelösten Verlobungen. Später kommt Gentz in den Salon der emanzipierten Rahel Varnhagen, bei der Friedrich Schlegel, Heinrich Heine und Georg Wilhelm Friedrich Hegel verkehren. Das begeistert ihn weit mehr als das Büro. Er beginnt expeditiv zu schreiben und macht sich mit Zeitungsartikeln bald einen Namen.

Die Staatskanzlei am Ballhausplatz zur Zeit des Wiener Kongresses

In seinen ersten Schriften begrüßt er 1790 die Französische Revolution glühend. In seiner Abhandlung „Über den Ursprung und die obersten Prinzipien des Rechts" lobt er die Erklärung der Menschen- und Bürgerrechte durch die französische Nationalversammlung. Doch wird seine Haltung zur Entwicklung in Frankreich – insbesondere unter dem Einfluss der Lektüre des Staatsphilosophen Edmund Burke – schon im Jahr darauf schrittweise distanzierter. Er beginnt die Idee einer auf Rationalität und Kontinuität basierenden Reformpolitik zu schätzen, die einer Revolution vorbeugen soll, solide Liberalität wird ihm wichtiger als schwärmerischer Aufbruch.

Gentz gründet 1791 mit dem Gelehrten Gottlob Nathanael Fischer in Berlin die „Deutsche Monatsschrift" und publiziert darin 15 Jahre lang eine Fülle von Aufsätzen und Rezensionen, fertigt Übersetzungen an und veröffentlicht Monografien über politische Fragen. Allmählich wächst sein Ruf als sprühender politischer Journalist und Analyst weit über seine Heimat hinaus, als einer von wenigen deutschen Autoren wird er auch in England und Frankreich wahrgenommen. Als der Publizist 1793 mit der kommentierten Herausgabe von Edmund Burkes „Reflections on the Revolution in France" seine nunmehr kritische Haltung gegenüber den Ereignissen in Frankreich zu Papier bringt, landet er einen ungeheuren Erfolg. Er verdient nun mit seinen Publikationen Geld und heiratet eine Beamtentochter – ohne aber sein Bohemien- und Literatenleben aufzugeben. Nächtelange Diskussionen, feuchtfröhliche Feste, Glücksspiel, Besuche zweifelhafter Etablissements und Liaisons mit Schauspielerinnen belasten aber Familienleben und Geldbörse des fesselnden Journalisten und streitbaren Konversationsstars.

Er wandelt sich nun mehr und mehr zu einem Konservativen, dessen Staatstheorie auf naturrechtlichen Überlegungen basiert. Einen frühen Artikel über Pressefreiheit hätte er später am liebsten ungeschrieben gemacht. Jetzt lehnt er Revolution, Gleichheit, Volkssouveränität und Grundrechte ab und bekennt sich zum System der Monarchie. Derartiges findet natürlich Zustimmung bei seinen Vorgesetzten im Amt, die ihm schon länger große Freiheit für seine Studien und Publikationen lassen. Ab 1795 legt er in Leipzig die „Neue Deutsche Monatsschrift" auf, der aber schon kurz darauf der Konkurs droht. Doch schafft er einen Umschwung mit einem „Sendschreiben" an den jungen Preußenkönig Friedrich Wilhelm III., in dem er ihm gleichzeitig huldigt und Ratschläge gibt. Der Brief findet in der Öffentlichkeit rasante Verbreitung und zeugt vor allem von der ungeheuren Präpotenz des kleinen Staatsbeamten Gentz. Er bettelt sogar um ein erbliches Lehensgut, bleibt jedoch damit erfolglos; erst 1799 erhält er für sein neu gegründetes „Historisches Journal" namhafte staatliche finanzielle Unterstützung.

In einer Diskussion über Kants Schrift „Zum ewigen Frieden" entwickelt er die Idee eines freien Bundes der Völker und einer Friedensverfassung von gleich starken Vertragspartnern. Dieser Gedanke beschäftigt ihn lebenslang und wird viele Jahre später prägend für den Geist des Wiener Kongresses werden. Er setzt sich auch intensiv mit den Ursachen und den typischen Phasen einer Revolution auseinander. Vor allem aber findet die Politik Napoleon Bonapartes sein Interesse. Dessen Kriegsmanie lässt aus dem ursprünglichen Pazifisten einen streitbaren Schreiber für den politischen und militärischen Kampf um die Wiederherstellung der (früheren) politischen Ordnung und des von Frankreich zerstörten Gleichgewichts der Mächte werden.

Doch mit dieser radikal antifranzösischen Ausrichtung, die sogar zum Krieg aufruft, verlässt Gentz die Regierungslinie Preußens, das zu dieser Zeit einen Ausgleich mit Napoleon sucht, weil es für eine militärische Auseinandersetzung zu schwach ist. Dass er sich auch noch positiv über Englands Frankreichpolitik äußert und die Unfähigkeit der preußischen Regierung sowie des anti-napoleonischen Militärbündnisses kritisiert, bewirkt ein Übriges. Als sein Protektor, Karl Georg Graf Hoym, als Minister abdanken muss, schlittert Gentz 1802 erneut in eine finanzielle Notlage. Das drohende Ausscheiden aus dem Staatsdienst macht den Publizisten nicht zuletzt für seine englischen Verleger uninteressant. Gentz ist gezwungen, möglichst rasch ein adäquates Amt zu finden.

Versuche, definitiv in Weimar oder in England angestellt zu werden, gehen schief. Aber in Dresden lernt er den österreichischen Botschafter Klemens Wenzel von Metternich kennen und kann die Österreicher auf seine journalistischen Fähigkeiten aufmerksam machen. Deren Gesandter in Berlin, Johann Philipp Graf Stadion, schlägt die Aufnahme des belesenen, wortgewandten und prominenten politischen Schriftstellers in österreichische Dienste vor. Im September 1802 holt Außenminister Johann Ludwig Graf Cobenzl den Achtunddreißigjährigen nach Wien.

Der etwas steife Kaiser Franz ist zwar von der „geschnauften, geschwollenen Rederei" des Neuen bei dessen erster Audienz nicht angetan, dennoch genehmigt er die Personalie im zweiten Anlauf. Friedrich Gentz wird aufgrund seiner internationalen Reputation als „Schriftsteller" zum Kaiserlichen Rat ernannt. Verbunden damit sind 4.000 Gulden Salär, nicht aber ein konkretes Amt oder eine Einstufung in die Hierarchie. Vorerst stellt man ihn bloß an, um Artikel zu schreiben und allenfalls auch in internationalen Fragen zu beraten. Minister Cobenzl zumindest ist davon überzeugt, einen guten Fang gemacht zu haben: „Gentz ist die beste Feder Deutschlands. Wenn er inmitten von Berlin antirevolutionär und antipreußisch sein konnte, wie wird er erst sein, wenn wir ihn besolden."

Klemens Wenzel Fürst von Metternich (1773–1859)

Der nunmehrige Regierungsexperte reist sofort über Dresden, wo er abermals Metternich und dessen Maitresse Katharina Bagration, trifft, nach Berlin, erwirkt seine endgültige Entlassung aus dem Dienst Preußens und reist weiter nach England. Preußens Minister kommentiert zynisch, man sei nun mit Österreich quitt: „Wir haben ihnen Schlesien genommen, wir geben ihnen Gentz dafür." In England hingegen wird der Kaiserliche Rat von der Presse bejubelt und hat sogar eine Audienz beim Königspaar. Er sichert sich wieder eine Besoldung und kehrt mit geheimen Dokumenten nach Wien zurück, entschlossen, weiterhin beherzt gegen Napoleon, für England und für eine neue europäische Politik auf Grundlage einer „Balance of Power" zu schreiben.

Österreich und sein Kaiser Franz zeigen sich dankbar für die strategische Propaganda des neuen Stars der Diplomatie. Regierungsoffiziell wird seine Feder jedoch nicht benötigt, man ist in jenen Tagen eher auf Entspannung mit Frankreich aus. Gentz muss sich also darauf beschränken, viel zu lesen und mit England zu korrespondieren. Schlecht geht es ihm nicht, denn er schreibt an seine Freundin Pauline Wiesel nach Berlin: „Geld habe ich hier genug und Freuden aller Art." Als er spürt, dass Kanzler Cobenzl Schwächen zeigt, beteiligt er sich an einer Intrige gegen ihn, was ihn fast den Ratsposten kostet. Fortan hält er sich immer mehr an den aufsteigenden Stern Metternich und versucht gleichzeitig Erzherzog Johann, den Exponenten des Fortschritts am Hof, von sich zu überzeugen.

Schweden verleiht ihm 1804 die Ritterklasse des schwedischen Nordsternordens – allerdings ist das bloß ein Ehrentitel und kein „echtes" Adelsprädikat, worunter er zeit seines Lebens erkennbar leidet. Aber immerhin kann er sich fortan „Chevalier de Gentz" nennen, was er auch mit großer Betonung und gerne tut.

Furios schreibt er wieder gegen Napoleon, als sich dieser zum Kaiser krönt, und bewirkt damit sogar bei Cobenzl eine Annäherung Österreichs an England und Preußen, um eine antifranzösische Koalition zu bilden. Im September 1805 zieht das kaiserliche Heer, unterstützt von England und Russland, erneut gegen die Franzosen, was Gentz mit Cobenzl vollends wieder versöhnt. Der Kaiserliche Rat wird das Zentrum einer besonders radikalen anti-napoleonischen Agitation, die er 1806 in den „Fragmenten aus der neuesten Geschichte des politischen Gleichgewichts in Europa" ausbreitet.

Doch dann kommt die Katastrophe: Als Napoleon nach der Schlacht von Austerlitz Wien besetzt, muss Gentz bei Nacht und Nebel nach Prag und dann nach Dresden fliehen. Im Exil publiziert er weiter mit Eifer und wird vom Preußenkönig eingeladen, noch einmal seine Regierung in dieser schweren Krise zu beraten. Gentz kommt, hält vor den Ministern Hof wie ein Fürst und entwirft scharfe Manifeste gegen den Kaiser der Franzosen. Als dieser aber auch Berlin erobert, ist er wieder in akuter Lebensgefahr und muss sich nach Prag absetzen. Hier verkehrt er in den besten Adelshäusern, korrespondiert mit Gott, der Welt und Fürsten aller Länder, ist aber politisch kaltgestellt, denn Wien ist gegen eine Rückkehr.

Erst 1809 holt ihn der neue Minister Graf Stadion wieder in die Staatskanzlei, um ihm bei der Abfassung eines neuen Kriegsmanifests zur Hand zu gehen. Gentz bezieht jetzt ein Amtszimmer am Ballhausplatz und genießt wieder das Leben. Ein Teil davon ist seine Liaison mit seiner Haushälterin „Cattel" Swoboda, mit der er seinen Sohn Peppy zeugt. Als der Krieg gegen Frankreich wieder verloren wird und Napoleon nochmals Wien besetzt, geht er, dieses Mal gemeinsam mit seinem Minister, neuerlich ins Exil – zunächst ins ungarische Ofen (Buda), dann nach Böhmen.

Als Graf Stadion von Klemens Wenzel Metternich als Außenminister abgelöst wird, hat der noch keine Verwendung für den Diplomaten – er laviert gegenüber Napoleon. So nimmt Gentz Anfang 1810 – gerade hat er einen beachteten währungspolitischen Aufsatz publiziert – die Einladung des Wiener Finanzministers an, ihn zu beraten. Doch statt sofort nach Wien zu eilen, fährt er mit dem Grafen Stadion auf „Sommerurlaub" nach Karlsbad (Karlovy Vary) und stürzt sich in mehrere Affären mit hochgestellten Damen. Erst im Oktober holt ihn Metternich nach Wien zurück. Jetzt wird er in die Tätigkeit des Kanzlers und Außenministers einbezogen: Nachdem Gentz im Exil ein umfassendes Wissen in Finanz- und Budgetangelegenheiten erworben hat, wird er zunächst im Informationsbereich, als Wirtschafts- und Finanzexperte, eingesetzt. Bald darauf agiert er für Metternich als Konsulent bei der Gründung der Zeitschrift „Österreichischer Beobachter", die der Minister und Leiter der Staatskanzlei als offiziöses Organ seiner Politik etablieren will. Ein Jahr lang verbleibt der Publizist in dieser informellen Beraterfunktion, eine Zeit, in der sich Gentz und der Minister zunehmend annähern. 1812 wird der Chevalier dann Metternichs persönlicher Sekretär.

Er hat die volle Gunst des Kanzlers und unmittelbaren Kontakt zu ihm, entscheidet über jeden direkten Zugang zu Metternich und kann sich so, ohne selbst Standesperson zu sein, in die hohe Gesellschaft Wiens eingliedern. Wie sehr er sich etabliert hat, zeigt eine Notiz vom Oktober 1811: „Hatte eine höchst interessante Unterredung von 2 Stunden mit der Kaiserin; vorher frühstückte ich bei Graf Metternich; nachher machte ich eine Promenade mit ihm, und dann ein vortreffliches Diner."

Auch in finanzieller Hinsicht verbessert der neue Posten seine Position, Metternich gestattet Gentz im Wissen um dessen ständige Geldnot, für 4.000 Gulden im Jahr eine vertrauliche Korrespondenz mit den Gospodaren der Walachei und Moldau zu führen – quasi als deren diplomatischer Berater. Diese Tätigkeit wird übrigens später während des Wiener Kongresses besonders intensiv werden. Der Kanzler und sein Kabinettschef sind jetzt ein unzertrennliches, kongeniales, aufeinander eingespieltes Paar. Metternich berät sich mit ihm in Fragen der Außenpolitik und des Budgets, vor kaiserlichen Audienzen – und auch über Liköre. Er nimmt ihn im Juni 1813 zum Treffen mit Zar Alexander auf Schloss Ratiborschitz mit und bespricht mit ihm seine legendären Verhandlungen mit Napoleon in Dresden, in denen er eine letzte Einigung mit dem Korsen versucht.

Nach dem für Napoleon desaströsen Ausgang des Russlandfeldzuges ist Metternich zur finalen militärischen Auseinandersetzung entschlossen. Wieder wird Gentz mit der Abfassung eines Kriegsmanifests beauftragt und brilliert. Er wird oberster Kriegsberichterstatter und Zensor. Der Kaiser zeichnet ihn mit dem Hofratstitel aus und schickt 2.000 Gulden. Dass Gentz selbst ohnehin schon seit geraumer Zeit gerne als Hofrat aufgetreten ist, tut dieser Karriere keinen Abbruch.

Gentz stürzt sich wieder voll ins gesellschaftliche Leben – in Wien, auf den Landsitzen, in Prag: Er pflegt seine Beziehungen zu Fürstin Bagration (der Mutter von Metternichs unehelicher Tochter Clementine) sowie zur Herzogin von Sagan, die der Kanzler ebenfalls heiß verehrt. Es überschneiden sich also auch die privaten Wege der beiden charmanten und klugen Herren – auch wenn die Liebschaften des Hofrats nicht die Komtessen und Gräfinnen, sondern eher Wiener Mädel sind. Und er lobt sich in Gesellschaft selbst vollmundig: „Wenn irgendwo in Europa ein Krieg ausbricht, so glauben Sie nur, dass ich ihn angezündet habe."

Anfang 1814 begleitet Gentz den Staatskanzler ins Hauptquartier der Reichstruppen nach Freiburg, kehrt aber bald wieder nach Wien als Zensor zurück, bei den langwierigen Verhandlungen mit Napoleon kann man ihn, das rote Tuch für den Franzosen, nicht einsetzen. Das demoralisiert Gentz, der sich jetzt in unterwürfigen Briefen an Polizeichef Josef von Sedlnitzky für kleine Versehen bei der Publikation von Artikeln wortreich entschuldigen muss.

Als nach dem Sturz Napoleons in Paris entschieden wird, den Kongress zur Neuordnung Europas in Wien abzuhalten, holt ihn Metternich dann doch wieder an seine Seite – vielleicht auch aus schlechtem Gewissen, weil er ihn nicht zur Pariser Konferenz mitgenommen hat. Gentz ist für diese Arbeit wie geschaffen: Vertraut mit Europas Diplomaten, mit einem großen Wissen über die Feinheiten der europäischen Politik ausgestattet. Gleichermaßen Formulierungskünstler und Salonlöwe auf dem gesellschaftlichen Parkett verfügt er über persönliche Freundschaften, insbesondere in England und Frankreich, und beste Insiderkenntnissen über Preußen. Zudem steht der Diplomat seit Langem in persönlichem Kontakt mit dem russischen Zaren, dem preußischen König, Frankreichs Außenpolitikchef Charles-Maurice de Talleyrand und dem britischen Chefverhandler Lord Castlereagh.

Persönlich hat Gentz einen ausgeprägten Hang zu Luxus und kann – so wie sein Mentor Metternich – mit Geld nicht umgehen. Beobachter des Kongresses schildern ihn als ehrgeizig, eitel, für

Schmeicheleien offen, wenig selbstsicher, sehr mitteilsam, als fesselnden Gesprächspartner und mitunter auch ein wenig falsch. Man schätzt an ihm seinen ungeheuren Fleiß, seine Beharrlichkeit und Zähigkeit, seine geistige Beweglichkeit, sein strategisches und analytisches Denken in großen Zusammenhängen und den Umstand, nicht zu Unterwürfigkeit zu neigen, sondern oft, vielleicht zu oft, jedem deutlich seine Meinung zu sagen. Der Historiker und Schriftsteller Golo Mann hat ihm später auch Feinfühligkeit attestiert und recherchiert, dass Gentz den Anblick eines Vollbartes nicht ertragen habe, Blitz und Donner hätten ihn nachts aus dem Bett springen lassen, Beerdigungen habe er ein Leben lang gemieden und beim Tod seines Hundes habe er bittere Tränen geweint.

Der Fünfzigjährige ist im Herbst 1814 auf einem Gipfel seiner Karriere angelangt. Die Staatsmänner und Diplomaten bestimmen ihn am Beginn des Wiener Kongresses per Akklamation zum Protokollführer. Der „Sekretär Europas“ wird damit zu einer Zentralfigur der gesamten Neuordnung Europas. Er ist intensiv in die Vorbereitungssitzungen involviert, die er mit Metternich, Castlereagh, dem russischen Chefverhandler Karl Robert von Nesselrode, dem preußischen Kanzler Karl August von Hardenberg sowie dessen rechter Hand, seinen alten Freund Wilhelm von Humboldt, führt. Er legt in einem langen Brief in französischer Sprache bereits ein umfassendes Konzept für die Ergebnisse der ganzen Konferenz dar. Er muss die Tagesordnung festlegen, die Themen vorschlagen, die in den Ausschüssen beraten werden sollen, die Sitzungsberichte verfassen, Reden konzipieren, vor allem aber versuchen, die divergierenden politischen Interessen der am Kongress beteiligten Staaten schon im Vorfeld der großen Treffen auf einen vernünftigen Nenner zu bringen.

Für Kanzler Metternich, der im Rampenlicht der Öffentlichkeit steht und nicht gerade gerne arbeitet, wird der weltbürgerliche Hofrat dadurch ein unentbehrlicher Berater, seine graue Eminenz. Bei ihm laufen die Fäden des Kongresses zusammen. Das wissen auch die prominenten Teilnehmer, die sich in seiner Wohnung in der Seilergasse die

Sitzung der Bevollmächtigten am Wiener Kongress,
Gentz ist der dritte Stehende von rechts

Türklinke in die Hand geben, um seinen Rat einzuholen, ihn für ihre Wünsche, Anliegen und Forderungen zu gewinnen und bis spät in die Nacht zu debattieren.

Wenn den Hauptakteuren auf der Bühne des Kongresses das rechte Wort fehlt, um ihre Gedanken zu formulieren oder zu verbergen, sitzt der unentbehrliche Chevalier im Souffleurkasten, von wo aus er ihnen dieses im wortwörtlichen Sinne einflüstert – Chefsekretär, Vorsager und Helfer zugleich. Gentz ist daher viel beschäftigt. „Gearbeitet bis ein Uhr", notiert er nicht nur ein Mal in sein Tagebuch. Und ein andermal entschuldigt er sich brieflich bei einer Bekannten für die Form des „Geschmier", weil er es völlig übermüdet um drei Uhr morgens verfasste. Er ist der geniale Fleißige, Metternich der geniale Faule. So notiert er auch mit Ingrimm, dass er seinem Kanzler mit einem fertigen Text tagelang zur Einholung der Unterschrift nachlaufen musste, weil sich dieser im schummrigen Palais Palm bei den lockeren Sagan-Töchtern und „der Bagration" herumgetrieben habe. Doch nicht nur solche

Notizen füllen Bände, auch seine Kongresstexte umfassen insgesamt mehrere tausend Seiten.

Gentz bringt seine Aktivitäten an den Konferenztischen mit folgender Formulierung auf den Punkt: Er sei da, „um den Ereignissen einen Stil zu geben". Er ist der Arrangeur der Worte, der Einflüsterer Europas. Er stilisiert die Verlautbarungen der Kabinette, er lässt hinter der imposanten Fassade seiner Worte tiefgreifende Interessengegensätze verschwinden, er schafft es durch verbale Nebelschwaden Kompromisse annehmbar zu machen. Gentz nutzt die Sprache als Element, um Lösungen zu finden. Die Mächtigen danken es ihm mit Ordenskreuzen und Privilegien, die sie seit jeher denen einräumen, die ihnen Geist und Feder leihen; und sie danken mit Geld, das Gentz ungeniert annimmt, weil er das Gefühl hat, dass er es verdient.

Metternich und Gentz prägen den inhaltlichen Gang des Kongresses. In der ersten Phase hintertreibt der Sekretär erfolgreich preußische Ambitionen und wird bald von Berlin als Verräter gesehen. Preußen verleumdet ihn als „grundsatzlos", weil er mit seiner sachsenfreundlichen Haltung und dem mutigen Auftreten gegen den nationalistischen „Missbrauch der Übermacht" gegen seine Interessen auftritt. Scharfsichtig wie er ist, erkennt er früh die tiefe Rivalität zwischen Zar Alexander und seinem Vorgesetzten, die er als Schlüsselfaktor für den holpernden Fortgang des Kongresses identifiziert. Natürlich ergreift er hier Partei für den Kanzler, doch er wird nicht blind gegenüber dessen Schwächen. Entschieden bekämpft er ein Vordringen Russlands in den zentraleuropäischen Machtbereich. Schließlich widersetzt er sich auch der völligen Entmachtung Frankreichs. Zwar hat er Napoleon erbittert bekämpft, eine Rückkehr der Bourbonen jedoch erscheint ihm jetzt schlimmer als der Verbleib des Korsen. Vor allem aber plädiert Gentz beharrlich für ein Gleichgewichtssystem, das sowohl außen- als auch innenpolitisch Krieg und Revolution nachhaltig abwehren kann. Da treffen sich seine Argumente mit dem Repräsentanten Frankreichs, Talleyrand, dem er schon im Oktober 1814 zahlreiche Besuche abstattet, bei denen er sich vom schlauen

Franzosen mit Schmeicheleien, Schokolade und Werthaltigem verwöhnen lässt.

Trotz seiner enormen Arbeitsbelastung verschafft sich der lebensfrohe Frauenheld Freiräume für seine persönlichen Interessen und Vergnügungen. Er trägt seine rötliche Perücke zu Kongresszeiten mit zunehmender Nonchalance und pflegt die Augen hinter einem Lorgnon mit dunklen Gläsern zu verbergen. Er liebt es, in der Sänfte vom Ballhausplatz nach Hause in die nahe Seilergasse getragen zu werden, wo – nach Franz Grillparzers späterem Zeugnis – bereits im Wartezimmer dicke Teppiche und in der Luft schwere Parfumnoten liegen, überall Glasglocken mit Naschereien herumstehen, im Schlafzimmer ein weißes, von Seide überzogenes Bett prangt und allerlei ausgefallene Gerätschaften Bewunderung erregen, wie etwa ein mobiles Schreibpult, dessen bewegliche Arme Bleistifte, Federn und Tinte darreichen. Natürlich hat Gentz auch einen ausgezeichneten Koch, sodass es seinen diplomatischen Gästen wie seinen Wiener Mädeln, die zu Besuch kommen, an nichts fehlt. Zu guter Letzt lässt er sich noch eine sündteure Equipage aus England kommen,

Die Finanzierung dieses Aufwandes ist natürlich mit dem Hofratsgehalt nicht zu schaffen. Daher jongliert der Diplomat nicht nur permanent mit Schulden, sondern nimmt auch jegliche Einnahmequelle in Anspruch: Er bezieht seit Langem die feste Apanage von den Engländern und die regelmäßigen Unterstützungen von den Walachischen Fürsten, doch zusätzlich verlangt und erhält er Geld für Einzelleistungen, die er den Mächtigen des Kongresses erbringt. Eine Zahlung der Franzosen in der Höhe von 24.000 Gulden – mehrere Jahresgehälter eines Hofrats – ist dokumentiert. Zur Jahreswende 1814/15 sind es mehrere zehntausend Gulden, nach heutigem Wert etwa eine Million Euro, die er als Ehrengaben der Delegationen angeboten erhält und annimmt.

Ab Jänner 1815 gerät der Kongress ins Stocken. Die Entwicklung ist so desillusionierend, dass Metternich sogar seinen Rücktritt anbietet und sich wochenlang in sein Palais und eine Krankheit zurückzieht. Nun lastet die ganze Knochenarbeit, die Tagung dennoch am Laufen zu halten, auf Gentz. Erst als Napoleon überraschend aus seinem Exil auf der Insel Elba zurückkehrt und im Triumph nach Paris eilt, dynamisiert das wieder den Einigungswillen in Wien. Gentz wird beauftragt, eine scharfe Ächtung des Korsen zu formulieren, was ihm nicht mehr so leichtfällt, seine Position zu Bonaparte ist mittlerweile differenzierter. Dennoch gelingt ihm ein pointierter Text. Da erlaubt sich Metternich einen bösen Scherz, indem er seinen wichtigsten Berater per falschem Zeitungsinserat wissen lässt, Napoleon habe eine hohe Prämie auf seinen Kopf ausgesetzt. Gentz ist von der Aktion so geschockt, dass er sich darüber bei Erzherzog Johann beschwert.

Trotzdem arbeitet er zielstrebig weiter und bringt die mühsame Redaktion der vielteiligen Schlussakte im Mai zügig über die Bühne. Während der Schlacht von Waterloo am 18. Juni 1815 sitzt er bereits nach getaner Arbeit mit Humboldt und anderen Diplomaten in feuchtfröhlicher Runde in seinem Landhaus zusammen und feiert den diplomatischen, vor allem aber seinen persönlichen Erfolg, eine alte Epoche Europas zu Ende gebracht und eine neue eingeleitet zu haben. Am nächsten Tag paraphieren die Delegationsleiter die Schlussakte in der Staatskanzlei, Gentz notiert übernächtigt ins Tagebuch: „Endgültiger Schluß des Kongresses nach vollen neun Monaten Dauer. Schlief in der Stadt." In einem Brief bittet er Metternich, sich fortan „Premier Secretaire au Congrès de Vienne" nennen zu dürfen. Das Ehrengeschenk des Kongresses für seine Dienste, eine diamantenbesetzte Schatulle mit 800 Dukaten, nimmt er gerne an.

Doch damit ist die Zuarbeit des genialen Sekretärs für den „Kutscher Europas" noch lange nicht zu Ende. Zunehmend zeigt er aber dabei, dass er kein willenloser Büttel der Metternich'schen Restauration ist – er bleibt streitbar, originell und wird immer mehr zu einem selbstbewussten Kritiker des versumpften Habsburgerreichs, dem er gerne ein paar Modernisierungen nach französischem Muster verpasst hätte. Gegenüber seinem Vorgesetzten tritt er immer wieder geradezu unbotmäßig auf.

Zunächst reist er für vier Monate nach Paris, um den zweiten Pariser Friedensvertrag auszuhandeln. Wieder zurück, versucht er, vom Kaiser doch noch einen Adelstitel zu erhalten. Doch dieser dankt ihm bloß überschwänglich für seine vielen Verdienste, trotz seiner Verdienste will er den klugen Parvenü nicht in Wiens beste Gesellschaft aufnehmen. 1816 arbeitet Gentz gemeinsam mit dem nunmehrigen Finanzminister Graf Stadion und Metternich an der Neuausrichtung des österreichischen Finanzwesens und ist maßgeblich an der Gründung der Nationalbank und der Beseitigung des inflationären Papiergeldes beteiligt. Er bleibt aber auch auf seinem Schlüsselposten fest sitzen, lässt sich hofieren. Seine Arbeitsbelastung ist allerdings jetzt nicht mehr so groß wie zuvor.

Dann werden sein diplomatisches Geschick, seine Kenntnisse in Grundfragen der Außenpolitik Österreichs und des Deutschen Bundes und seine Formulierungskunst wieder voll in Anspruch genommen, als es gilt, die Ergebnisse des Wiener Kongresses in den folgenden Krisen zu sichern. Er führt wieder Protokoll und Debatten in gewohnt perfekter Weise auf den zwischen 1818 und 1822 einberufenen Mächtekongressen in Aachen, Troppau (Opava), Laibach (Ljubljana) und Verona sowie auf den Ministerkonferenzen in Karlsbad und Wien. Man muss sich diese jährliche Folge von Großkonferenzen etwa wie die heutigen Europäischen Räte oder G7-Gipfeltreffen vorstellen – man will auf Krisenzeichen in Europa rasch und wirksam reagieren. Die Einigung der fünf europäischen Großmächte in Aachen ist wirklich allein Gentz' Verdienst, ganz Europa dankt es ihm. Sein Erfolg wird auch von seinem Dienstherrn anerkannt, der ihm 1818 wieder eine deutliche Aufbesserung seiner Bezüge gewährt. Dies kommt seinem Lebensstil ebenso zupass wie die persönliche Beziehung zur Familie Rothschild.

Der Kanzler und sein Sekretär haben gemeinsam eine bislang noch nie erreichte zwischenstaatliche Kooperation in Europa entwickelt, ein komplexes System haltbarer Allianzen gefestigt und eine Mechanik gefunden, auf innenpolitischen Aufruhr rasch gemeinsam zu reagieren. Die von Gentz redigierten Protokolle und Schlussdokumente geben heute noch einen tiefen Einblick in das gemeinsame Selbstverständnis und die Funktionsweise Europas in der zweiten Dekade des

19. Jahrhunderts. Es sind dies die ersten politischen Dokumente eines gemeinsamen Europas, die weit über die Außenpolitik und die Regelung völkerrechtlicher Beziehungen hinausgehen.

Metternich schreibt in dieser Zeit an seinen Wegbegleiter: „Ich habe das Gefühl, daß Sie weit besser zu sagen wissen, was ich denken und sagen möchte, als ich es vermag“ und er nutzt die Gelegenheit, „dem Hofrat von Gentz die wärmste Erkenntlichkeit für die wichtige Unterstützung auszudrücken, welche (ich) in seinen durch das volle Gepräge seines großen Talentes ausgezeichneten Arbeiten gefunden“. Dennoch ist sein Verhalten gegenüber dem Freund und Berater widersprüchlich: Zur Sicherheit lässt Metternich die Gentz'sche Korrespondenz durchgehend überwachen. Und tatsächlich vertritt der Kanzlerberater in Briefen an Freunde und Entscheidungsträger oft völlig andere Positionen als in seinen offiziellen Funktionen und Artikeln; mit seinen privaten Ansichten liegt er zumeist richtiger, oft sind diese Wahrheiten für die herrschenden Häupter alles andere als angenehm.

Nach dem spektakulären Attentat des Burschenschaftlers Karl Ludwig Sand auf den Schriftsteller August von Kotzebue berät Gentz die aufgescheuchten europäischen Potentaten bei der Formulierung und Durchsetzung der Repressionspolitik des Deutschen Bundes gegen die liberalen und nationalen Strömungen. Er gestaltet die in den Karlsbader Beschlüssen 1819 verabschiedete Zensurpolitik und wird damit bei der liberalen Presse ebenso wie bei den nationalen politischen Aktivisten besonders verhasst. Der ehedem so kritische Publizist ist jetzt mit Metternich zum obersten Finsterling der vormärzlichen Reaktion geworden. Zwischen 1820 und 1830 schreibt Gentz unermüdlich gegen die revolutionären Bewegungen in Spanien, Italien, Griechenland und Belgien an. In Laibach bereitet er als „brauchbarer Handlanger“ – wie er sich selbst nennt – das brutale militärische Vorgehen gegen die neapolitanischen Aufständischen vor und erhält dafür „Geld über Geld“ des in Neapel ansässigen Bankiers Karl Rothschild. Die Zuwendungen der walachichen Prinzen versiegen zwar, aber der Kaiser zahlt ihm 5.000 Gulden für jede Konferenzteilnahme.

Fanny Elßler (1810–1884)

Ab 1824 wird es nach außen hin zwar etwas ruhiger um den Sechzigjährigen. Umso bunter werden seine Liebschaften zu den Mademoiselles. Gleichzeitig wird er in seinen Schriften immer skeptischer, insbesondere die Forderungen des deutschen Liberalismus erscheinen Gentz als eine drohende revolutionäre Kampfansage gegen die bestehende politische und soziale Ordnung. Aus den von Paris ausgehenden Juli-Aufständen des Jahres 1830 schließt er, dass durch die Industrialisierung die Lage der unteren Volksschichten immer unerträglicher werden und zu einer Revolution führen könnte. Damit sieht er viel klarer als sein Kanzler das Jahr 1848 voraus. Und er wendet sich aus dieser Analyse und seiner Theorie der Entwicklung eines revolutionären Geschehens heraus gegen die kriegerischen Interventionen, mit denen Metternich liebäugelt. Die Stimmung in der Staatskanzlei wird angespannt, es kommt immer häufiger zu laustarkem Streit zwischen den beiden Männern. Metternich lässt sich immer weniger beraten und entzieht ihm fühlbar seine Gunst, auch wenn er ihn noch für offizielle Besuche und Missionen einsetzt und in seiner böhmischen Sommerresidenz nicht auf ihn verzichtet.

Gentz, dem jetzt auch Krankheiten zusetzen, wird noch pessimistischer. Er zweifelt an allem und jedem, auch an der Leitlinie seines Lebens, dem erbitterten Kampf gegen Napoleon. Hier versteigt er sich einmal sogar dazu, den Sturz des ehemaligen Erzfeindes als größtes Unglück zu bedauern. Er ist jetzt zum Dissidenten in der Staatskanzlei geworden. Kein Wunder, dass ihn der Kanzler – wie er sich ausdrückt – nur mehr für „Fantasiedienste" in Anspruch nimmt.

Ein letztes Mal setzt sich der Staatskanzler noch für ihn ein, als er für den Hofrat anlässlich seiner Versetzung in den Ruhestand erwirkt, dass der Staat einen Teil seiner enormen Schulden begleicht und seine Bezüge zum Abschied verdoppelt. Gentz braucht das Geld, nicht zuletzt, um das Studium seines 1805 geborenen unehelichen Sohns Josef zu finanzieren, der später wie der Vater eine Beamtenkarriere bis zum Hofrat machen und sich als politischer Publizist einen Namen erwerben wird.

Gesellschaftlich führt die Distanzierung von Metternich zu einer gewissen Isolierung. Gentz' Leidenschaft fürs Theater bleibt davon aber unbeeinflusst. 1829 lernt der Hofrat im Kärntnertortheater die schöne Tänzerin Fanny Elßler kennen. Der Altersunterschied ist enorm, er ist mittlerweile 65 Jahre alt, sie 19. Zwischen den beiden entsteht dennoch rasch eine feste Beziehung, das zierliche Mädchen wird seine Geliebte. „Dieser Abend, der um halb zwölf endete, kann nur mit rosafarbenen Zügen bezeichnet werden. Das Glück, welches mir heute zuteil ward, werde ich nie vergessen", notiert er in sein Tagebuch. Ganz Wien zerreißt sich das Maul über diese Liaison. Sogar der Kaiser ist indigniert. Den alten Herrn kümmert das allerdings nicht.

Gentz fördert Fanny, wo er nur kann, und überhäuft sie mit Geschenken. Er ermöglicht ihr eine höhere Bildung, unterrichtet sie in Französisch und korrektem Deutsch, vermittelt ihr seine Liebe zu Büchern und macht sie mit einflussreichen Leuten bekannt. Fanny dankt es ihm mit einer ehrlichen und tiefen Zuneigung, die aus den erhaltenen Briefen deutlich hervorgeht.

Er zieht sich mit ihr in sein Schlösschen in Weinhaus, einem Vorort Wiens, zurück und verlebt dort mit ihr zunehmend geplagt von körperlichen Leiden sein letztes Jahr. Am 9. Juni 1832 stirbt der Chevalier de Gentz im Alter von 68 Jahren als Bürgerlicher und hoch verschuldet. Die Barschaft, die man bei ihm findet, beträgt fünf Gulden. Das viele Geld hat für seinen Lebensstil nicht ausgereicht, und die von ihm immer wieder angestrebte Erhebung in den Adelsstand war ihm nie geglückt; sie scheiterte wahrscheinlich an seinem Lebenswandel. Die kluge Ehefrau seines großen Partners Metternich meint nach seinem

Tod lapidar: „Nun liegt der arme Mann im Grabe, und schon sind nur wenige noch seiner eingedenk; wenige vermissen, niemand beweint ihn, und dennoch gibt es für ihn keinen Ersatz."

Mit seinem Lebenswerk als Schriftsteller, Übersetzer, Staatstheoretiker, Politikberater, Konferenzmanager und Zensor gehört Gentz zu den wichtigsten Entwicklern des konservativen Denkens des 19. Jahrhunderts in Österreich. Mit seinen politischen Ansichten ist er oftmals gescheitert, mit seinen Dienstleistungen für die Staatenlenker fast nie. Die spätere Geschichtsschreibung verachtet ihn geradezu als Diener Metternichs, seinem Tod folgt eine Welle der Kritik von nationaler und liberaler Seite. Erst später erkennt man, dass er eine der klügsten und einflussreichsten Persönlichkeiten in Europa zwischen 1800 und 1830 war, unendlich viel zur relativen Stabilität, zum Frieden und zur Entstehung einer gesamteuropäischen politischen Perspektive beigetragen hat.

Friedrich Gentz war nie selbst Staatsmann und Politiker im formellen Sinn, sondern „nur" deren Denker und Umsetzer, vor allem aber ein geistreicher, treffsicherer und gewandter Publizist, ein Meister der Formulierungskunst, der mit seinen Publikationen, Denkschriften, Manifesten und Protokollen politische Entscheidungen im Dienste von Herrscherhäusern äußerst wirksam aufbereitete, beeinflusste und wiedergab. Er war Zuarbeiter, Sekretär im besten Sinn des Wortes, Regierungsgehilfe, persönlicher Konsulent der wirklich Mächtigen.

Und wir finden bei ihm die Eigenschaften, die alle guten „Hofräte" auszeichnen: Klugheit, hohe verbale Fähigkeiten, einen scharfen, strategischen Geist, ungeheuren Fleiß, Egozentrik und das große Geschick, in die unmittelbare Nähe der Mächtigen zu gelangen, sich dort perfekt anzupassen und unentbehrlich zu machen. Umgekehrt beförderten ihn diese, ließen ihm Ehren und Geld zukommen – und benutzten ihn, solange sie ihn brauchten; als er ihnen nicht mehr nützlich war, ließen sie ihn fallen.

# 4.

# Gefährliche Nähe

## Erzherzogin Sophie und Karl Freiherr von Kübeck

*Berater von Franz Joseph I.*
*1848–1867*

Als die bürgerliche Revolution im Dezember 1848 den jungen Erzherzog Franz im Alter von erst 18 Jahren auf den habsburgischen Kaiserthron weht, ist er zwar nicht ganz unvorbereitet auf diese Rolle, hat aber dringenden Beratungsbedarf. Er ist ohnedies kein Wunderkind, aber in dieser komplizierten politischen Situation hätten sich auch andere schwergetan, den riesigen Verwaltungsapparat des Kaisertums zu lenken, das Krisenmanagement in Wien zu führen und das Staatsschiff wieder in ruhigeres Fahrwasser zu steuern. Zwei Menschen sind es vor allem, die Franz Joseph I. bei diesen Aufgaben in besonderer Weise helfen, ja, sie für ihn weitgehend erledigen: seine Mutter, Erzherzogin Sophie Friederike von Bayern, und der frühere Finanzminister Karl Friedrich von Kübeck. Es gibt daneben noch andere graue Eminenzen – so wie überhaupt die sieben Jahrzehnte der Regentschaft Kaiser Franz Josephs eine ganz große Zeit der Einflüsterer des Monarchen sind –, doch jene beiden üben einen besonderen Einfluss aus.

Wer sind diese beiden Ratgeber? Woher kommen sie, was bewirken sie? Ein Blick in die Zeit vor 1848, bevor sich ihre Wege im gemeinsamen Projekt so intensiv miteinander verbinden, ist notwendig, um ihre Bedeutung zu verstehen.

Sophie Friederike kommt 1805 in München zur Welt. Die Tochter des Bayernkönigs Maximilian I. Joseph genießt eine hervorragende Schulbildung, die Eltern wollen ihre Kinder zu modern denkenden,

Erzherzogin Sophie Friederike von Bayern (1805–1872)

Karl Friedrich Freiherr Kübeck von Kübau (1780–1855)

gebildeten Menschen erziehen. Sophie ist zudem ein ausgesprochen hübsches Mädchen. Als Kaiser Franz I. von Österreich den Wunsch äußert, seinen zweitgeborenen Sohn Franz Karl mit der neunzehnjährigen Prinzessin zu verheiraten, ist es keine Frage, dass sich das bayerische Königshaus dieser Staatsräson fügt. Schließlich ist der Bräutigam – nach dem ältesten, geistig beeinträchtigten Kaisersohn Ferdinand – die Nummer zwei in der Thronfolge. Die Hochzeit wird 1824 begangen und nach sechs kinderlosen Ehejahren kommt der spätere Franz Joseph I. zur Welt, nach einem offenbar wirkungsvollen Kuraufenthalt Sophies in Bad Ischl.

Auch ihm und seinen Geschwistern widmet die Erzherzogin persönlich eine sorgfältige Erziehung. Sie kümmert sich um gute Lehrer, um ein intensives Ausbildungsprogramm für ihren Ältesten, traktiert ihn aber auch mit schriftlichen Unterweisungen und katholischen Sprüchen, um ihn auf ein mögliches künftiges Amt vorzubereiten. In kluger Vorausschau lässt sie ihn sogar die ungarische Sprache lernen. Auch in politischen Alltagsdingen schult sie ihn ein, wobei manche

Ratschläge aus heutiger Sicht befremdlich wirken. So wird der dreizehnjährige Franzi von seiner Mama instruiert, dass es überall, selbst am Hof, Polizeispitzel gäbe, deren Überwachungstätigkeit aber absolut notwendig sei.

In den Dreißigerjahren wächst die kluge und charismatische Dame in eine wichtige Rolle in der Wiener Politik, in der sie bald den Ruf als „einziger Mann am Hof" genießt. Sophie spielt ihren politisch völlig untätigen und uninteressierten, allseits verachteten Mann Franz Karl an die Wand. Nachdem auch Maria Anna, die Gemahlin von Kaiser Ferdinand, in Hofgeschäften deutlich aktiver ist als der Monarch, ist gar von einer „Frauenregierung" die Rede. Konsequent verfolgt Sophie ihre konservative Überzeugung, geschickt bringt sie Vertraute in hohe Funktionen, darunter Heinrich Franz von Bombelles, den ultramontanen Exponenten des politischen Katholizismus, der Erzieher ihres Erstgeborenen Franzl und gleich auch Obersthofmeister wird.

Die Thronfolger-Gattin ist eine überaus politische Frau. Sie liest viel, lässt sich sogar Zeitungen und Bücher kommen, die von der vormärzlichen Zensur verboten wurden, und hält mit ihren Meinungen nicht hinter dem Berg. Da ihr klar ist, dass ihr Schwager Ferdinand keine Nachkommen haben wird, betont sie ihre Stellung als potenzielle Mutter oder Ehefrau des nächsten Kaisers. Als Ferdinand die Nachfolge von Kaiser Franz antritt, schreibt sie ihrer Mutter daher trocken: „Wir bleiben die Hausherren bei Hof." Auch andere sehen das so – als Zar Nikolaus 1835 Wien besucht, hat er einen seiner ersten Termine bei der Erzherzogin.

Ab den späten Dreißigerjahren pflegt sie einen immer engeren politischen Kontakt zu Erzherzog Ludwig, den sie liebevoll „Onkel" nennt, und zu Staatskanzler Klemens Wenzel von Metternich, die gemeinsam mit Franz Anton von Kolowrat de facto die Staatsgeschäfte führen. Mehrfach werden Versuche unternommen, den Kaiser zum Abdanken zu bewegen, doch sie scheitern – nicht zuletzt an Metternich, der einen schwachen Chef bevorzugt. Das Verhältnis der Erzherzogin zum Kanzler ist zwiespältig: Einerseits verübelt sie ihm sein

Festhalten am entmündigten Kaiser, den sie als „Null" bezeichnet, andererseits schätzt sie ihn als führenden politischen Kopf des Regimes. Die Kontakte und Gespräche verdichten sich Anfang 1848, als angesichts der revolutionären Ereignisse in Frankreich die Sorge der Erzherzogin um den Fortbestand der habsburgischen Macht von Woche zu Woche wächst. Sie spürt, dass Entscheidendes auf sie zukommt.

Vor allem aber sollten die Märztage des Jahres 1848, in denen die bürgerlichen Revolutionswellen die alte Ordnung des österreichischen Kaisertums hinwegzufegen drohen, die ambitionierte Erzherzogin mit einem vifen Strategen zusammenbringen, der die Zukunft ihres Sohnes – und die des Kaiserreichs – ebenfalls maßgeblich beeinflussen sollte: Karl Friedrich von Kübeck.

Der um 25 Jahre ältere, ehemalige Finanzminister ist ein scharfer Beobachter der politischen Entwicklung im Kaiserhaus und sieht die Regentschaft Ferdinands zumindest so kritisch wie Sophie. Nicht ohne Sarkasmus meint er einmal, „wir haben also jetzt das Wappensymbol des Kaiserhauses verwirklicht. Einen Adler oder Geier mit zwei Köpfen (Metternich und Kolowrat) (...) unter dem Schutz einer schwankend schwebenden Krone." Und in einem späteren Brief an Metternich bekennt er, „wäre Maria Anna (die Ehefrau Ferdinands, Anm.) der Kaiser gewesen, so stünde das Reich anders als es steht oder viel mehr nicht steht".

So ähnlich die Ansichten von Kübeck und der Erzherzogin sind, so unterschiedlich sind ihre Lebenswege. Dem künftigen Berater des österreichischen Kaisers war seine Karriere bei Hofe nicht in den Schoß gelegt worden. 1780 im mährischen Iglau (Jihlava) geboren, besucht er als Sohn eines armen Schneiders das Gymnasium in Znaim (Znojmo) und studiert danach in Wien und Prag. Seine überragende Begabung und sein Fleiß ermöglichen ihm den Abschluss seines Jusstudiums in kürzester Zeit.

1800 tritt er in Olmütz (Olomouc) in den Staatsdienst ein und macht sich aufgrund seiner profunden Kenntnis aller „Normalien" der österreichischen Staatsverwaltung für seine Vorgesetzten unentbehrlich.

Rasch geht es beruflich voran – immer im Windschatten mächtiger Chefs: 1805 wird er Konzipist der niederösterreichischen Landesregierung bei Hofkommissar Rudolf von Wrbna, 1807 Sekretär des Oberstburggrafen Wallis in Prag, 1809 ist er kurz Sekretär des Armeeministers Karl Graf Zichy, bereits im selben Jahr findet man ihn auch als Regierungsrat und 1812 als Hofrat bei der Wiener Hofkanzlei, von wo er als Referent in den Staatsrat für Finanzsachen mit 5.000 Gulden Jahresgehalt wechselt.

Er wirkt fleißig an der Neuorganisation der im Wiener Kongress erworbenen Provinzen mit, wird 1815 in den Ritterstand erhoben und bald die rechte Hand des mächtigen Finanzministers Johann Philipp Graf Stadion. Für ihn entwickelt er wichtige Grundlagen für das österreichische Geldwesen, die dringend notwendige Verbesserung der Staatsfinanzen und im Jahr 1816 für die Gründung der österreichischen Nationalbank. 1821 wird Kübeck Staats- und Konferenzrat und begleitet in dieser Funktion Kaiser Franz als Finanzexperte auf die Kongresse von Laibach (Ljubljana) und Verona – gemeinsam mit Metternich und Friedrich von Gentz. 1825 folgt die Erhebung des einflussreich gewordenen Finanzbeamten und bekannten Sparmeisters in den Freiherrnstand, 1840 wird der nunmehrige Freiherr von Kübau auf Wunsch Metternichs Präsident der Hofkammer – also Finanzminister.

In dieser Rolle reüssiert er in vielfacher Hinsicht – als hervorragender Ökonom, belesener Finanzwissenschafter und entschlossener Kämpfer gegen das bedenkenlose Schuldenmachen des Staates. Kübeck zwingt die Ministerien und insbesondere die Armee zu Budgetdisziplin, bewirkt mit einer Steuerreform eine Verbesserung der Massenkaufkraft und bemüht sich um Handelsliberalisierungen. Besondere Verdienste erwirbt er sich bei der Finanzierung des Eisenbahnbaus. Zudem gelingt es ihm mit der Einführung der Staatstelegraphen, in nur zwei Jahren die Hälfte der Monarchie mit Leitungen zu verbinden. Einmal scheint er 1841 fast zu scheitern, als seine Geldpolitik einige kränkelnde Banken in den Ruin stößt und die Armee seine Bemühungen um ein Nulldefizit zu Fall bringt. 1847 jedoch muss

Kaiser Ferdinand (1793–1875) und seine
Gemahlin Maria Anna (1803–1884)

Kübeck eine schwere Niederlage einstecken: Sein Versuch, die Wiener Aktienbörse durch staatliche Aufkäufe zu stützen, schlägt spektakulär fehl. Seine Zeit als Minister scheint zu Ende, doch man beruft ihn nach der Märzrevolution noch einmal als Übergangsfinanzminister. Kurz darauf winkt er endgültig für neue offizielle Funktionen ab, es scheint, als wolle sich der mittlerweile Achtundsechzigjährige aus der Politik zurückziehen.

Einen Platz ganz vorne – oder besser gesagt, ganz oben – strebt hingegen ab März 1848 Erzherzogin Sophie an. Inmitten der Revolutionswirren wird die Gemahlin des Thronfolgers überaus aktiv. Vehement geißelt sie in ihrem Tagebuch und in Gesprächen die Volkserhebung, die Plünderungen der Proletarier, die Freiheit der Presse und bedauert, dass unter diesem Druck eine Verfassung gewährt werden muss. Sie quält sich in tiefer Sorge um die Familie und den Bestand der Monarchie. Um sich zu retten, schreibt der Hof alle öffentlich angeprangerten Missstände Staatskanzler Metternich und seiner Regierung zu. Als zweite Strategie propagiert Sophie im Familienrat, konstitutionelle Zugeständnisse zu machen; dies scheitert jedoch am Widerstand des mächtigen Erzherzogs Ludwig.

Wieder wird erwogen, Kaiser Ferdinand sofort zum Rücktritt zu bewegen. Kaiserin Maria Anna hat bereits seine Unterschrift auf der Abdankungsurkunde eingeholt, Feldmarschall Alfred zu Windisch-Graetz legt jedoch sein Veto ein. Das Dokument wird vernichtet. Angeblich ist auch der junge Erzherzog Franz Joseph dagegen, doch es wird eher seine Mutter gewesen sein, die sehr richtig erkennt, wie groß der Volkszorn auf das Haus Habsburg ist und es im Moment daher wahrscheinlich klüger ist, mit dem Thronwechsel noch zuzuwarten.

Stattdessen lässt sie am dramatischen und blutigen 13. März 1848 eiskalt den Staatskanzler fallen und bringt ihn den revolutionären Massen als Opfer dar. Vielleicht spielt bei dieser Entscheidung auch Rache dafür mit, dass er immer wieder ihre Pläne vereitelt hat, Kaiser Ferdinand abzulösen. Dennoch zögert sie nicht, ihm wenige Tage nach seiner Flucht einen süßlichen Brief nachzusenden, in dem sie schreibt: „Wie sehr ich Ihnen danke für das Gute, das Sie meinem Sohne während des letzten Winters erwiesen haben, indem Sie seinen Ideen und Gefühlen eine so gute Richtung gaben. Wenn Sie ihn gesehen hätten, dieses liebe Kind, als am Abende des 13. allzu weitgehender Edelmuth und Zartsinn Sie veranlaßte, uns zu verlassen, wenn Sie ihn da gesehen hätten, wie er zu mir kam voll Verzweiflung und unter dem Eindrucke dieses für die Monarchie so entscheidenden Augenblicks, dann hätten Sie wenigstens einen Moment der Genugthuung und Rührung empfunden."

Ab jetzt geht die Erzherzogin geradezu generalstabsmäßig vor. Noch im März macht sie Stadtausfahrten in der offenen Kutsche mit Kaiser Ferdinand und ihrem Sohn, um ihn dem Volk zu präsentieren. Am 6. April wird „Franzl" zum Statthalter von Böhmen ernannt. Danach schickt sie ihn nach Italien und empfiehlt ihn dem Feldmarschall Josef Wenzel Radetzky persönlich, der allerdings nicht recht weiß, was er mit dem jungen hohen Herrn tun soll. Sophie indes nutzt jede Gelegenheit, sich insbesondere im Habsburger Familienrat für einen Generationswechsel in der Staatsführung stark zu machen. Doch dann wird die Lage so prekär, dass man nicht mehr viel diskutieren kann. Als in Wien neuerlich ein Aufstand losbricht, rafft sie ihren Schmuck zusammen, dazu alles verfügbare Bargeld. Am 17. Mai 1848 flieht die engste Familie, darunter der Kaiser, unter ihrem Kommando in zwei Kutschen nach Innsbruck. Eine Flucht, die sich jedoch als taktischer Fehler erweisen sollte. In Wien protestiert die Bevölkerung vehement und macht explizit die Erzherzogin dafür verantwortlich, den Regenten gegen seinen Willen vom Volk entfernt zu haben.

Im ruhigen Innsbruck bespricht Sophie unterdessen die Zukunft mit „Franzi", der aus Radetzkys Lager zu ihr kommt. Sie will ihn vorerst im Ausland belassen, bis sein großer Tag kommt. Im August kehrt die kaiserliche Familie wieder nach Wien zurück, wird aber eisig empfangen. Kurzerhand lassen Sophie und Kaiserin Maria Anna, die starken Frauen am Hof, ihren Plan fallen, Erzherzog Franz schon an seinem Geburtstag im August zum Kaiser auszurufen.

In diesen Wochen im Sommer 1848 holt Maria Anna erstmals den eben zurückgetretenen Finanzminister Kübeck nach Schönbrunn, um seinen Rat einzuholen. Als im Oktober neuerlich massive Unruhen in Wien ausbrechen, entscheidet sich die Erzherzogin sogleich wieder zur Abreise. Diesmal zu Recht, denn in der Stadt macht man schon Jagd auf die Agenten der „Sopherl". Kurz darauf wird der Reichstag Sophies Landesverweisung beantragen.

Die kaiserliche Familie fährt unter starker militärischer Bedeckung nach Olmütz. Jetzt ist die Lage wirklich todernst. Maria Anna erbittet von Kübeck eine weitere Expertise zu der Frage, wie ein Thronwechsel allenfalls zu vollziehen sei und damit der revolutionäre Reichstag beseitigt werden könne. Das Haus Habsburg hat also bereits einen potenziellen Berater für den jungen Thronfolger ausgewählt.

Ende Oktober erkämpfen endlich die Regierungstruppen den militärischen Sieg über die Aufständischen in Wien. Oberbefehlshaber Windisch-Graetz hat sich übrigens vor seinem Abrücken noch einmal mit der Erzherzogin – und nicht mit dem Kaiser oder Erzherzog Ludwig – beraten. Den ganzen November über konferiert sie in Olmütz hektisch weiter, vor allem mit der Kaiserin und Ministerpräsident Felix zu Schwarzenberg. Dabei treten die beiden Damen immer vehementer und schließlich erfolgreich für einen Thronverzicht Ferdinands ein. Zuletzt bewegt Sophie auch ihren Gatten Franz Karl, zugunsten ihres Sohnes zurückzustehen. Der Rest der Familie, auch „Franzi" selbst, wird zunächst nicht eingeweiht.

Als der Thronfolger in spe am Abend des 1. Dezember 1848 endlich voll informiert wird, bricht er in ihren Armen in Tränen aus. Tags darauf wird der schmale, flaumbärtige Jüngling Kaiser. Zum Wechsel gehört auch die Namenswahl: Aus dem „Franzi" wird – offenbar aus klugem Kalkül – nicht ein Kaiser Franz II., sondern ein Franz Joseph I., was auch an den volksnahen Joseph II. erinnern soll. Sophie hat ihr Meisterstück als Politikberaterin des Habsburgerreichs abgeliefert. An Metternich schreibt sie, „der 2te December 1848 war mein Auferstehungsmorgen aus tiefem Leid" und an Erzherzog Ludwig: „Unter uns gesagt, wir haben einen guten Kampf gekämpft als schwache Weiber."

Nun geht es dem Kaiserhaus und den jeweiligen Cliquen am Hof und im Staatsapparat darum, wieder zur alten Ordnung zurückzukehren. Dafür wird zur Beratung des jungen Kaisers ein Mann geholt, der ein

Kaiser Franz Joseph I. (1830–1916) zur Zeit seiner Thronbesteigung 1848

in Staatsrechtsfragen geeigneteres Profil als die Erzherzogin mitbringt, in seiner konservativen Geisteshaltung und in der Ablehnung liberaler und konstitutioneller Ideen aber ebenso wie sie denkt: der Politprofi Karl Freiherr Kübeck von Kübau. In der Vergangenheit mehrfach informell konsultiert, soll der Karriere-Beamte nun offiziell dabei helfen, den

„revolutionären Schutt" wegzuräumen und einen neuen Absolutismus zu realisieren.

Bereits seit Oktober hat Kübeck den künftigen Franz Joseph I. in Verfassungs-, Wirtschafts- und Finanzdingen beraten. Dafür qualifiziert haben ihn wohl auch seine Auftritte im Kremsierer Reichstag und in der Frankfurter Nationalversammlung, in die er kurz zuvor gewählt wurde. Er verficht dort mit Nachdruck eine konservative absolutistische Staatsauffassung, in seiner späteren Korrespondenz mit Metternich ist geradezu Ekel und Abscheu vor den Trägern der 1848er-Bewegung zu spüren. Doch fühlt er sich in Frankfurt und in der Diskussion deutscher Verfassungsfragen zusehends unwohl und konzentriert sich mehr und mehr auf die mit Freude übernommene Beratertätigkeit. Nach der Ernennung Franz Josephs findet sich in seinen Tagebüchern permanent der stolze Hinweis, dass er heute schon wieder einen „Ruf zum Kaiser" erhalten habe.

Kübeck soll den machtbewussten Ministerpräsidenten Felix zu Schwarzenberg neutralisieren, und er soll – so genau will Sophie das aber nicht wissen – seinen langjährigen Kontakt mit dem exilierten Altkanzler Metternich zum Wohl des Herrscherhauses fortsetzen. Die beiden korrespondierten bereits in ihren früheren Ämtern intensiv über Eisenbahn und Finanzen, richtig vertraut wird der Briefwechsel aber erst 1849/50. Immer deutlicher zeigt sich, dass Metternich über ihn, den nunmehrigen Kaiserberater, weiter mitmischen will. Nicht grundlos lässt er seinem „alten Freund" über geheime Kuriere unzählige Briefe zukommen – teilweise auch über den Adjutanten Franz Josephs und Vertrauten der Erzherzogin, Karl Ludwig von Grünne.

Damit hat sie ihrem Sohn nicht nur einen Adjutanten ausgesucht, der im August 1848 prompt zum Obersthofmeister berufen wird, Grünne ist fortan auch Experte für alle militärischen Entscheidungen des Monarchen und wird als geradezu allmächtig beschrieben. Die Erzherzogin, die geschickt ihre Funktion camoufliert, verstärkt durch ihn ihren Einfluss auf den Kaiser, wie sie sich überhaupt von Anfang an in die Regierungsaufgaben einmengt und in den ersten Monaten ihres erkennbar zu unerfahrenen Erstgeborenen die familiäre Beratung wirksam weiterentwickelt. Franz Joseph I. ist ständig bei ihr und errötet, wie Augenzeugen berichten, jedes Mal, wenn er glaubt, sie habe ihn bei einem Fehler ertappt.

Der Kaiser ist wie seine Mutter durchdrungen von monarchischem Sendungsbewusstsein und voller Eifer, im Gegensatz zu ihr aber ist er weder intellektuell noch strategisch ein Genie. Doch die Überforderung aufgrund der enormen Verantwortung wird durch die tiefe Ergebenheit gegenüber der energischen Mutter gemildert. So wird sie zur wichtigen Ratgeberin bei der jetzt beginnenden Formierung der neoabsolutistischen und anti-ungarischen Politik. Zwar drängt sie sich nie offen und im Beisein Dritter in tagespolitische Entscheidungen, gibt aber die Linie vor und ist das politische Mastermind hinter ihrem Sohn.

Die Kaiserinmutter ist zutiefst geprägt vom traumatischen Schock der Revolutionstage und dem „undankbaren" Volk, das sogar daran dachte, die von Gottes Gnaden berufenen Majestäten zu verjagen. Von einer zunächst noch mit konstitutionellen Ideen sympathisierenden Akteurin hat sie sich unter dem Schrecken der Gewalttaten und der demütigenden Fluchten aus Wien zu einer starren und extremen Propagandistin der absoluten Monarchie gewandelt. Jetzt verachtet sie ihre Untertanen, hasst Bürger und Proletarier gleichermaßen, weist sogar wohlwollende Frauendelegationen ab und verflucht die Presse. Als „heimliche Kaiserin" wird sie rasch zur Feindfigur der liberalen Kräfte, in deren Augen sie „finster, bigott, eine Puppe des Kardinals" ist.

Wie überlegt und akribisch sie all ihre Aufgaben erledigt, bezeugen ihre im Staatsarchiv aufbewahrten Tagebücher, in denen sie auf Französisch, in kleinster Schrift, engen und randlosen Zeilen Tausende und Abertausende Blätter mit peniblen, säuberlichen Notizen über große Ereignisse und kleine Häuslichkeiten niederschreibt. Stolz vermerkt sie darin, wie gut ihr „Franzi" bei der Armee ankommt, ist voller Bewunderung für seine unschuldige und glänzende Erscheinung bei einer Fronleichnamsprozession. Sie vergöttert den Sohn geradezu, seit er Kaiser ist: „Franzi, der mich zur glücklichsten der Mütter macht mit seiner süßen Geborgenheit, die ich seit eineinhalb Jahren nicht hatte und die nur mehr Kraft, Empfinden für das Gute und die Moral seines noblen und weichen Charakters gegeben hat; seine zärtliche und zutrauliche Hingabe für mich (...)", schwärmt sie etwa im Oktober 1850.

Die heimliche Regentschaft der Erzherzogin Sophie ist längst allseits bekannt. Die gnadenlosen Blutgerichte und Hinrichtungen von Aufständischen werden nicht dem smarten jugendlichen Chef, sondern ihr angelastet, ebenso die Aufhebung der fortschrittlichen Pillersdorf'schen Kurzzeit-Verfassung vom April 1848. Die redaktionelle Vorbereitung für eine neue Konstitution, die an deren Stelle treten soll, wird Ende des Jahres in die Hände des Freiherrn von Kübau gelegt. Das Verfassungsprojekt ist eines der wichtigsten für den Kaiser und seine konservativen Berater. Leitbild ist ein Herrscher als absoluter Monarch von Gottes Gnaden, der alleinverantwortlich regiert und nicht vom Willen eines Parlaments abhängig ist, sondern von diesem nur beraten wird. Auf das Volk ist keine Rücksicht zu nehmen, man gewährt ihm nur einige Grund- und Freiheitsrechte.

Entsprechend der Vorgaben entwirft der kaiserliche Berater gemeinsam mit dem früheren Beamten und Innenminister Franz Seraph von Stadion einen neuen Verfassungstext, der ein schwaches Parlament und einen starken Monarchen vorsieht. Franz Joseph setzt sie autoritativ am 4. März 1849 von Olmütz aus in Kraft – die sogenannte oktroyierte Märzverfassung.

Währenddessen betreibt die Mutter des Kaisers auch Außenpolitik. Sophie, Anhängerin einer starken Bindung an Preußen, nutzt dafür sogar die Feiern zu einer Silberhochzeit, um ihrer älteren Schwester, der Königin von Preußen, eine Aussöhnung der deutschen Fürstenhäuser Habsburg und Hohenzollern schmackhaft zu machen. Die weitere Entwicklung der Beziehungen zwischen den beiden Mächten zeigt, dass sie dabei erfolgreich ist. Innenpolitisch tritt sie vehement gegen eine Föderalisierung der Monarchie und gegen Mitspracherechte ihrer Völker auf. Sie verachtet die Ungarn als revolutionäre Romantiker und Feinde der

Habsburger und trägt wohl ihren Anteil an der brutalen Niederschlagung des Aufstands in Budapest im Oktober 1849. Als sie die Nachricht davon in Bad Ischl erreicht, wird mit Champagner angestoßen. Viele sehen in der Erzherzogin die eigentlich Verantwortliche für die über 100 vollstreckten Todesurteile. Als General Julius von Haynau, dessen brutale Schlächterei in Budapest und Arad nach heutigem Maßstab eklatante Kriegsverbrechen wären, abberufen werden muss, bedauert sie das.

Das Verfassungsthema ist indes noch nicht endgültig abgeschlossen, die neue Regelung der Macht für den Kaiser und seine politischen Ratgeber noch nicht das letzte Ziel. Die Schraube der Reaktion soll noch weitergedreht werden. So beauftragt man nochmals Kübeck, der mittlerweile das Amt des Präsidenten des Reichsrats bekleidet. Am 20. August 1851 weist der Kaiser Ministerpräsident Schwarzenberg an, „über den Bestand und die Möglichkeit der Vollziehung der Verfassung vom 4. März 1849 in reife und eindringliche Erwägung“ zu treten und dazu mit dem Präsidenten des Reichsrats ein Gutachten zu erstellen, wie diese Erwägungen anzugehen seien. Gleichzeitig schreibt er an seine Mutter einen Brief, demzufolge der Auftrag, bloß ein Gutachten zu erstellen, nur der Form halber erfolgt sei: In Wahrheit soll Kübeck eine neue Verfassung schreiben und nicht der eigentlich für die Ausarbeitung zuständige Schwarzenberg.

Fortan leitet also Reichsratspräsident Kübeck jene Kommission, welche den Rechtstext auszuarbeiten hat, der an die Stelle der oktroyierten Verfassung treten soll. Er erledigt seinen Auftrag zur vollsten Zufriedenheit und mit großem Einsatz in unendlich langwierigen Verhandlungen, insbesondere mit Schwarzenberg und im Ministerrat. Ganz bewusst informiert er den Regierungschef oft viel zu spät und bemüht sich stattdessen, Franz Joseph zum Staatsstreich zu überreden. In seinem Tagebuch notiert er, dass der „Kaiser stets offener wird“, „lange Unterredung mit dem Kaiser über unsere politische Lage. Der Kaiser schien ergriffen und sehr eingehend.“ Kübeck nimmt an Ministerräten teil, forciert die harte Linie und ist sich heimlich wohl im Klaren darüber, das Land und den jungen Monarchen in eine neoabsolutistische Herrschaft zu manövrieren.

Gelegentlich liefert auch Metternich dem Freiherrn seine alten Akten an die Hand, etwa zu einem Projekt, das den Reichsrat bloß als beratenden Vertretungskörper vorsah. Im November treffen die beiden alten Herren sogar persönlich zusammen und besprechen einige Verfassungsfragen, in die nur der Kaiser „und vielleicht eine vierte Person" (das meint wohl die Erzherzogin) eingeweiht werden sollen. Mit 31. Dezember 1851 ist es schließlich so weit: Franz Joseph hebt die oktroyierte Verfassung auf und der Staat geht mit dem Silvesterpatent in einen neuen Absolutismus über, dessen Grundlagen Karl Friedrich von Kübeck maßgeblich mitgestaltet hat.

Die Pressefreiheit wird abgeschafft, ebenso die Öffentlichkeit in Gerichtsverfahren und die demokratische Gemeindeorganisation. Die Regierung ist nur dem Kaiser verantwortlich, nicht dem schwachen Reichsrat, der nur mehr Empfehlungen aussprechen kann. Die Minister sind entmachtet, auch Regierungschef Schwarzenberg, den Franz Josephs Berater ohnedies gerne loswerden wollen, weil er in ihren Augen zu großen Einfluss auf den Kaiser hat. Der Ministerpräsident verstirbt allerdings 1852 unerwartet im Amt. Franz Joseph setzt unverzüglich den schwachen Karl Ferdinand von Buol-Schauenstein und den Hardliner Alexander von Bach an dessen Stelle. Erzherzogin Sophie und Kübeck sind zufrieden.

Inzwischen hat der kaiserliche Berater – unterstützt von der Erzherzogin – bei Franz Joseph die Zuerkennung einer staatlichen Pension für Metternich erwirkt. Zudem werden sämtliche Hypotheken auf seine Besitztümer gelöscht und ihm wird die Rückkehr nach Wien erlaubt. Dafür ist ein Machtwort des Kaisers notwendig, da gegen den Fürsten wegen schwerer Korruptions- und Unterschlagungsvorwürfe bereits Untersuchungen eingeleitet worden waren. Metternich zeigt sich übrigens nicht sonderlich dankbar, nach seiner Rückkehr äußert er sich mehrfach sehr skeptisch zum neuen neoabsolutistischen Kurs.

Als Präsident des Reichsrates und persönlicher Vertrauter des Kaisers nimmt Kübeck nach Abschluss des Verfassungsprojekts weiterhin maßgeblichen Anteil an Finanzsachen und entscheidet in vielen Fällen kraft seiner Gutachten, um die ihn der Kaiser regelmäßig bittet, die vom Finanzminister einzuschlagende Richtung. In allgemeinpolitischen Fragen wird er jedoch nicht mehr so oft zurate gezogen – seine Enttäuschung darüber und dass die „jetzigen Machthaber" in den Ministerämtern so viele Fehler machen, teilt er mehrfach seinem Brieffreund Metternich mit.

Der politische Einfluss der Erzherzogin Sophie hingegen dauert an. Täglich ist der junge Kaiser zum Frühstück und zum Nachmittagstee bei ihr, manchmal gibt es auch Gespräche zwischendurch. Sie greift direkt in Personalentscheidungen ein, was den Polizeipräsidenten einmal zur Notiz „Kittelprotektion" veranlasst. Und sie versöhnt sich mit ihrem alten Widersacher Metternich nach dessen Rückkehr und konferiert immer wieder mit ihm.

Als am 18. Februar 1853 ein ungarischer Schneidergeselle ein Attentat auf Franz Joseph verübt, trifft dies Sophie sehr. Sie will ein großes Zeichen setzen und als strenggläubige Katholikin engagiert sie sich daher sofort für den Bau der Votivkirche. Das Katholische ist ihr generell überaus wichtig – täglich, mitunter auch mehrmals, besucht sie die Messe. Die enge Bindung des Staates an die Kirche, die in das Konkordat von 1855 gipfelt, ist das gemeinsame Werk der Erzherzogin und von Kardinal Joseph Othmar von Rauscher.

Kübeck und die Erzherzogin tauschen weiterhin regelmäßig ihre Ansichten aus und unterstützen einander, wenn es nötig ist. So vermerkt der alte Finanzer einmal im Jahr 1854, dass sein Projekt einer Nationalanleihe beim „weiblichen Hofstaat der Erzherzogin Sophie" eine gute Stimmung hervorgerufen habe.

Dass „Mama" in ihrer Beratung nicht immer eine glückliche Hand hatte, war nicht nur in den ersten Regierungsjahren Franz Josephs evident, in denen fehlende Sensibilität und politische Kurzsichtigkeit in einige gravierende Fehlentscheidungen münden. Auch die neoabsolutistische

Regierung provoziert Widerstand. Ein weiterer folgenschwerer Fehler ist die Positionierung des Habsburgerreichs im Krimkrieg von 1853, da Österreichs unentschlossene Führung neutral bleiben will und damit ihren wichtigsten Verbündeten, Russland, verliert. Dass sich der Kaiser nicht zur Unterstützung des Zaren bereit erklärt, geht auch auf Sophie zurück. Jahre später wird der deutsche Reichskanzler Otto von Bismarck diese Entscheidung ihrem tiefen Katholizismus zuschreiben. Russlands Botschafter gelangt damals nicht einmal zur Audienz beim Kaiser, „Seine Majestät ist vollständig eingemauert".

1854 führt Sophie Regie bei der Hochzeit Franz Josephs mit Sisi und danach bei der Einrichtung des kaiserlichen Haushalts. In der Hochzeitsnacht geleitet sie ihren Sohn selbst zum Schlafgemach. Zum Dank für all ihre Umsicht erhöht der sonst eher knausrige Kaiser ihre Apanage auf 50.000 Gulden, nach heutigem Wert etwa 700.000 Euro.

In dieser Zeit beginnt ihr Engagement in der Politik abzunehmen, der mittlerweile etwas gebrechliche Kübeck vermag ebenfalls keine entscheidenden Impulse mehr zu setzen, auch wenn er bis an das Ende seines Lebens seine Konsulententätigkeit für den Kaiser fortführt. Im Sommer 1855 erkrankt er an Cholera und verstirbt am 11. September im 75. Lebensjahr.

Erzherzogin Sophie hingegen betreibt, wenngleich nicht mehr regelmäßig, weiterhin Politik. Etwa im Jahr 1859, als der Kaiser und seine Umgebung in Italien eine schwere Niederlage erleiden. Bei der Schlacht von Solferino übernimmt Franz Joseph – offenbar schlecht beraten und ohne wirkliche Not – persönlich das Oberkommando, als die Schlacht für die Österreicher desaströs endet, gilt seine Unfähigkeit als Heerführer als bewiesen. Doch seine Einflüsterer schaffen den Spin, den Unmut der Bevölkerung und der Armee nicht auf ihn, sondern auf Sophies Günstling Graf Grünne zu lenken, dem man stellvertretend für alle, die einer Modernisierung der Armee im Wege standen, die Schuld gibt. Die Erzherzogin selber meint zum Desaster, „ich weiß nicht, was es das Volk angeht, wenn der Kaiser Krieg führt", beschwert sich laut über die infamen Vorgänge in Italien und die Verbrecher dort – und lässt Grünne fallen. Mit Handschreiben vom 20. Oktober 1859 enthebt ihn der Kaiser seines Postens als erster Generaladjutant und entsorgt ihn auf den wenig einflussreichen Posten des Oberststallmeisters und Kapitäns der Leibgarde.

Ein letztes Mal ist Sophies politische Hand im Kontext des Kriegs gegen Preußen 1866 zu spüren. Es ist erkennbar, dass Bismarck einen militärischen Konflikt ansteuert, doch Franz Joseph und Sophie können sich einfach nicht vorstellen, dass das mit ihnen verwandte Herrscherhaus in Berlin dem zustimmen würde. Nach der verlorenen Schlacht bei Königgrätz bleibt ihr daher nur mehr die Verzweiflung: „Gottes Wille geschehe, aber möge er einmal (...) meinem armen Sohn (...) endlich bessere Tage schenken." Nach dem Abschluss des erzwungenen Waffenstillstands arbeiten der Kaiser und seine Mutter in Ischl in langen Gesprächen die schmachvolle Entwicklung auf. Am Ausgleich mit Ungarn nimmt sie danach keinen Anteil mehr und der Krönung Franz Josephs zum ungarischen König bleibt sie fern.

Nach dem Tod ihres zweiten Sohnes Maximilian, des glücklosen, politisch verheizten Kaisers von Mexiko im Jahr 1867, verliert Sophie jeden Lebensmut und tritt politisch nicht mehr in Erscheinung. Im Frühjahr 1872 beginnt die Siebenundsechzigjährige ernsthaft zu kränkeln, im Mai verschlimmert sich ihr Zustand – angeblich wegen einer Lungenentzündung nach einem Besuch im Theater. Am 28. Mai stirbt sie im Kreis ihrer Familie.

Ihr Testament von 1862 enthält späte mütterliche Ratschläge „für Dich, mein theurer Franzi, da auf Dir eine schwere Verantwortung ruht für Dein katholisches Reich, das Du vor allem katholisch erhalten mußt". Damit ist Franz Joseph jetzt, mit 42 Jahren, erstmals wirklich auf sich allein gestellt.

# 5.

# Der Bürokrat des Kaisers

## Erich Graf von Kielmansegg

*Berater von Franz Joseph I.*

*1890–1910*

Die neoabsolutistische Wende der 1850er-Jahre in Österreich-Ungarn entmachtet zwar die Minister in ihrer verfassungsrechtlichen Stellung, doch die Bedeutung der Hochbürokratie nimmt zu. Der Beamtenapparat wächst, das Staatsgrundgesetz von 1867 bringt den Beamten das Wahlrecht, relativ viele ziehen in die Parlamente ein. Auch wenn sie dafür nicht freigestellt, für ihre Reden und Abstimmungen disziplinär gemaßregelt, ja wegen des politischen Engagements versetzt und entlassen werden, fördert diese Entwicklung doch ein neues Bild der Staatsdiener. Beamtenvereine entstehen, gewerkschaftlich orientiert, man kämpft um höhere Besoldung und gibt sich mit dem Placebo eines breiten Ordensangebotes, von Uniformen, Degen und „Beamtenadel" nicht zufrieden.

Intern herrscht in der Bürokratie aber weiterhin eiserne hierarchische Disziplin. Initiative, Eigenständigkeit, strategisches Engagement sind da nicht geschätzt oder gefragt. Damit sind auch das Umfeld und die Voraussetzungen für Ministerberater eingeschränkt. Man braucht sie auch nicht, denn es werden ohnedies die grauen Eminenzen selbst Minister. Kaiser Franz Joseph, selbst Bürokrat im Denken, beruft in seiner Spätzeit nahezu ausschließlich Beamte in die Regierung, als Ministerpräsidenten bevorzugt der Monarch Sektionschefs und Statthalter, gefügige Repräsentanten des bloßen Administrierens ohne politisches Format. Meisterhaft beherrschen sie das Anbiedern an die Obrigkeit, sie wissen, wie man Dinge einfädelt. Sie fürchten nur, entscheiden zu müssen, bevor bekannt ist, woher der Wind weht. Sie passen zum Kaiser und bestärken ihn in seiner konservativen Haltung.

Erich Graf von Kielmansegg (1847–1923)

Der Monarch lebt ganz in dieser Welt, er will keine starken Minister. Um Rat und Hilfe fragt er nur bei Verwaltungsdetails, ansonsten beschäftigt er sie und sich nur mit Kleinkram oder in Bereichen, in denen er tatsächlich Gefahr für Habsburgs Macht wittert. Demgemäß sucht er sich Berater aus, die in diese Welt passen. Einer der wichtigsten von ihnen, vorbehaltlos vom Kaiser geschätzt, langjähriger Statthalter, kurz sogar Premierminister, ist Erich Graf von Kielmansegg.

Geboren wird er 1847 in Hannover als Sohn des Ministerpräsidenten. Er studiert zunächst in Heidelberg, emigriert 1866 nach der Kapitulation Hannovers im Deutschen Krieg mit seiner Familie nach Wien, vollendet hier sein Jusstudium und tritt 1870 bei der Landesstatthalterei in den österreichischen Verwaltungsdienst ein. Ein erstes Mal trifft er den Kaiser bei einer Audienz anlässlich der Ernennung zum Reserveleutnant. Der gnädige und freundliche Kommentar Franz Josephs beeindruckt den jungen Offizier – er habe den „Traum meiner Jugendjahre" kennengelernt. 1873 wird Kielmansegg Sekretär von Ministerpräsident Adolf von Auersperg. Zuständig für die österreichische Reichshälfte von Österreich-Ungarn, setzt der Liberale in diesem Jahr ein Zensuswahlrecht in Cisleithanien durch. Kielmansegg findet so den Kontakt zur Politik und baut die liberalen Grundsätze seiner Weltanschauung auf. Er ist mit den Ministerratsprotokollen befasst und lernt so die peinliche Genauigkeit und den Arbeitsstil des Kaisers kennen, seine plumpen Marginalbemerkungen (beispielsweise „oho"), seinen Zwang, Beistrich- und Rechtschreibfehler auszubessern, sowie seine Akribie bei Orden und Ehrenzeichen. Irgendwie beeindruckt ihn das.

Kaiser Franz Joseph um 1910 in seinem Arbeitszimmer

Von nun an beginnt, offenbar aufgrund seiner besonderen Fähigkeiten als Organisator, eine rasche Verwaltungskarriere. 1876 wird er – nach Protektion seines Chefs – extrem jung Bezirkshauptmann von Baden. Da die Kaiserresidenz Schloss Laxenburg in seinem Zuständigkeitsbereich liegt, ergeben sich häufige Treffen mit dem Regenten, bei denen sich der persönliche Kontakt aber auf Protokollarisches und Zeremonielles beschränkt. 1881 – Kielmansegg ist mittlerweile Bezirkshauptmann des Wiener Vororte-Großbezirks Sechshaus – bedankt er sich in einer Audienz beim Kaiser für den Statthaltereiratstitel. Dort trifft er zufällig auf eine Delegation des Dorfes Fünfhaus, das in den Verwaltungsbereich des Spitzenbeamten fällt. Die Honoratioren sprechen wegen der Eingemeindung des Vorortes in die Reichshauptstadt vor und finden in Kielmansegg einen vehementen Unterstützer. Schon länger plant der Beamte eine Ausweitung der Gemeindegrenzen, ein Groß-Wien. Noch muss er sich gedulden.

1882 wird Kielmansegg von Innenminister Eduard von Taaffe persönlich in die Landesregierung in Czernowitz „abkommandiert", wo er Anastasia Lebedewna von Lebedeff kennenlernt und heiratet. Seine nächste berufliche Station ist Klagenfurt. Bis 1886 erwirbt er sich einen guten Ruf und baut seinen Kontakt zum Minister aus, der ihn schließlich ins Innenministerium holt und zum Referenten für Polizeisachen macht. Die Idee von Groß-Wien beschäftigt ihn weiter, er bewirkt, dass Taaffe den Kaiser bei der Eröffnung des Wiener Türkenschanzparks 1887 darauf anspricht. Dieser reagiert positiv. 1889 wird Kielmansegg zum Sektionschef und damit zum Leiter der Staatspolizei befördert.

In dieser Zeit hat er Gelegenheit, Franz Joseph, vor dem er bei Ministerratssitzungen des Öfteren Akten zu referieren hat, genauer zu studieren. Dabei entwickelt der ehrgeizige Beamte eine nahezu mystische Verehrung für den um 17 Jahre älteren Monarchen. In seiner Autobiografie führt er seitenlang aus, wie sich der Kaiser auf Protokollarisches und Zeremonielles konzentriert. Er schätzt es, dass er keine „Kamarilla" zulässt, die ihn bei seinen Entscheidungen beeinflusst. Taaffe hingegen, der Jugendfreund des Kaisers, ist überaus beeinflussbar und sein Polizeireferent nutzt das weidlich für inhaltliche und personelle Interventionen.

Die Nähe zum Chef lohnt sich. Als überraschend der niederösterreichische Statthalter in Pension geschickt wird, schlägt Taaffe seinen engsten Mitarbeiter als Nachfolger vor, der kurz darauf vom Kaiser bestellt wird. Von Oktober 1889 bis Juni 1911 ist Kielmansegg k.k. Landesstatthalter von Niederösterreich, der längstdienende und nach dem Urteil seiner Zeitgenossen einer der besten. Als er den Posten antritt, wird er wieder im Kontext der Erweiterung Wiens initiativ, das damals noch zu Niederösterreich gehört. Er erstellt im Dezember einen Bericht ans Ministerium, bearbeitet Taaffe, den Wiener Bürgermeister und andere politische Mandatare. Auf 21 Seiten, die später in seinem Nachlass gefunden werden, belegt er penibel seine Interventionen in diesem Zusammenhang.

Schließlich bemüht er sich auch beim Kaiser um Unterstützung. Am 13. April 1890 wird er wegen der „Pöbelexzesse" in den Wiener Vororten zur Audienz befohlen. Eine Dreiviertelstunde lang legt Kielmansegg dar, warum die Eingemeindungen der einzige Weg sind, eine effektive polizeiliche Kontrolle zu sichern. Das überzeugt Franz Joseph, der den politischen Radikalismus in den Vororten fürchtet, gegen den Taaffe aus seiner Sicht zu schwach vorgeht. Der Statthalter erhält den Auftrag zur Umsetzung.

Kielmansegg arbeitet ein neues Gemeindestatut aus, organisiert eine Enquete und schreibt entsprechende Artikel in der Presse. Seine Anmerkung, es handle sich um ein „auf Initiative des Kaisers gründendes“ Projekt, lässt die Angst anderer Funktionsträger vor zu raschen Entscheidungen schwinden. Die Enquete ist erfolgreich, sofort sendet er Bericht an den Kaiser nach Gastein, der darauf notiert: „Mit Befriedigung zur Kenntnis genommen.“ Daraufhin schlägt Kielmansegg vor, der Monarch möge gleich auch den Wiener Bürgermeister ernennen – doch das wird von den Liberalen abgelehnt. Im Oktober geht der Entwurf ans Ministerium, noch vor Jahresende erfolgt der Eingemeindungsbeschluss.

1890 intensiviert sich der Kontakt des Grafen zu seinem Gebieter, er wird „auffallend oft zum Kaiser in Privataudienz befohlen“, von seinem Büro am Minoritenplatz, dem heutigen Außenministerium, sind es bloß wenige Schritte in die Hofburg. Franz Joseph stellt dabei zumeist kurze konkrete Fragen und der Statthalter gibt dazu in knapper Form seine Meinung ab. Er berücksichtigt die Manie des Habsburgers, mit Funktionsträgern ausschließlich über deren dienstliche Aufgaben zu sprechen – wird die Grenze zum Persönlichen überschritten, kann der Kaiser recht brüsk granteln: „Was geht Sie das eigentlich an?“

Die Besuche werden rasch publik, Ministerpräsident Taaffe spekuliert bereits über seine Ablösung durch den Günstling. Doch es kommt anders. Auf Initiative des Parlaments wird der „prächtige Kavalier“ Alfred zu Windisch-Graetz Regierungschef und der „unzuverlässige und feige“ Olivier Marquis de Bacquehem Innenminister. Kielmansegg – von dem diese Charakterisierungen stammen – intrigiert von Anfang an gegen dieses Kabinett.

Weiterhin sucht der Graf die Nähe des Kaisers, wo immer es geht. So genießt er es sichtlich, als ihn dieser bei einem Empfang anlässlich eines Flottenmanövers in Pula – bei dem ein niederösterreichischer Landesstatthalter eigentlich nichts zu suchen hat – vor allen

Zeitgenössische Zeitungsillustration zum angeblichen Duell zwischen Pauline von Metternich und Gräfin Anastasia von Kielmansegg 1892

Honoratioren und Admirälen überschwänglich begrüßt. Nicht nur wird er vom Monarchen nicht nach dem Grund seiner Anwesenheit gefragt, er plaudert auch so lange und angeregt mit ihm, dass danach allseits über diese Vertrautheit getuschelt wird. Ein andermal, im September 1891, schreibt ihm Franz Joseph während eines Manöverbesuchs in Niederösterreich: „Lieber Graf Kielmansegg, (...) welch' einmütig patriotische Gesinnung die Bevölkerung dieses Landesteiles beseelt. (...) meine vollste Anerkennung."

Selbst privater Tratsch kann diese Männerfreundschaft nicht zerstören. Etwa als im August 1892 die internationale Presse genüsslich von einem Degenduell Anastasias, der jungen Frau des Statthalters, mit Pauline Metternich berichtet, das in Vaduz „oben ohne" ausgefochten worden sein soll. In Wien dementieren die Damen ebenso energisch wie wirkungslos.

Als 1895 das Ministerium Windisch-Graetz an parlamentarischen Problemen scheitert, will der Kaiser zunächst Kasimir Graf Badeni als Ministerpräsidenten von Cisleithanien berufen, doch dieser ziert sich, will er doch die Entwicklungen im zerstrittenen Parlament abwarten. Nun kann sich der treue Erich von Kielmansegg bewähren. Der Kaiser vertraut ihm für eine Übergangszeit die Staatsgeschäfte an.

Dass der Interims-Regierungschef keinerlei Kontakte und Rückhalt bei den politischen Parteien hat, ist dem Monarchen gleichgültig. Als Experte in Verwaltungsfragen soll er bloß einige administrative Projekte angehen, ansonsten aber einen ruhigen Polit-Sommer gewährleisten. Zudem ist er loyal genug, um ohne Murren auf seinen früheren Posten zurückzukehren. So wird Kielmansegg von 18. Juni bis 2. Oktober 1895 Ministerpräsident und Innenminister eines Übergangskabinetts, einer provisorischen Beamtenregierung, die die laufenden Geschäfte bis zur Installierung der Regierung Badeni führen soll. Er schlägt vor, den provisorischen Charakter dieser Regierung nach außen hin nicht zu sehr zu betonen und fordert für die Ministerposten „die tüchtigsten der Sektionschefs". Ablauf, Wortwahl und Verfahren gemahnen den heutigen Beobachter an die Berufung der Regierung Brigitte Bierlein 124 Jahre später.

Der Kaiser weist ihn an, mit einer Liste an Gesetzesvorhaben „das Abgeordnetenhaus arbeitswillig zu machen" und für den Fall einer Obstruktion mit dessen Auflösung zu drohen. Gemeinsam erstellen sie in einer knappen Stunde die Ministerliste, wobei sich Kielmansegg erfolgreich für einen der profundesten Nationalökonomen, seinen Sektionschefkollegen Eugen Böhm von Bawerk, als Finanzminister einsetzt. Dann macht sich der neue Regierungschef daran, die wichtigsten Stakeholder zu kontaktieren. Kurz darauf teilt ihm das Abgeordnetenhaus unverblümt mit, dass es mit einem derart unpolitischen Minister keine Freude habe und er daher kaum mit der Unterstützung einer Partei werde rechnen können. Kielmansegg sieht in der Ablehnung der Beamtenregierung weniger politische, sondern vor allem persönliche Gründe. Schließlich kommen nun einige Parlamentarier mit Ministerambitionen nicht in den Genuss einer lebenslangen Pension von immerhin 8.000 Kronen. Er selbst will sich sparsam zeigen, zieht nicht in die Dienstwohnung des Innenministers, sondern bleibt in der des Landesstatthalters und verzichtet so auf eine stattliche Übersiedlungsentschädigung. Das beeindruckt Seine Majestät und das Parlament.

Zwei Tage nach Amtsantritt, beim ersten Ministerrat, in dem der Kaiser wie immer den Vorsitz führt, steht bereits ein Thema auf der Tagesordnung, das beiden Herren ein Anliegen ist: die Disziplinlosigkeit der Beamten, die an politischen Versammlungen teilnehmen, Artikel schreiben und das Amtsgeheimnis verletzen. Umgehend entwirft der oberste Regierungsbeamte einen Erlass des Kaisers, der die politische Betätigung seiner Kollegen einschränkt. Das trifft insbesondere die Christlichsozialen, die ihm das noch lange verübeln. Der Erlass wird noch in mehreren Regierungssitzungen diskutiert, er bildet geradezu ein Kernstück der Regierungsarbeit, in das sich die Beamtenminister gegen ihresgleichen grimmig verbeißen.

Nun folgen nahezu tägliche Besprechungen mit dem Kaiser, die sich manchmal über Stunden hinziehen. Vor allem Adelsverleihungen, Auszeichnungen und Personalia samt abschätziger Bemerkungen über Möchtegernbarone und intervenierende Erzherzoginnen beschäftigen die beiden Männer intensiv. Die gemeinsame Begeisterung für Formalismen und Orden ist evident – in Kielmanseggs Memoiren füllen penible Darlegungen, welche Auszeichnung man wo und wie zu tragen hat, viele Seiten.

Das Auszeichnungswesen hat auch handfeste wirtschaftliche Gründe: Dass hier Geld für Eisenbahninvestitionen gegen Baronien abgetauscht werden, ist aktenkundig. Überhaupt dürfte es eine fröhliche Korruption bei den Dekorationen gegeben haben, Kielmanseggg berichtet, dass ein Freiherrntitel um 500.000 Kronen und ein Kaiserlicher Rat um 50.000 Kronen zu haben sei. Eine besondere Rolle in diesem illegalen Spiel schreibt er in seinen Memoiren Finanzsektionschef Rudolf Sieghart zu – doch seine Einschätzung dürfte persönlich gefärbt sein, wird ihm dieser doch 1911 als Aufsichtsratschef der Bodencreditanstalt

Franz Joseph und Graf Kielmansegg am Flugfeld von Wiener Neustadt

vorgezogen. 1895 jedenfalls versichern der Kaiser und sein Beamtenkanzler noch treuherzig, gemeinsam jeden Protektionismus aufs Schärfste zu bekämpfen, selbst gegen die größten Intervenienten, „die Erzherzoge und gleich nach ihnen die Abgeordneten".

Dem fleißigen und kaisertreuen Kielmansegg gelingt es, bis zur Sommerpause des Parlaments einiges weiterzubringen. Die „Nüchternheit und Objektivität" der Beamtenregierung ist nützlich, Franz Joseph sieht das mit Wohlwollen. Selbst als im Juli und August die Geschäfte stillstehen, arbeitet Kielmansegg unermüdlich weiter und reist sogar seinem Monarchen zur Berichterstattung in die Sommerfrische nach Bad Ischl hinterher. Im Gepäck hat er einen Vorschlag, wie man den Kaiser von administrativem Kleinkram befreien könne. Zuvor hat er die Vorlagen der Ministerien an den Monarchen akribisch statistisch erfassen lassen, das unwichtigste Drittel schlägt er nun zur Streichung vor. Dem wird entsprochen.

In Ischl erlebt er auch den „stolzesten Tag meiner Karriere": Nachdem ihm der Kaiser überschwänglich für die erfolgreichen legistischen Projekte dankt, küsst ihm Kielmansegg unter Tränen die Hand.

Tatsächlich ist Franz Joseph von dessen pragmatischem Umgang mit dem widerspenstigen Parlament beeindruckt, so sehr, dass er auch später in diesem Kontext seine Beratung suchen will. Doch Kielmansegg hat eine klarere Einschätzung seiner politischen Grenzen: Sein Erfolg beruhe darauf, meint er, als neutraler Makler für eine Übergangszeit aufzutreten. Eine Dauerlösung sei das jedoch nicht, daher sei es nötig, mit Beginn der Parlamentssession eine definitive Regierung zu bilden.

Der Kaiser folgt dieser Einsicht und drängt Graf Badeni, ein Kabinett zusammenzustellen. Nach der Amtsübergabe im Oktober 1895 kehrt der Kurzzeit-Regierungschef wieder auf seinen freigehaltenen Verwaltungsposten zurück, kann aber seine Konsultationen mit dem Monarchen fortsetzen. Auch mit seinem Nachfolger trifft er sich beinahe täglich im Ministerium in der Herrengasse oder in der benachbarten Statthalterei. Das Wichtigste bleibt aber die Beratung Franz Josephs. Sie bezieht sich jetzt auf Allgemeines, da sich der Kaiser in der Regel nicht in die operativen Bereiche seiner Minister einmischt, sondern ihre Vorträge über in Aussicht genommene Projekte zustimmend zur Kenntnis nimmt. Nur in außenpolitischen Dingen will er das Heft in der Hand behalten – nicht mit großem Glück, wie die Geschichte zeigt – und den Außenminister auf die Rolle eines Beraters und Ausführenden reduzieren.

Immer wieder holt der Monarch seinen Vertrauten in die Hofburg, um seinem Ärger über die eine oder andere Aktion des Ministerpräsidenten Luft zu machen, der ihm zu eitel agiert. Ein weiteres prominentes Thema: Karl Luegers Wahl zum Wiener Bürgermeister – die aber der Kaiser nicht bestätigen will. Kielmansegg rät zur Approbation, aber vergeblich. Der Wiener Landtag schäumt und macht den Berater für die Verweigerung verantwortlich; letztlich gibt der Habsburger jedoch nach.

Franz Joseph lädt ihn jetzt öfter zur Hoftafel ein und weist ihm den Platz neben sich zu, um mit ihm Aktuelles zu bereden und sich über Badeni zu mokieren. Die beiden verstehen sich, beide denken autoritär, sind der Überzeugung, dass viele große Probleme des Staates mit den

Mitteln einer korrekten und soliden Verwaltung zu lösen wären – und schwelgen begeistert in Jagdgeschichten.

Abseits davon geht es aber vor allem um Formales, etwa die korrekte Beflaggung bei offiziellen Anlässen. Der Landesstatthalter muss Stunden und Tage mühevoller Organisationsarbeit aufwenden, das Aushängen der deutschen Fahne zu unterbinden, die der Monarch partout nicht leiden kann. Eine auffällige Zahl schwarz-rot-goldener Flaggen, die Franz Joseph bei einem Besuch in Kärnten zu Gesicht bekommt, kostet den dortigen Statthalter sogar seinen Posten. Ein Anlass für Kielmansegg, wieder auf sein Lieblingsthema zurückzukommen: die Beamtendisziplin. Es nagt an ihm, dass Ministerpräsident Badeni seinen scharfen Erlass de facto zurücknimmt, und er beklagt laut, dass das neue Gesetz zur Dienstpragmatik den Beamten zu viele Rechte gewährt und die Autorität des Staates untergräbt.

Der Statthalter hat aber auch mit Kaiserin Elisabeth zu tun, für die er Besuche bei sozialen Einrichtungen organisiert. Hintergrund ist der Wunsch des Kaisers, zumindest eine minimale Präsenz seiner Frau in Wien zu gewährleisten – wenn sie schon nicht an den offiziellen Terminen des Hofes teilnimmt und den größten Teil des Jahres auf Reisen verbringt. Das Urteil des Paladins über die Gattin seines obersten Herrn fällt alles andere als freundlich aus. In seinen Memoiren schreibt er schlicht, „mein Schlussurteil über sie ist, dass sie nicht ganz normal war". Dennoch engagiert er sich nach ihrem tragischen Tod im September 1898 für eine Gedächtniskapelle am heutigen Mexikoplatz.

Als im gleichen Jahr Kielmanseggs böhmischer Statthalterkollege Franz Graf von Thun-Hohenstein Regierungschef wird, ändert sich das vertrauensvolle Verhältnis zum Kaiser. Privataudienzen gibt es fortan keine mehr, wohl aber noch zahlreiche hohe Auszeichnungen, viel Lob und ostentative Freundlichkeiten des Monarchen bei öffentlichen Anlässen. Und es gibt weiterhin viele lange gemeinsame Fahrten zu Eröffnungen und Schützenfesten in Niederösterreich, die der alternde Monarch so liebt. Viele dieser Anlässe sind fotografisch dokumentiert, alle Bilder zeigen einen strammstehenden Statthalter, auf den Franz Joseph leutselig einredet. Themen sind die Verachtung von Otto Wagners moderner Stadtbahnarchitektur oder die Vereinfachung des Kanzleiwesens. Gerade in letzterem Bereich versucht der Graf mehrmals, den Kaiser für eine Initiative zu gewinnen, doch außer wohlwollenden Worten tut sich da nichts mehr. Majestät hat andere politische Ratgeber gefunden.

Dennoch versucht der „treue Freund“ weiterhin, den alternden Franz Joseph auf geschönte oder unzutreffende Berichte der Minister hinzuweisen oder ihn vor den Folgen zu warnen. Zumeist aber sind die Dinge bereits gelaufen und der Graf muss sich zähneknirschend damit begnügen, in den Akten post festum festzuhalten, was schiefgegangen ist. Skandalträchtig scheinen ihm nicht zuletzt Finanzvorgänge um die Errichtung der Wiener Krankenanstalten, bei denen das Ministerium 24 Millionen Kronen versenkt.

In seiner Funktion als Statthalter konzentriert er sich nun auf die Landesverwaltung und deren Reform. Er schreibt Bücher – als einer von nur wenigen Hochbürokraten vermag er mit einer neumodischen Schreibmaschine umzugehen – sowie einen Sammelband zur Geschäftsvereinfachung und Kanzleireform, eine Denkschrift gegen Zentralismus und den lebensfremden Amtsschimmel in den Ministerien. Er perfektioniert in Niederösterreich die Kanzleiordnung, die 1906 in Kraft tritt und danach mit Modifikationen in mehreren Ländern übernommen wird; in die Bundesministerien findet sie erst 1923 Einzug. Er treibt die Donauregulierung voran, den Ausbau des Wienflusses und des Donaukanals. Er fördert Sport und Fremdenverkehr sowie die neuen Automobile und ist moderner Technik gegenüber aufgeschlossen.

Im Land setzt er auf einen Dialog der Verwaltung mit den neuen politischen Bewegungen, den Christlichsozialen unter Lueger sowie den Sozialdemokraten. Dass ihn die einen für einen Liberalen und die anderen für einen Konservativen halten, deutet auf eine gewisse Ausgewogenheit seines Handelns hin, erleichtert aber sein Bemühen nicht. Auch gibt es mehr als einmal größte Spannungen mit dem Wiener Bürgermeister, der in Kielmanseggs Weltbild bloß ein dem Landesstatthalter untergeordneter Amtsleiter ist – was der machtbewusste Karl Lueger naturgemäß ganz anders sieht. Als der oberste Beamte des Landes mit der Idee spielt, Floridsdorf zur Hauptstadt Niederösterreichs zu erheben, macht ihm Lueger mit der Eingemeindung des Dorfs einen Strich durch die Rechnung.

1910 denkt Erich von Kielmansegg nach 40 Dienstjahren an Pensionierung und bemüht sich noch einmal um eine besondere Gunst des Kaisers. Er strebt einen Posten bei der Bosnischen Bank an, um noch ein wenig weiter aktiv zu sein und seine Pension aufzubessern, scheitert jedoch an einer kunstvoll gesponnenen Hofintrige, der auch der Kaiser – wenn auch mit schlechtem Gewissen – folgt. Später bemüht er sich mit Unterstützung des Thronfolgers Franz Ferdinand um die Funktion des Präsidenten der Bodencreditanstalt, doch Franz Joseph zieht ihm hier ausgerechnet seinen Intimfeind Rudolf Sieghart vor.

Privat führen Kielmansegg und seine hochgebildete Frau ihren Salon in der Rathausstraße weiter. Er lebt sein großes Kunstverständnis aus, pflegt ein illustres Netzwerk, dem auch Theodor Herzl angehört, und publiziert ab und zu kritische Zeitungsartikel, vor allem nach seinem Übertritt in den Ruhestand 1911 – da schreibt er sogar unter dem Pseudonym E. Kappa in der „Arbeiter-Zeitung". Nach dem Tod seiner Frau 1912 zieht er sich zurück.

1914 beruft man den Pensionisten noch einmal als Experten in die kaiserliche Kommission für Verwaltungsreform. Viel allerdings ist in dieser nicht mehr zu tun, sie entschläft nach drei Jahren fruchtloser Diskussion am „Widerstand der Hofräte", wie er es formuliert. Der mittlerweile Siebenundsechzigjährige nutzt diese Zeit mit dem Abfassen umfangreicher Memoiren – in großer Offenheit gegenüber privaten Dingen des Kaisers, mit einer verklärenden Sicht nach rückwärts, mit scharfem Blick für die Mechanismen und Schwächen der Verwaltung der Monarchie und mit ätzendem Sarkasmus für seine früheren Feinde im Amt.

Mit dem Hinscheiden des von ihm so verehrten Franz Joseph im November 1916 versinkt für Kielmansegg eine Welt. Immerhin hat er sich „zwei Jahrzehnte lang als jüngerer Weggefährte des Kaisers" gefühlt. Nicht einmal der Umstand, dass der Monarch zweimal Zusagen für einen Aufsichtsratsposten nicht einhielt, kann ihn von seiner Bewunderung abbringen. Er nimmt zur Kenntnis, dass die Protektion des Regenten, jede Dankbarkeit des Staates und jede Macht mit dem Pensionierungsschreiben zu Ende und vorbei sind.

Dazu kommt, dass ihn Franz Josephs Nachfolger Karl nicht schätzt, er habe „keine günstigen Urteile" über ihn gehört. Dennoch wird Kielmansegg 1917 ins Herrenhaus berufen, was er seit seiner Pensionierung angestrebt hat, doch gibt es im Oberhaus des Reichsrats keine Sitzungen mehr. Der loyale, wertebewusste, kluge, grantelnde und reformorientierte Diener der österreichisch-ungarischen Monarchie und seines Kaisers überlebt beide. Er stirbt am 5. Februar 1923.

Erich Graf Kielmansegg war nicht der einzige Spitzenbeamte, der in diesen letzten Jahrzehnten des 19. Jahrhunderts zwischen den Welten der Verwaltung und der Politik pendelte. Die Zahl der Beamtenminister ist Legion, und es gab auch etliche hohe Landesbeamte, die zu Ministerehren kamen: Böhmens Statthalter Graf Thun-Hohenstein war Ministerpräsident, Erwin von Schwartzenau war Statthalter von Tirol sowie Innenminister, Leopold Hasner von Artha nicht nur Beamter der Prager Finanzlandesdirektion, sondern auch Unterrichtsminister. Man kann Dutzende weitere Namen anführen. Doch nur Kielmansegg stand seinem Regenten persönlich so nahe und konnte auf ihn über so lange Zeit Einfluss ausüben. In aller Regel hielt es Franz Joseph nur wenige Jahre in engerem Kontakt mit einem Ratgeber aus, dann brach die Beziehung rasch und unvermittelt ab. Keiner von den vielen Herren um den Monarchen ermöglichte einen so tiefen, detailreichen und umfassenden Einblick in den Alltag als Berater des obersten Dienstherren wie Kielmansegg: Es waren nicht die großen politischen Fragen, in denen sich Franz Joseph beraten ließ, sondern Petitessen, protokollarischer Kleinkram, bürokratische Nichtigkeiten – ein Weltbild, so kleinkariert wie der Kaiser selbst.

# 6.

# Macher ohne Skrupel

## Alexander Graf von Hoyos

*Berater von Leopold Graf Berchtold*

*1912–1914*

Das erste Jahrzehnt des 20. Jahrhunderts ist eine Phase des politischen Stillstands im innerlich zerfallenden Österreich-Ungarn. Auch im Verwaltungsapparat des riesigen Vielvölkerstaats sind viele davon überzeugt, dass er so nicht lange weiterbestehen wird, vor allem im Außenamt am Ballhausplatz, in dem man sich schon seit Längerem in einem diplomatischen Klein-Klein gefangen sieht. Im großen europäischen Machtgefüge bewegt sich die Donaumonarchie ständig im Kreis längst abgenutzter Allianzen, den mitteleuropäischen Nationalstaatstendenzen kann nichts Überzeugendes entgegengesetzt werden, die unübersichtliche Lage am Balkan bringt immer wieder Krisen hervor, deren vermeintliche Lösung nur in Sackgassen führt. Alle verspüren inmitten dieser Routine eine Endzeitstimmung und dass die große Krise naht.

Trotz der Lähmung verdoppelt sich in diesem Jahrzehnt die Zahl der Ministerialbeamten im Außenministerium. Auf fünf politische Referate, 17 Departements, mehrere Hilfsämter und ein Ministerkabinett verteilen sich 850 Staatsdiener, davon 460 in höheren Rangklassen. Vier echte und elf Titularsektionschefs treten sich gegenseitig auf die Füße. Ein schwerfälliger Staat im Staat ist da entstanden, der vor allem mit sich selbst beschäftigt ist.

Auch der Vielvölkerstaat und die Nationalitätenfrage wirken sich aus: Österreicher, Ungarn, Polen – aus allen Teilen des Reichs kommen nicht nur die Minister, sie alle haben auch ihre Berater und ihre Lobby in der Beamtenschaft. Es entstehen regionale Seilschaften – so wie es

Jahrzehnte später mit den Gruppierungen aus demselben Bundesland oder derselben Parteiorganisation der Fall sein wird. Sie alle fühlen sich demselben Korpsgeist verpflichtet, haben eine abgehobene Sicht auf die Dinge und sehen sich als Kern einer Elite. Noch immer dominiert der Adel, nur ein Drittel des höheren Dienstes ist bürgerlich. Das nicht zuletzt aus dem Grund, weil man in den ersten Berufsjahren auf die finanzielle Unterstützung der Familie angewiesen ist.

Alexander Graf von Hoyos
(1876–1937)

Gleichzeitig jedoch kommt in den Jahren nach 1900 eine neue Generation von hochqualifizierten, politisch ambitionierten jungen Männern in die Führungsetagen, die schon bald unter der Erstarrung zu leiden beginnt, die Strukturen von Grund auf umgestalten will – und dabei vor allem auf die Minister einzuwirken trachtet.

In Zeiten drohender Krisen haben die einfachen Lösungen Konjunktur, mögen sie noch so falsch sein: Irgendwo solle man mit dem Schwert dreinhauen, die überlegene deutsche Nation müsse einen Paukenschlag setzen, die starken Völker Mitteleuropas es der Welt zeigen. Die Jungen am Ballhausplatz suchen etwas Begeisterndes, etwas Neues. Rasch schließen sie sich in einem Kreis engagierter, gebildeter, politisierter Akademiker zusammen, der im Ressort Stimmung macht, um die Amtsleiter in ihre Richtung zu drängen. Einer entschlossenen, straff organisierten, über das ganze Haus verteilten Gruppe haben vor allem schwache Ministerpersönlichkeiten kaum etwas entgegenzusetzen. Der im Jahr 1912 zum Außenminister ernannte Leopold Graf Berchtold ist politisch wie intellektuell eine schwache Figur.

Zwar ist Berchtold ein erfahrener Diplomat, der an den Auslandsvertretungen in London und Paris, schließlich als Botschafter in St. Petersburg gedient hat. Im Amt jedoch kann er auf die hohen Erwartungen der Jungen keine Antwort geben, führt das halbherzig fort, was immer schon so gemacht wurde. Wie in einer griechischen Tragödie führt in den folgenden Monaten die „Torheit der Herrschenden" und eine Reihe von kleinen, für sich genommen vielleicht sogar plausiblen Entscheidungen, geradewegs in den Untergang. Einem Mann aus der zweiten Reihe kommt dabei eine entscheidende Rolle zu, dem Legationsrat Alexander Graf von Hoyos.

Hoyos kommt am 13. Mai 1876 in Fiume, dem heutigen Rijeka, zur Welt. Sein Vater Georg ist Leiter der Whitehead-Schiffswerft, die nach 1914 U-Boote für die k. u. k. Kriegsmarine herstellen sollte. Die Familie Hoyos ist nicht nur wohlhabend, sondern in ganz Europa bis in die höchsten politischen Kreise vernetzt. Alexander absolviert Gymnasium und Universität in Wien und strebt eine diplomatische Laufbahn an. Im Alter von 25 Jahren tritt er eine Weltreise an und geht unter anderem in Ceylon auf Elefantenjagd. In China stattet er den k. u. k. Marineeinheiten einen Besuch ab und trifft dort auf den österreichisch-ungarischen Gesandten. Der engagiert Hoyos als unbezahlten Botschaftsattaché in Peking, wo der Jungdiplomat mit einem ausführlichen handelspolitischen Dossier auf sich aufmerksam macht. Nach seiner Rückkehr nach Wien nimmt man ihn ohne Weiteres im Auswärtigen Dienst auf, Posten in Paris, Belgrad und Berlin folgen. Danach wird er nach London versetzt, was der Botschafter in Berlin sehr bedauert, hat der junge Graf doch bereits blendende Kontakte aufgebaut. Während der bosnischen Annexionskrise 1908 bewährt sich Hoyos zum ersten Mal als Krisenmanager: Es gelingt ihm, in Berlin gemeinsam mit dem späteren Außenminister Berchtold die deutsche Unterstützung für die Annexion von Bosnien und Herzegowina zu erhalten. Das nützt der Politik von Außenminister Alois Lexa von Aehrenthal, der mit seiner betont aktiven Außenpolitik dem erstarrten politischen System neue Dynamik verleihen will.

Im Jahr 1911 erwirbt der Karriere-Diplomat dank eines beträchtlichen Erbes das im oberösterreichischen Mühlviertel gelegene Schloss Schwertberg. 1913 heiratet er in Paris die zwanzigjährige

Außenminister Leopold Graf Berchtold (1863–1942)

Edmée de Loys-Chandieu, mit der er vier Kinder haben wird.

Bereits ein Jahr zuvor hat ihn der neue Außenminister Leopold Graf Berchtold zum Kabinettschef gemacht. Der Legationsrat ist für den gräflichen Minister standesgemäß und gilt als überaus ehrgeizig und durchsetzungsfähig. Stets geschäftsmäßig im Ton, fehlt es dem blonden, groß gewachsenen Legationsrat nicht an Selbstbewusstsein. Aufgrund seiner bisherigen Posten im Ausland ist er auch mit den Diplomaten des Deutschen Kaiserreichs in Berlin sehr gut vernetzt, was seinem Chef besonders wichtig ist. Für die neue Funktion gewährt man ihm eine außerordentliche Vorrückung.

In seiner Fachabteilung ist er für die polnischen und ukrainischen Angelegenheiten zuständig. Seine eigentliche Mission sieht er jedoch darin, junge Diplomaten um sich zu scharen, die von der Überzeugung getrieben sind, nur eine aggressive Außenpolitik könne den Zerfall des Vielvölkerstaats verhindern. Die Gruppe hatte sich bereits unter Alois Lexa von Aehrenthal gefunden, dessen harte Linie am Balkan ihr weiter Auftrieb verlieh. Unter tatkräftiger Vermittlung von Kabinettschef Hoyos macht Minister Berchtold diesen Zirkel nun zu seinem ressortpolitischen Beratungsgremium.

Zu diesem „Küchenkabinett", oder wie sie sich selbst nennen „Fronde der diplomatischen Kadetten", gehören ausschließlich Grafen und Freiherrn, die alle eigene Referatsbereiche besetzen: der in Zagreb aufgewachsene Balkanspezialist und blendende Formulierer Alexander von Musulin sowie der Leiter der politischen Abteilung Johann Graf Forgách, ein ausgewiesener Serbenfeind, der aufgrund einer Affäre rund um Dokumentenfälschungen als Botschafter in Belgrad abgezogen worden war. Dazu Friedrich Graf Szapáry , Gesandter in Petersburg und früherer Kabinettschef Aehrenthals, der hochadelige konservative Ottokar Czernin und Emanuel Urbas, der einst versucht hatte, Kronprinz Rudolf nach der Tragödie von Mayerling von jeder Schuld reinzuwaschen. Später kommt Leopold von Andrian-Werburg hinzu, der heimliche Dichter und Propagandist der Ostexpansion des Habsburgerreichs. Fortan vertraut der entschlussschwache Minister nahezu uneingeschränkt auf die völlig gleichdenkenden Herren. Seinen Ersten Sektionschef Karl Macchio, einen Bürokraten alter Schule, konsultiert Berchtold nur noch selten.

Die Homogenität dieses Kreises ist frappant, die Mitglieder wirken wie geklont: Alle sind sie um 1870 geboren und damit nur unwesentlich jünger als der Minister, der durchaus als einer der ihren gelten kann. Alle kommen aus alten, reichen Adelsfamilien. Es gibt eine starke ungarisch-kroatische Dominanz. Sie sind gemeinsam unter Aehrenthal groß geworden, der die ungarische Lobby im Haus protegierte. Und sie denken in dessen Kategorien einer energischen Balkanpolitik, die den österreichischen Machtbereich auf Kosten des Erzfeindes Serbien vergrößern will und dabei auch Konflikte mit Bündnispartnern in Kauf nimmt. Das Bild, dass nun ein geschlossener Klüngel den Minister vor sich hertreibe, ist dennoch nur bedingt treffend. Schließlich hat sich Berchtold genau jenen Beraterkreis ausgesucht, der sich mit seinen Vorurteilen, seiner politischen Linie, seinen weltanschaulichen Überzeugungen und den eigenen Standesdünkeln deckt. Man wird diese Beziehung zwischen Minister oder Kanzler und seinem frappant homogenen engsten Mitarbeiterstab noch öfter am Ballhausplatz wiederfinden.

In den dramatischen Sommertagen des Jahres 1914 schlägt dann für Legationsrat Alexander von Hoyos die große Stunde. Voll Tatkraft will er sich in der österreichisch-ungarischen Außenpolitik bewähren, während am Ballhausplatz – so schreibt Karl Macchio – „eine dumpfe Atmosphäre banger Erwartung (herrscht). Jeder Denkende (wusste), dass es nicht angeht, weiter als Zuschauer dem verderblichen Gang der Dinge seinen Lauf zu lassen. (…) Lieber ein Ende mit Schrecken als ein Schrecken ohne Ende! Keiner, so Macchio, „wollte gewiss den Krieg um des Krieges willen, man musste aber auf alle Eventualitäten gefasst sein". Eventualitäten, die Hoyos – im Verbund mit seinen entschlossenen Mitstreitern – jedoch in seinem Sinne zu beeinflussen gedenkt. Systematisch und in vielen kleinen Schritten, von denen kein einzelner wirklich kausal für das Gesamtergebnis ist, drängt er seinen Minister Richtung Krieg.

Der Legationsrat befindet sich am 28. Juli 1914, dem Tag des Attentats von Sarajevo, in Soos bei Franzensbad (Františkovy Lázně) zur Kur, als ihn die Nachricht vom Tod des Thronfolgers Franz Ferdinand erreicht. Er eilt mit dem „Gefühl der Schicksalswende" zurück nach Wien in seine Wohnung in der noblen Wohllebengasse 7 im 4. Bezirk. Tags darauf um 11 Uhr vormittags trifft er sich mit seinem Minister am Ballhausplatz und empfiehlt ihm, das Begräbnis des Erzherzogs dafür zu nutzen, alle Monarchen Europas in Wien zu versammeln und so „eine Dokumentation der monarchischen Solidarität gegenüber den Elementen des Umsturzes zu erreichen". Berchtold jedoch lehnt diese Idee ab, da es nicht erwartbar sei, den greisen Kaiser Franz Joseph zu entsprechenden Repräsentationsaufgaben zu bewegen. Er sei solchen Strapazen nicht mehr gewachsen. Daraufhin macht sich der durch und durch von der Idee einer „Abrechnung" mit Serbien beseelte Hoyos dafür stark, sich zumindest „bei dieser Gelegenheit freie Hand gegen Serbien für die Zukunft" zu sichern.

Bei all den Überlegungen, wie das Königreich, das als Drahtzieher hinter dem Attentat vermutet wird, zu disziplinieren sei, sind sich der Minister und sein engster Beraterkreis dreier Probleme gewahr – moralische sind es allesamt nicht: Das Land ist militärisch schlecht gerüstet. Man hat keinen Bündnispartner. Und es droht die Gefahr, dass sich die serbische Schutzmacht Russland in den Konflikt aktiv einbringt. Die Militärs und Teile des politischen Systems im Reich werden deshalb, davon geht die Runde aus, von diesem Abenteuer dringend abraten – und der alte Kaiser in Ischl wird ihnen folgen.

Alexander Hoyos bleibt dennoch dabei: eine Kriegserklärung gegen Serbien sei die richtige Marschrichtung. Denn nur so könne man einen starken Verbündeten gewinnen, das Deutsche Kaiserreich. Mit ihm an der Seite, so das Kalkül der Scharfmacher im Ministerium, würden die militärischen Schwächen der k. u. k.-Armee kompensiert und Russland eingeschüchtert werden. Angesichts dieser mächtigen Allianz könne sich dann auch Franz Joseph nicht mehr der Kriegserklärung verschließen.

Am 29. Juni 1914 ergeht der Auftrag des Ministers an Hoyos, einen Entwurf für ein Handschreiben des österreichisch-ungarischen Monarchen an den deutschen Kaiser Wilhelm II. aufzusetzen. Tags darauf beruft Berchtold den deutschen Botschafter Heinrich von Tschirschky ein und informiert ihn von den gegen Serbien gerichteten Plänen. Unverzüglich setzt der Diplomat eine telegrafische Depesche auf, die sogleich dem Kaiser in Berlin vorgelegt wird. Die Wortwahl Tschirschkys, seit jeher Fürsprecher eines entschlossenen Vorgehens am Balkan, könnte von Hoyos stammen: „Es müsse einmal gründlich mit den Serben abgerechnet werden." Zwar warnt der Botschafter vor übereilten Schritten, aber der Kaiser vermerkt im ersten Überschwang handschriftlich auf der Note „mit den Serben muss aufgeräumt werden, und zwar bald".

Bei der geheimen Tagung des Ministerrates in Wien am selben Tag stehen die Zeichen jedoch alles andere als auf Krieg. Der österreichische Ministerpräsident Karl Graf Stürgkh, vor allem aber der ungarische Ministerpräsident István Graf Tisza, sprechen sich gegen einen raschen Waffengang aus. Hoyos berät sich mit Berchtold und weist danach den ungarischen Regierungschef sogar persönlich darauf hin, dass „der Minister wieder einmal den Krieg machen" will. Doch Tisza lehnt ab. Bei einem Sieg über Serbien, so fürchtet er, würde man Teile des Landes der ungarischen Reichshälfte zuschlagen und damit die slawische Bevölkerung zu Ungunsten der Ungarn stärken.

Am Nachmittag oder am folgenden 1. Juli – die Quellen sind undeutlich – trifft sich Hoyos mit dem Publizisten Victor Naumann, um mehr über die politische Stimmung in Berlin zu erfahren. Naumann, der in engem Kontakt zum deutschen Botschafter steht, meint, dass Kaiser Wilhelm im Gegensatz zu vorherigen Krisen diesmal wahrscheinlich keinen Rückzieher machen werde. Im Vermerk, den der Legationsrat unverzüglich an Berchtold sendet, wirken die Einschätzungen deutlich zugespitzter: Sein Vertrauensmann, so schreibt Hoyos, sei überzeugt, „daß Kaiser Wilhelm, wenn man im jetzigen Augenblick, wo er über die Bluttat von Sarajevo entsetzt ist, in der richtigen Weise mit ihm spricht, uns jede Zusicherung geben und diesmal auch bis zum Krieg durchhalten wird". Auch stehe man in Deutschland nicht nur in Armee- und Marinekreisen, sondern auch im Auswärtigen Amte der Idee eines Präventivkrieges gegen Rußland nicht mehr so ganz ablehnend gegenüber wie vor einem Jahr. Naumanns Ansicht nach sei es nach der Bluttat von Sarajevo für die Monarchie eine Existenzfrage, daß sie dieses Verbrechen nicht ungesühnt lasse, sondern Serbien vernichte.

Tatsächlich war die außenpolitische Linie des deutschen Kaiserreichs, wenn es um die Balkanstaaten ging, in den vorangegangenen Jahren alles andere als konsistent. Beim bekannt impulsiven und jähzornigen Kaiser Wilhelm wusste man nie, wie rasch seine Stimmung wechseln würde. Daher bereitet Hoyos das Dokument, das den deutschen Kaiser vollends davon überzeugen soll, Österreich-Ungarn militärische Unterstützung im Falle eines Krieges mit Serbien zuzusichern, besonders sorgfältig vor.

Dieses bereits am 29. oder 30. Juni aufgesetzte Handschreiben, das er im Namen von Kaiser Franz Joseph verfasst, spricht Wilhelm auf sehr persönliche Art und Weise an. Es betont seine Rolle als treuen Freund, auf den stets Verlass sei. Er, Franz Joseph, bedaure, dass er nicht persönlich mit Wilhelm zusammentreffen könne, und verweist auf ein beigefügtes Memorandum. Doch dann kommt der entscheidende Satz: Serbien müsse als „Angelpunkt der panslawistischen Politik als politischer Machtfaktor am Balkan ausgeschaltet" werden. Das Wort „Krieg" wird in dem ausgefeilten Dokument – Hoyos und die Kollegen der „Fronde" sind wahre Formulierungskünstler – sorgsam vermieden. Das Ziel allein ist, dem Hohenzollern und seinen Beratern klarzumachen, dass Wien zu allem entschlossen ist. Es endet mit der Feststellung, „daß Österreich und Serbien nicht mehr nebeneinander fortbestehen können".

Gleichzeitig wird ein weiteres Schreiben finalisiert, ein bereits Wochen zuvor erstelltes Memorandum über die besorgniserregende Sicherheitslage am Balkan, das nun ergänzt und aktualisiert wird. Es führt aus, dass „ohne Aufschub die erforderlichen militärischen Vorbereitungen einzuleiten" seien. Ein Einvernehmen mit Deutschland müsse hergestellt werden, „bevor Österreich-Ungarn an die in Rede stehende Aktion herantritt". Schließlich gelte es, „rechtzeitig und energisch einer von Russland geförderten Entwicklung entgegenzutreten". Die Herren wissen, was sie wollen. Später hält Sektionschef Macchio fest, dass alle Entscheidungen dieser Tage „auf der Denkschrift aufbauten".

Doch ist die Vorbereitung der Dokumente nur der erste Schritt. Nun gilt es, sie in Berlin an der richtigen Stelle zu deponieren und den Inhalt möglichst persönlich vor Kaiser Wilhelm zu präsentieren, um keine Zweifel am österreichischen Vorhaben aufkommen zu lassen. Die üblichen langwierigen diplomatischen Wege, darin sind sich die Absender einig, kämen dafür nicht infrage. Den Minister zu entsenden, würde zu viel Aufsehen erregen und die Kriegsskeptiker auf den Plan rufen. Stattdessen soll ein Gesandter von Rang und Namen direkt nach Berlin fahren, um vorzusprechen.

Hoyos schlägt am Samstagmorgen des 4. Juli dem Grafen Berchtold den idealen Mann für diese Mission vor: sich selbst. Und dafür bringt er gute Gründe vor. Zwar sei er „nur" Legationsrat im Ministerium, andererseits wüssten die Entscheidungsbefugten in Berlin, dass er der zentrale Berater des Ministers sei und seine Gruppe das Außenamt in Wien beherrsche. Außerdem verfüge er kraft der Ehe seiner Schwester Marguerite mit dem ältesten Sohn des „Eisernen Kanzlers" Otto von Bismarck über beste Beziehungen in die höchsten Kreise des Deutschen Reichs. Nicht zuletzt kenne er den deutschen Kaiser persönlich, nachdem er in der Zeit der Annexionskrise 1908 Gelegenheit gehabt hatte, mit ihm während eines Jagdausflugs die Ereignisse am Balkan zu erörtern. Während dieser Unterredung mit Wilhelm, ruft Hoyos seinem Minister in Erinnerung, „erwähnte ich noch die bedrohliche Lage der Dinge in Serbien. Worauf Seine Majestät erwiderte, die Serben sollten lieber Stille halten, um nicht Gefahr zu laufen, von Österreich-Ungarn und Bulgarien über den Haufen geworfen zu werden." Berchtold willigt ein.

Sofort wird an den Botschafter in Berlin, Ladislaus von Szögyény-Marich, ein Telegramm gesandt, um bereits für den nächsten Tag, den 5. Juli, ein Treffen mit Kaiser Wilhelm zu vereinbaren. Der Sondergesandte des Ministers nimmt den Nachtzug nach Berlin – mit der zusätzlichen mündlichen Anweisung, dem Botschafter auch ja die Notwendigkeit des raschen Kriegsbeginns klarzumachen. Die „Mission Hoyos", die in die Weltgeschichte eingehen wird, hat begonnen.

Nach seiner Ankunft in Berlin am folgenden Morgen stimmt sich der Kurier noch einmal mit Szögyény-Marich ab, um danach den deutschen Außenamtsleiter Arthur Zimmermann beizuziehen. Über den ungarischen Widerstand gegen die Kriegspläne schweigt sich Hoyos aus, stattdessen betont er noch einmal, dass man rasch angreifen und einen überraschenden Schlag ausführen wolle.

In der Audienz um 13 Uhr, die nur unter sechs Augen stattfindet, lassen Hoyos und Szögyény-Marich keinen Zweifel daran, dass Wien zur Kriegserklärung entschlossen ist. Die ernsten Bedenken hoher Politiker und Militärs werden mit keinem Wort erwähnt. Dennoch verweigert der Hohenzoller zunächst seine Unterstützung. Er sei zwar zu einer „ernsten Aktion" bereit, müsse sich aber noch mit seinem Reichskanzler beraten. Nach einem gemeinsamen Mittagessen wird der Austausch im Park der Residenz fortgesetzt. Die Österreicher insistieren beharrlich weiter, appellieren an den Monarchen, dass Franz Joseph angesichts dieser existenziellen Bedrohung auf die Unterstützung des deutschen Waffenbruders angewiesen sei. Letztlich dringen sie damit durch, Wilhelm stimmt einem Bündnis gegen Serbien zu – zumindest den hartnäckigen Emissären gegenüber. Denn zu seinem Kriegsminister Erich von Falkenhayn meint er unmittelbar nach dem Treffen, dass „in keinem Fall die nächsten Wochen eine Entscheidung bringen". Auf die Nachfrage des Militärs, ob das Heer zu mobilisieren sei, antwortet Wilhelm mit einem knappen „Nein". Und dem deutschen Reichskanzler Theobald von Bethmann-Hollweg gibt der Kaiser noch am gleichen

Abend mit auf den Weg, man müsse „mit allen Mitteln dagegen arbeiten (...), daß sich der österreichisch-serbische Streit zu einem internationalen Konflikt auswachse".

Ganz anders der Gesandte Hoyos: Der berichtet nach Wien in enthusiastischen Worten über die deutsche Bündnistreue und den „Blankoscheck" für ein Ultimatum an Serbien, den Wilhelm ausgestellt habe. Sein Bericht ist, was die Haltung des deutschen Kaisers anlangt, zweifellos übertrieben, seine Wirkung verfehlt er nicht: Der Minister und sein Präsidialchef notieren „volle Beruhigung" in der Frage der deutschen Position.

Wie überhaupt der sonst so zögerliche Außenminister Berchtold nach dem Placet aus Berlin wie verwandelt scheint. Lautstark schlägt er sich auf die Seite der Militaristen und übertrifft dabei sogar den Chef des Generalstabs Conrad von Hötzendorf an verbaler Kriegsbegeisterung. Unterdessen formulieren die jungen Diplomaten am Ballhausplatz das Motto „Großmacht oder Untergang" und arbeiten blindwütig weiter auf eine Züchtigung Serbiens, den sogenannten Erneuerungskrieg, und eine gewaltsame Lösung der Nationalitätenfrage hin.

In Berlin hingegen wird noch immer laviert, vor allem geht es darum, das Deutsche Reich nicht als Kriegstreiber dastehen zu lassen. Reichskanzler Bethmann Hollweg trägt Hoyos, der noch immer in der Hauptstadt weilt, die deutsche Position vor: Österreich-Ungarn müsse allein entscheiden, könne aber stets mit der Unterstützung des Bundesgenossen rechnen. Als am Abend des 6. Juli ein entsprechendes Telegramm in Wien eintrifft, ist Ministerpräsident Stürgkh einer der Ersten, der sich von der Dynamik mitreißen lässt. Jetzt will er eine scharfe Reaktion vom gemeinsamen österreichisch-ungarischen Ministerrat. Zu dessen Vorbereitung legen die Jungdiplomaten im Hochparterre des Ballhausplatzes wieder Sonderschichten ein. Bei der Regierungssitzung kündigt Berchtold an, es sei wohl nötig, „Serbien für immer unschädlich zu machen".

Nach den eindeutigen Beschlüssen des Ministerrats am 8. Juli lässt nun auch Kaiser Wilhelm seinen Botschafter in Wien zur Aktion

Leopold Graf Berchtold und der deutsche Reichskanzler Theobald von Bethmann Hollweg

gegen Belgrad drängen: Er solle „mit allem Nachdruck erklären, daß man in Berlin eine Aktion gegen Serbien erwarte und daß es in Deutschland nicht verstanden würde, wenn wir die gegebene Gelegenheit vorübergehen ließen, ohne einen Schlag zu führen". Der Kreis hat sich geschlossen.

Nach außen hin wird allerdings vom Außenamt zunächst in zahllosen – wieder von den bekannten Beratern sorgfältig formulierten – Depeschen die unmittelbare Kriegsabsicht entschieden dementiert. Auch unterlassen es die Diplomaten absichtlich, die möglichen Verbündeten Italien und Rumänien von den Kriegsplänen gegen Serbien vorweg zu unterrichten. Gleichzeitig wird in den Amtsstuben und Sitzungszimmern des Ballhausplatzes eifrig gearbeitet. Bereits seit den ersten Julitagen wird an einem Ultimatum gefeilt. Dabei widmet die Clique rund um den Minister dem sprachlichen Schliff mehr Aufmerksamkeit als einer seriösen und professionellen Beurteilung der potenziellen Folgen und Risiken. Während der gesamten Julikrise spielen Berchtold und sein Beraterkreis die Gefahr eines möglichen Eingreifens Russlands herunter. Noch am 25. Juli 1914, also nachdem das Ultimatum ergangen ist, wiegelt Berchtold ab: „In dem Augenblicke, wo wir uns zu einem ernsten Vorgehen gegen Serbien entschlossen haben, sind wir uns natürlich auch der Möglichkeit eines sich aus der serbischen Differenz entwickelnden Zusammenstoßes mit Russland bewusst gewesen. (...) Wir konnten uns aber durch diese Eventualität nicht (...) beirren lassen, weil grundlegende staatspolitische Considerationen uns vor die Notwendigkeit stellten, der Situation ein Ende zu machen."

ТЕЛЕГРАМ

Адреса: P. C. Ministre royal des affaires etrangeres Nis

| ИЗ | БРОЈ ТЕЛЕГРАМА | ВРСТА | БРОЈ РЕЧИ | ВРЕМЕ ПРЕДАЈЕ | СЛУЖБЕНИ ПОДАЦИ | ВРЕМЕ ПРИЈЕМА | ПОТПИС ЗВАНИЧНИКА |
|---|---|---|---|---|---|---|---|
| vien | 3523 | 5 | 115 | 28 11 10 | | 15 12 30 | |

le gouvernement royal de serbie n ayant pas repondu d une maniere satisfaisante a la note qui lui avait ete remise par le ministre d autrich hongrie a belgrade a la date du 23 juillet 914 le gouvernement imperial et royal se trouve dans la necessite de pourvoir lui meme a la sauvegarde de ses droits et et interets et de recourir a cet effet a la force des armes. L'autriche hongrie se considere donc de ce moment en etat de guerre avec la serbie =
le ministre des affaires etrangeres d autriche hongrie comte bechtold

Kriegserklärung Österreich-Ungarns an Serbien 1914

Ansonsten aber überlässt die Gruppe im Außenamt nichts dem Zufall. In der Zeit der Julikrise werden die Vorgänge in der Regierung aufmerksam überwacht. Hoyos ist als Protokollführer während der entscheidenden Ministerratssitzungen stets im Bilde, und natürlich ist er an der Abfassung des Ultimatums an Serbien maßgeblich beteiligt. Die genaue Ausformulierung jedoch wird dem wortgewandten Alexander von Musulin überlassen, der an der Note, so sein Mitarbeiter Urbas, „wie an einem Edelstein“ feilt.

Doch seine ersten Entwürfe sind Hoyos und seinem Chef zu harmlos, Präsidialchef Macchio und Graf Forgách greifen ein. Aus einer „gefälligen Rückäußerung“ Serbiens wird eine 48-Stunden-Frist, den ohnehin harschen Forderungen noch ein weiterer Punkt hinzugefügt:

Das Königreich müsse österreichisch-ungarische Ermittler zur Klärung des Attentats ins Land lassen. Es wird jene Bedingung sein, die Belgrad letztlich entschieden ablehnen wird. Am 23. Juli 1914 ergeht das österreichisch-ungarische Ultimatum an die serbische Regierung.

Zwei Tage darauf akzeptiert die Belgrader Regierung die meisten Bedingungen. Sogar der deutsche Kaiser geht in einer ersten Reaktion davon aus, dass die Sache damit erledigt sei. Doch der Kreis um Minister Berchtold sieht das anders. Bereits vor Einlangen der serbischen Reaktion war im Außenamt deren Ablehnung vorbereitet worden. Die wenigen offenen Punkte genügen dem Ballhausplatz, um die diplomatischen Beziehungen abzubrechen – man will den Krieg auf jeden Fall. Sofort wird ein ebenfalls vorbereitetes Zirkular an alle Staaten ausgesandt, in dem die serbische Reaktion als unzureichend deklariert wird. Österreich-Ungarn ordnet am 25. Juli die Teilmobilisierung seiner Streitkräfte an.

Selbst als erste Meldungen über die Mobilmachung der russischen Armee eingehen und klar wird, dass sich der Konflikt nicht regional einschränken lässt, vertrauen die Beamten im Außenamt auf die trügerische Erwartung einer breiten europäischen Solidarität mit Österreich-Ungarn. Doch die bleibt aus. Die Donaumonarchie wird nicht zuletzt dank der tätigen Mithilfe eines Klüngels junger, überehrgeiziger, hochmütiger Diplomaten in einen Weltkrieg manövriert. Am 27. Juli legt Außenminister Berchtold Kaiser Franz Joseph eine durch und durch tendenziöse Einschätzung der Lage vor, abschließend ersucht er um die Ermächtigung zur Übermittlung der Kriegserklärung. Am Morgen des 28. Juli 1914 unterzeichnet der Monarch in Bad Ischl jenes Dokument, das im Palais am Ballhausplatz ausgearbeitet worden ist.

Schon längst hat das Außenministerium in diesen Tagen und Wochen ein gefährliches Eigenleben entwickelt. Von außen werden die Vorgänge seit geraumer Zeit nicht mehr kontrolliert – weder vom senilen Kaiser noch von seiner Umgebung am Hof. Diese reine ministerial-absolutistische Politik, diese Politik geheimer Entscheidungen der Amtsstuben kann nur betrieben werden, weil der verfassungsrechtlich zuständige Reichsrat bereits im März ausgeschaltet worden ist. Kaiser Franz Joseph hat das Parlament, das eigentlich für die Entscheidung über Krieg oder Frieden zuständig ist, auf unbestimmte Zeit vertagt. Als einziger externer Faktor bleibt nur noch die öffentliche Meinung, die aber geteilt ist: Zum einen gibt es unzählige vor allem von Sozialisten organisierte Demonstrationen gegen einen Waffengang, zum anderen eine Massenpresse und konservative politische Gruppierungen, die enthusiastisch einen siegreichen kurzen Krieg gegen den äußeren Feind herbeijubeln.

Legationsrat Hoyos indes verfolgt den Kriegsausbruch und die folgenden Monate vom Schreibtisch aus, er muss sich damit begnügen, strategische Planspiele für die Zukunft Polens nach Ende des Krieges zu entwerfen. Als 1915 der nach Rom entsandte Botschafter Karl Macchio mit seinen Bemühungen scheitert, den italienischen Kriegseintritt aufseiten der Entente zu verhindern, wird der Außenminister zum Rücktritt gezwungen. Dessen Nachfolger, der ungarische Baron Stephan Burián, enthebt Hoyos seines Amtes als Kabinettschef und zieht ihn nur noch zu wichtigen Terminen mit deutschen Diplomaten hinzu. Auch um die anderen jungen Wilden am Ballhausplatz wird es während des immer unfreundlicheren Kriegsverlaufs still und stiller. Fast erwecken sie den Eindruck, als wären sie während der verhängnisvollen Tage im Juli 1914 nie dabei gewesen. Jetzt gilt ihr Augenmerk immer öfter diplomatischen Waffenstillstands- und Friedensinitiativen.

Alexander Graf von Hoyos verlässt im Februar 1917 das Außenamt und wird Gesandter in Norwegen. Im Oktober 1918, kurz vor Kriegsende, wird er nach Wien zurückberufen, noch einmal versucht er mit Vorschlägen zu Polen Politik zu machen, gehört wird er schon längst nicht mehr, im Haus „herrscht Verwirrung und Kopflosigkeit". Unmittelbar nach dem Untergang der Monarchie sucht der gerade einmal Zweiundvierzigjährige um seine Pensionierung an – der Republik will er nicht dienen. Die Halbierung seines Einkommens auf monatlich 8.800 Kronen – nach heutiger Kaufkraft etwa 4.000 Euro – kann der Ex-Diplomat dank der Einkünfte aus seinen Besitzungen verschmerzen. Ein Jahr später verabschiedet der „liquidierende Außenminister" Ludwig von Flotow den „Grafen Hoyos", wie er ihn auch in Republikszeiten noch tituliert, in den Ruhestand. Dieser zieht sich auf seine Güter in Oberösterreich zurück, schreibt Rechtfertigungen, verwaltet sein Vermögen und wird unternehmerisch tätig. Daneben versucht er erfolglos, in Schwertberg einen intellektuellen Zirkel zu gründen.

Im Jahr 1930 lehnt er eine Einladung von Außenminister Johann Schober, wieder in das Außenamt zurückzukehren, ab. Danach taucht sein Name im politischen Umfeld nicht mehr auf. Am 20. Oktober 1937 stirbt Alexander Hoyos im Alter von 61 Jahren auf seinem Renaissanceschloss in Schwertberg. Zu Grabe getragen wird ein Mann, der gewiss nicht als Hauptschuldiger für den Ausbruch des Ersten Weltkriegs gelten kann. Dieser hatte viele Ursachen, viele Akteure und vielfältige Interessenslagen. Aber große historische Ereignisse sind immer mit konkreten Personen und deren Agieren in den entscheidenden Momenten verbunden. Und hier hat der Legationsrat im Zusammenspiel mit seinem leicht beeinflussbaren Vorgesetzten und im Verbund mit seinen Mitstreitern den Boden für die fatalen Entscheidungen der Mächtigen bereitet. Er hat an entscheidender Stelle die außenpolitischen Voraussetzungen geschaffen, einen bestimmten Einfluss organisiert, einseitig beraten und tendenziös agiert.

In seinen autobiografischen Aufzeichnungen spielt Hoyos den eigenen Anteil an den Geschehnissen des Jahres 1914 herunter. Er sei in den letzten Junitagen eher skeptisch gegenüber einer Kriegserklärung gewesen, schreibt er. Bei der entscheidenden ersten Willensbildung am 29. Juni sei er gar nicht dabei gewesen. Das Gespräch mit dem Publizisten Naumann verschweigt er ebenso wie die anschließende, bewusst gefärbte Information an seinen Minister. Stattdessen stellt er den Zauderer Berchtold als Scharfmacher hin. Die Absicht ist durchschaubar: Er will nicht derjenige sein, der das Land ins Unglück getrieben hat. Nur in einem Satz lässt Alexander Hoyos so etwas wie Reue erkennen: „Heute, wo der Weltkrieg mit dem Untergang Österreich-Ungarns, dem Zusammenbruch Deutschlands geendet hat, muss meine ganze Aktion in Berlin und der Erfolg, den ich damals erzielt hatte, als unermessliches Unheil betrachtet werden".

# 7.

# Wissen ist Macht

## Hans Kelsen

*Regierungsberater und Ratgeber von Karl Renner*
*1918–1929*

Als die Monarchie im November 1918 zusammenbricht, stellt sich in den Wiener Ministerien die Frage, wer die Verwaltung weiterführen wird. Die Häuser und ihr Personalstand sind einerseits für den Bedarf des kleinen Deutschösterreich viel zu groß, Abteilungen haben ihre auf den Gesamtstaat bezogenen Aufgabenbereiche verloren. Andererseits kehren viele Beamte in ihre neuen Heimatstaaten zurück. Es besteht also größter Bedarf an qualifizierten Fachleuten für neue Aufgaben, man verwendet daher das Verwaltungspersonal in den Ressorts weiter, muss aber zusätzliche Experten gewinnen.

Diese Notwendigkeit stellt sich vor allem für die sozialdemokratischen Minister, die in den von ihnen zu führenden Staatsämtern kaum Parteigänger vorfinden und den verbliebenen und überwiegend adeligen Beamten zutiefst misstrauen. In dieser Situation geschieht, was auch spätere Politikergenerationen in vergleichbaren Situationen immer wieder machen: Es werden in die Führungspositionen und in die Stäbe geeignete Leute von außerhalb aufgenommen, zu denen bereits politische Verbindungen bestehen oder die zumindest als Personen mit ähnlichen Überzeugungen bekannt sind.

So kommen Karl Renner und Otto Bauer in jenen Tagen mit dem Juristen Hans Kelsen zusammen. Die beiden Führungsfiguren der Sozialdemokraten finden in diesem Berater einen genialen analytischen Denker, einen weit vorausblickenden Geist, einen Visionär der Beziehungen zwischen gesellschaftlicher Wirklichkeit und gesatztem Recht,

Hans Kelsen
(1881–1973)

wie es sich besser nicht hätte ergeben können.

Hans Kelsen wird am 11. Oktober 1881 in Prag als Sohn einer deutschsprachigen jüdischen Familie geboren. Sein Vater, der eine Lampenerzeugung betreibt, zieht auf der Suche nach größeren wirtschaftlichen Chancen nach Wien. Hans soll etwas „Besseres" werden und besucht das elitäre Akademische Gymnasium am Beethovenplatz. Als Schüler schreibt er Gedichte, die in einer Hausfrauenzeitung abgedruckt werden, und beginnt, philosophische Werke zu lesen. Nach dem Militärdienst als Einjährig-Freiwilliger – man beschreibt ihn als „gegen Vorgesetzte sehr achtungsvoll, gehorsam und offen, gegen Gleichgestellte freundlich und zuvorkommend, auf Untergebene günstig einwirkend" – beginnt er ein Jusstudium. Da die Geschäfte seines Vaters schlecht laufen, sind seine Schwester und er gezwungen, ihr eigenes Geld zu verdienen – Hans zuerst als Nachhilfelehrer, dann in einer Anwaltspraxis. In dieser Zeit fällt er in akademischen Kreisen bereits mit Publikationen auf.

Als der Student die antisemitischen Vorbehalte an der Fakultät zu spüren bekommt, tritt er zum römisch-katholischen Glauben über. Zwei Stipendien ermöglichen ihm Auslandsaufenthalte, dazwischen muss er wieder arbeiten, etwa um den Druckkostenzuschuss für seine Habilitationsschrift zahlen zu können. Auch lehrt er stundenweise an der Exportakademie – der späteren Hochschule für Welthandel. 1906 promoviert Kelsen, fünf Jahre später habilitiert er sich in Staatsrecht und Rechtsphilosophie und kann so seine Lehrtätigkeit ausweiten. Zudem gibt er mit dem weithin anerkannten Staats- und Völkerrechtler Heinrich Lammasch die „Zeitschrift für öffentliches Recht" heraus. Schon bald wird dieser Kontakt wichtig werden.

Staatskanzler Karl Renner (1870–1950)

1914 erhält er endlich eine hauptamtliche Dozentenstelle an der Exportakademie, muss aber schon kurz danach einrücken. Aufgrund einer Lungenkrankheit wird er zunächst zum Dienst ins Kriegsfürsorgeamt einberufen und wechselt in die Militärjustiz. Aufgrund seiner milden Urteile sind seine Vorgesetzten jedoch alles andere als zufrieden mit ihm. Im August 1917 wird der junge Jurist – wie er selbst schildert aus purem Zufall, in Wahrheit aber aufgrund seiner Publikationen – ins Ministerbüro beordert. Vor allem ein Aufsatz in der „Zeitschrift für Militärrecht" hat Kriegsminister Rudolf Stöger-Steiner beeindruckt. Inhaltlich stimmt er zwar nicht mit Kelsens Abhandlung über eine mögliche Nachkriegsverfassung überein. Die darin enthaltenen Thesen zur Teilung der k. u. k.-Armee in ein österreichisches und ein ungarisches Heer bestechen aber durch ihre Qualität und behandeln ausgerechnet ein Thema, mit dem sich das Ministerium gerade auseinanderzusetzen hat. Die Armeeteilung findet Ende Oktober 1918 tatsächlich statt – wenngleich unter ganz anderen Bedingungen als gedacht.

Als Ministersekretär arbeitet Kelsen Gesetzestexte, im Jänner 1918 sogar einen kompletten Militärgesetzentwurf aus, nimmt an Besprechungen auf oberster Ebene teil, führt Verhandlungen und erstattet sogar Kaiser Karl persönlich Bericht. Rasch wird er *der* Verfassungsexperte des Kriegsministeriums. Bereits ein Jahr zuvor hat die juristische Fakultät den avancierten „Wissenschafts-Offizier" und Militärjuristen zum außerordentlichen Professor für öffentliches Recht mit dem Schwerpunkt Militärrecht berufen, eine Anstellung, die das Haus bislang aufgrund seiner jüdischen Abstammung abgelehnt hat.

Den Zusammenbruch der Monarchie erlebt der junge Professor in unmittelbarer Nähe des Kriegsministers, der bis zuletzt nicht glauben will, dass das Reich bereits zerfallen ist. Noch in den letzten Wochen arbeitet Kelsen in seiner Stabsstelle ein Memorandum aus, wie eine Föderation der neu zu bildenden Nachfolgestaaten des Reichs mit einem von allen legitimierten Kaiser an der Spitze eines Staatenbundes aussehen könnte. Offenbar steht er in jenen Tagen bereits mit einer Gruppe um den politisch hochaktiven Industriellen Julius Meinl II. und Lammasch in Verbindung, die sich um eine möglichst geordnete Beendigung des Krieges bemühen. Der Text wird dem Kaiser vorgelegt, der ihn – um den 15. Oktober 1918 – schließlich billigt und Kelsen persönlich ersuchen lässt, dessen Mentor, den friedensbewegten Rechtsprofessor Lammasch dafür zu gewinnen, das Konzept umzusetzen. Noch in der Nacht nimmt dieser an, bereits am nächsten Morgen fährt er mit Kelsen zum Kaiser, der ihn zum Leiter einer „Liquidierungskommission" ernennt. Die unmittelbar danach eingeleiteten Gespräche mit den Vertretern der einzelnen Nationalitäten scheitern allerdings rasch an den Tschechen, es scheint nicht mehr möglich, einen Plan zur Rettung der Monarchie umzusetzen.

Lammasch berichtet dies am 26. Oktober dem Kaiser telefonisch nach Schloss Gödöllö, bietet ihm aber gleichzeitig an, das Amt eines Übergangs-Ministerpräsidenten anzunehmen und schlägt dem Monarchen eine von Kelsen miterstellte Ministerliste vor. Karl ernennt Lammasch tatsächlich zum Chef einer Expertenregierung, die eine geordnete Liquidierung des Reichs vorbereiten soll. Die Dynamik der geschichtlichen Ereignisse überrollt sie aber in kürzester Zeit ebenso wie den Staatenbundplan Kelsens. Der letzte Ministerpräsident des kaiserlich-königlichen Österreich tritt am 11. November 1918 zeitgleich mit seinem Kaiser ab; da amtiert bereits seit mehr als einer Woche eine provisorische Regierung im deutschen Teil Österreichs.

Der Kurzzeit-Regierungsberater kehrt in seine berufliche Stellung an der Universität mit einer gefestigten politischen Haltung zurück. „Ich stehe persönlich", so schreibt er, „einer sozialistischen und zugleich demokratischen Partei durchaus sympathisch gegenüber und habe aus dieser Sympathie niemals ein Hehl gemacht". Das wissen auch einige Sozialdemokraten, die ihn aus dem akademischen Feld kennen. Noch bevor die Republik ausgerufen wird, sucht Karl Renner den Juristen in seiner Wohnung in der Wickenburggasse in Wien Josefstadt: Er benötigt seine profunden Rechtskenntnisse in einer Expertenrunde.

Unmittelbar nach seinem Amtsantritt als Staatskanzler der provisorischen deutsch-österreichischen Regierung am 31. Oktober 1918 lässt sich Renner den Auftrag geben, eine Staatskanzlei einzurichten. Bei der Personalauswahl der Juristen beweist der Sozialdemokrat eine gute Hand – herausragende Experten des öffentlichen Rechts werden am Ballhausplatz aufgenommen: der Kelsen-Schüler Adolf Merkl, die Verfassungsjuristen Georg Froehlich und Egbert Mannlicher (der später zum Nationalsozialisten mutiert) und eben Hans Kelsen. Renners Sekretärin erinnert sich, der Herr Professor habe sich im Vergleich zu den Referenten im Verfassungsdient für „etwas Besseres" gehalten. Die intensive Zusammenarbeit Kelsens mit Merkl und Froehlich bei der raschen Ausarbeitung eines Verfassungskommentars scheint dieses Ressentiment jedoch nicht zu bestätigen.

Renner engagiert seinen Top-Juristen nicht als beamteten Mitarbeiter, sondern als nebenberuflichen, mit 1.000 Kronen monatlich mager besoldeten Konsulenten, der ihn „bei legislativen Arbeiten unterstützen" soll. Diese Bestellung hängt nicht nur mit der Beteiligung Kelsens an verfassungsrechtlichen Überlegungen der liquidierenden Regierung Lammasch zusammen, sondern ist auch ein Zeichen persönlicher Wertschätzung. Obwohl nicht Mitglied der Sozialdemokratische Arbeiterpartei (SDAP), ist Kelsen doch mit den Partei-Granden Max Adler, Otto Bauer und Karl Renner befreundet und aufgrund seiner Vorträge im Rahmen der Volksbildung in weiteren Parteikreisen bestens bekannt.

Für Renner und die Staatsregierung erstellt Kelsen bereits am 8. November ein völkerrechtliches Gutachten, wonach Deutschösterreich nicht als der Rechtsnachfolger der Monarchie angesehen werden kann, sondern als neue Nation erstanden ist, wie auch der

Sitzung der konstituierenden Nationalversammlung der deutsch-österreichischen Abgeordneten im Landhaus in Wien, November 1918

tschechoslowakische, ungarische oder jugoslawische Staat. Diese Rechtsauffassung setzt sich bekanntlich bei den Siegermächten und in den Pariser Vororteverhandlungen 1919 nicht durch – sie wird aber österreichische Staatsdoktrin.

Unmittelbar darauf wird die Regierung mit dem Entwurf einer Wahlordnung betraut, die am 23. November vorgelegt wird. Kelsen dürfte intensiv mitgearbeitet haben, publiziert er doch am Tag darauf einen großen Artikel zum proportionalen Wahlsystem und gegen sogenannte Einerwahlkreise. Am 28. November nimmt er an einer Beratung des Staatsrats dazu teil und wenig später erscheint ein Aufsatz darüber.

Am 4. Dezember liefert Kelsen ein Gutachten, das Renners faktische Position als „Staatskanzler" – den Titel hat er aus der Monarchie übernommen, er ist rechtlich nirgends festgeschrieben – und die Stellung des Staatsrats und der Staatssekretäre festigt. Eine Woche später wird eine diesbezügliche Änderung der provisorischen Verfassung parlamentarisch genehmigt. Erst damit wird der bisherige „Leiter der Staatskanzlei" – eigentlich bislang nur Sekretär und Protokollschreiber der Regierung – zum Kanzler und Regierungschef. Wieder schreibt Kelsen dazu erläuternde Zeitungsartikel, in denen er diese Entwicklung und insbesondere den Umstand, dass Renner diese Funktion innehat, begrüßt.

Sodann macht er sich an die Ausarbeitung eines Kurzkommentars zur provisorischen Verfassung, der nach und nach, nicht zuletzt wegen des Geleitworts des Staatskanzlers, die offiziöse Basis aller Diskussionen wird. Die Zeitungen werfen ihm zwar Liebedienerei gegenüber Renner vor, doch ist der Kommentar durchaus kritisch und benennt auch die Probleme. Gerade deshalb wird er für die folgenden Debatten so wichtig.

Von da an wird der Professor kontinuierlich als Experte für grundsätzliche Verfassungsfragen herangezogen und im März 1919 von Renner mit der Ausarbeitung einer neuen republikanischen Verfassung beauftragt. 1919 wird er auch parteiunabhängiges Mitglied des deutsch-österreichischen Verfassungsgerichtshofes. Angesichts dieser Karriere schlägt ihn die Fakultät nun sogar zur Berufung als Ordinarius vor. Obwohl sich Kelsen kurz zuvor gegen Arbeiterräte-Wahlen an der Universität ausgesprochen hat, wird er vom sozialdemokratischen Unterrichtsminister Otto Glöckel bestellt. Schließlich weiß der Minister, dass der Verfassungsexperte die politischen Positionen der Partei weitgehend teilt und seine wissenschaftlichen Arbeiten die Grundsatzpositionen der Partei stützen.

Als bloßen Juristen versteht sich Kelsen zu diesem Zeitpunkt schon längst nicht mehr. Er analysiert das Verhältnis zwischen Gesellschaft und Recht, zwischen politischer Demokratie und parlamentarischem Rechtsstaat, die schwierige Beziehung zwischen Sozialismus, Staat und Recht. In seinem 1920 erschienenen Buch „Vom Wesen und Wert der Demokratie" geht er der Frage nach, wie die Freiheit des Einzelnen angesichts der neuen politischen Situation am wirkungsvollsten zu sichern seisei, und warnt vor den Gefahren des Missbrauchs der

Demokratie, eine Bedrohung, die er klarer sieht als andere. Im selben Jahr setzt er sich mit dem Thema „Sozialismus und Staat: eine Untersuchung zur politischen Theorie des Marxismus" auseinander, eine Schrift, die weit mehr ist als eine Fachexpertise über Sozialdemokratie und Verfassungsrecht: Er legt gewissermaßen den Grundstein für den Etatismus der Partei, der in den folgenden Jahrzehnten, bis herauf zu den Reformen Bruno Kreiskys, bedeutenden Einfluss auf die Politik in Österreich haben wird. In diesem Kontext ist er als wissenschaftlicher Theoretiker das richtige Pendant zum Praktiker und Legisten Renner. Seine Expertise im Zusammenhang mit der Ausformulierung der Verfassung zwischen 1918 und 1920 und seine juristische Untermauerung der Demokratie und des Rechtsstaats sind aber nur zwei Dimensionen seiner Tätigkeit. Eine dritte, weitaus nachhaltigere, ist die Prägung der staatsrechtlichen und politischen Diskussion der folgenden Jahrzehnte. Hier kommt ihm ein Einfluss auf künftige Verantwortliche und Machtträger zu, der ähnlich zu bewerten ist wie der seines großen Vorgängers Joseph von Sonnenfels auf die Herausbildung der Grundrechte oder jener von Hofrat Friedrich von Gentz auf die Entwicklung Europas.

An den ersten technischen Vorarbeiten zur neuen Verfassung, dem B-VG 1920, ist Kelsen zuerst kaum beteiligt. Erst als der Staatskanzler für längere Zeit zu den Friedensverhandlungen in St. Germain reist, erteilt er ihm den Auftrag, „im Verein mit der Verfassungsabteilung der Staatskanzlei" – den Beamten Froehlich, Mannlicher und Merkl – „den Entwurf einer Bundesstaatsverfassung auszuarbeiten". Kelsen muss dabei die Vorgaben der Alliierten berücksichtigen, gleichzeitig versucht er, so weit wie möglich an bestehenden Institutionen und Regeln anzuknüpfen sowie sein Grundkonzept von Demokratie und Rechtsstaat einzubringen.

Am 4. Juli kann er einen umfassenden Text an Renner nach Frankreich senden. In der Folge entwickelt sich ein reger Briefverkehr zwischen Kelsens Sommerfrische in Altaussee und St. Germain. Dabei bildet sich eine effiziente Arbeitsteilung heraus: Der Kanzler gibt die Grundsätze und die Prinzipien vor, wie etwa die Ausrichtung an bestimmten Elementen der Weimarer Verfassung. Für Teilbereiche, die Gegenstand von politischen Kontroversen sein könnten, arbeitet sein Berater mehrere Textvarianten aus. Insgesamt entstehen bis September sechs Entwürfe, von denen sich einige nur in einzelnen Worten unterscheiden – etwa „Österreich“ statt „Deutschösterreich“ –, andere aber substanzielle Unterschiede aufweisen. Die Varianten betreffen vor allem die Rolle eines Bundespräsidenten oder des Parlamentspräsidenten als Staatsoberhaupt, die Länderkammer des Parlaments und die Grundrechte. Kelsen ist bestrebt, die Macht der Länder zugunsten der Zentralgewalt zu beschränken. Bund und Länder sollen jedenfalls parlamentarisch-repräsentativ verfasst sein.

Relativ bald ist klar, dass kein eigenes Grundrechte-Kapitel Eingang finden wird, da die Christlichsoziale Partei nur den bestehenden Menschenrechtskatalog des Staatsgrundgesetzes akzeptieren will. Kelsen nimmt das auf und widmet sich seiner Aufgabe, „die mir gegebenen politischen Prinzipien in einer rechtstechnisch möglichst einwandfreien Weise zu kodifizieren und dabei wirksame Garantien für die Verfassungsmäßigkeit der Staatsfunktion einzubauen. Als den juristischen (…) Kern betrachtete ich den Abschnitt über die Garantien der Verfassung und Verwaltung.“ Hier knüpft er an ihm vertraute Institutionen der Monarchie, Reichsgericht und Verwaltungsgerichtshof, an. Die Verfassungsgerichtsbarkeit konzipiert er aber in einer weltweit völlig neuen Weise – es soll möglich werden, Gesetze auch auf ihre Verfassungsmäßigkeit zu prüfen.

Hans Kelsen hat eine parlamentarisch-repräsentative Demokratie vor Augen. Sie ist für ihn „die einzig mögliche reale Form (…), in der die Idee der Demokratie innerhalb der sozialen Wirklichkeit von heute erfüllt werden kann“. Direktdemokratische Elemente wie Räte und Referenden lehnt er ab. Das Parlament soll die Strömungen in der Gesellschaft möglichst präzise abbilden, daher gibt es ein Verhältniswahlrecht. Und der Parlamentsbeschluss, das Gesetz, ist der Wille des Souveräns, an den Gerichtsbarkeit und Verwaltung vollständig gebunden sein sollen.

Als der Staatskanzler im Herbst 1919 aus Paris zurückkehrt, macht er gemeinsam mit dem christlichsozialen Staatssekretär Michael Mayr einen der vorliegenden Entwürfe zur Grundlage der folgenden politischen und parlamentarischen Verhandlungen. In deren Verlauf werden weitere Alternativtexte formuliert, die jeweils in unterschiedlicher Gewichtung die Positionen der Parteien widerspiegeln und unterschiedliche Kompromisse aufnehmen. Die Abstimmung erfolgt in erster Linie zwischen Renner und Mayr. Da der Regierungschef zwar vom Fach ist, aber wenig Zeit hat, und der Minister als Historiker in Verfassungsfragen nicht besonders bewandert ist, hat Kelsen bei der Textierung wohl ziemlich freie Hand und einen beträchtlichen Gestaltungsspielraum.

Im Sommer 1920 beendet der Verfassungsexperte seine formelle Konsulententätigkeit bei der Staatskanzlei, da er zum Dekan der juridischen Fakultät gewählt wird. Möglicherweise sind auch die Regierungskrise und der Rücktritt Renners am 7. Juli ein Grund für diesen Schritt. Trotz des Endes der Koalition sind die beiden großen Parteien aber entschlossen, die Arbeit an der Verfassung noch zu Ende zu bringen. Mayr hat eine der Textvarianten Kelsens in die konstituierende Nationalversammlung eingebracht, am 8. Juli wird ein Unterausschuss für die Verfassung konstituiert, dem auch Kelsen angehört. Dort wird der Entwurf in 18 langen Sitzungen intensiv diskutiert und an vielen Stellen – im Detail und in der Formulierung, kaum aber in den wesentlichen Grundsätzen – verändert, manche Teile, wie etwa die Verfassungsgerichtsbarkeit, bleiben völlig unangetastet. In den redaktionellen Lesungen diskutiert der Professor intensiv mit und bringt, wie den Protokollen im Detail zu entnehmen ist, noch bis zum September einzelne Textpassagen ein.

So rät er im Unterausschuss erfolgreich davon ab, den Grundsatz „Bundesrecht bricht Landesrecht“ zu verankern und eine Bestimmung über Kriegserklärungen aufzunehmen. Er formuliert Textbausteine zu den Kompetenzbestimmungen und klärt grundsätzliche Fragen zum System der Kompetenzverteilung. Vor allem die Abgrenzung zwischen der Grundsatzgesetzgebung des Bundes und den Ausführungsgesetzen der Länder veranlasst ihn mehrfach zu Stellungnahmen und Formulierungsvorschlägen. Überhaupt schafft er immer wieder gedankliche Klarheit, wenn sich die Diskussion zu verheddern droht. Er befürwortet eine Bundespolizei, findet eine Lösung bei der Zusammensetzung und Wahl der Mitglieder des Bundesrates, er präzisiert Details im Verhältnis zwischen Bund und Ländern. Scharfsichtig weist er darauf hin, dass niemals parlamentslose Zeitphasen entstehen dürfen, er problematisiert Volksentscheide als Ersatz für Parlamentsbeschlüsse und er informiert insbesondere bei den Rechten des Parlaments immer wieder über Lösungen, die die deutsche Verfassung dazu gefunden hat. Die Stellung der Minister und das Verhältnis zwischen Parlament und Regierung sowie dessen Vollziehung motivieren ihn mehrfach zu Debattenbeiträgen; die Stellung des Staatssekretärs wird von ihm analog zu der eines Sektionschefs präzisiert. Bei der Diskussion zur Gerichtsbarkeit des öffentlichen Rechts ist sein besonders großes Engagement erkennbar. Die Prüfung von Verordnungen auf ihre Gesetzmäßigkeit, die umfassende Zuständigkeit des Verwaltungsgerichtshofs, die Betonung der notwendigen hervorragenden Qualifikation seiner Richter veranlassen ihn zu klaren Worten. Die Diskussion zur Verfassungsgerichtsbarkeit ist extrem kurz – Kelsens Vorschlag hat alle überzeugt.

In der letzten Diskussionsrunde im Unterausschuss, quasi in der zweiten Lesung, ist der Professor besonders intensiv gefragt. Er legt wieder Textvorschläge vor, macht auf redaktionelle Mängel aufmerksam, formuliert die Bestimmungen über die Trennung von Wien und Niederösterreich, die Selbstständigkeit der Hauptstadt und ihre Stellung als Bundesland, präzisiert die Wirkungsbereiche der Gemeinden und besorgt die Schlussredaktion der Bestimmungen über den Verfassungsgerichtshof. Er legt den Übergang vom bestehenden Recht zur künftigen Verfassung dar und konzipiert die sensiblen Überleitungsregelungen. Immer wieder macht er die Abgeordneten auf Konsequenzen ihrer Formulierungen aufmerksam, die sie nicht bedacht haben, und bewirkt so etliche Klärungen. Schließlich ist er gewissermaßen der

„Berichterstatter“ der letzten, technischen Lesung, trägt den Text vor, erläutert und stellt darüber hinaus Anträge zu – wie im Protokoll nachzulesen ist – rund hundert Endformulierungen, die nahezu ein Drittel der Textmasse des Gesetzes betreffen.

Am 22. September ist das Werk finalisiert. Das letztlich beschlossene Bundesverfassungsgesetz vom 1. Oktober 1920 ist zwar nicht, wie es oft heißt, von Kelsen allein verfasst, aber von ihm maßgeblich mitgestaltet worden. Der Jurist ist dabei kein externer Legistikexperte einer Partei, der Regierung oder des Parlaments. Er ist vor allem Wissenschaftler, der sich mit den Strukturen und den hinter dem Text liegenden Systemen des Staats- und Verfassungsrechts befasst. Dabei handelt es sich nicht bloß um abstrakte Überlegungen: Kelsen weiß, welche Entscheidungsvarianten zu welchen Ergebnissen führen, welche Implikationen mit bestimmten rechtstechnischen Konstruktionen verbunden sind, welche gesellschaftlichen oder politischen Konsequenzen eine bestimmte Art der Regelung hat. Das ist es, was er einbringen kann und will, und damit beeinflusst er entscheidend das Design der gesamten Verfassung.

Hans Kelsen jedoch ist nicht nur ein genauer Formulierer, sondern auch ein Meister des Wortes und der Logik – eine wichtige Voraussetzung zur Umsetzung dieses gewaltigen Projekts. Er bestimmt nicht zuletzt deshalb große Teile des Textes, weil er den inhaltlichen Konsens oder Kompromiss, den die Parteienverhandler anstreben, in die richtigen Worte zu gießen versteht. Diese besondere Stellung wird auch in den parlamentarischen Protokollen deutlich: Er wird respektvoll immer mit „Professor“ angesprochen, er diskutiert mit den Abgeordneten auf Augenhöhe und zahlreiche Passagen beginnen mit den Worten „auf Vorschlag Prof. Kelsen lautet die Bestimmung (…)“.

Als die neue Verfassung in Kraft tritt, bietet Bundeskanzler Mayr dem Juristen abermals an, als Konsulent zur Verfügung zu stehen. Der neue Vertrag endet jedoch, als 1921 der Verfassungsgerichtshof zu konstituieren ist und Kelsen einer der Verfassungsrichter und kurz darauf auch dessen ständiger Referent wird. Beide Aufgaben sind mit beträchtlicher Arbeit verbunden. Dennoch bleibt der Höchstrichter in seinem

Hauptberuf Ordinarius an der Universität und publiziert in den folgenden Jahren ein umfangreiches und profundes Œuvre.

Je stärker im krisengeschüttelten Österreich der 1920er-Jahre die autoritären Kräfte werden und je mehr die Sozialdemokratie in die Defensive gerät, umso öfter nimmt die konservative Bundesregierung die Justiz, ihre Unabhängigkeit und den Verfassungsgerichtshof (VfGH) ins Visier. Das beginnt ganz harmlos, mit allgemeinen kritischen Bemerkungen des Bundeskanzlers, setzt sich in medialen Angriffen und Berichten fort und eskaliert schließlich anhand konkreter Causen zum brutalen Konflikt um die Existenz des Höchstgerichts.

Es sind drei Anlassfälle, die ausgeschlachtet werden, um den Verfassungsgerichtshof zu diskreditieren. Als 1921 der sozialdemokratische Wiener Bürgermeister Jakob Reumann die Aufführung von Arthur Schnitzlers „Reigen" gegen den Willen des konservativen Innenministers nicht verbieten lässt, landet der Fall vor dem VfGH. Als Reumann 1925 in Wien ohne Genehmigung der Regierung ein Krematorium errichten lässt, wird ebenfalls das Höchstgericht angerufen. Beide Male werden die Entscheidungen aufgrund der geltenden Verfassungslage bestätigt – was christlichsoziale und konservative Medien weidlich nutzen, um die Autorität des Gerichtes zu untergraben. Der gravierendste und politisch umstrittenste Fall betrifft den niederösterreichischen Landeshauptmann Albert Sever, der die standesamtliche Wiederverheiratung geschiedener Katholiken ermöglicht. Als einzelne Gerichte diesen Dispens für ungültig erklären, rufen klerikale Gegner den Verfassungsgerichtshof an. Der verweist darauf, dass das Gewaltentrennungsprinzip eine gerichtliche Aufhebung der Entscheidung von Verwaltungsbehörden verbietet und die „Dispensehen" Gültigkeit haben. In all diesen Fällen vermuten die aufgebrachten Konservativen den roten Parteigänger Kelsen hinter den Erkenntnissen und feinden den Verfassungsrichter offen an.

Schließlich stimmen die Sozialdemokraten auf Druck der christlichsozialen Regierung und im Rahmen der Verfassungsnovelle von 1929 einem geänderten Bestellmodus der Verfassungsrichter zu; damit werden alle Mandate der bisherigen Richter ex lege beendet. Vergeblich bieten sie Kelsen an, ihn in die Liste der vom Nationalrat zu wählenden Verfassungsrichter aufzunehmen. Doch der maßgebliche Architekt der Bundesverfassung will kein Parteikandidat sein, zudem erachtet er die künftige Zusammensetzung des Gremiums – zwölf Konservative, zwei andere – als inakzeptabel. Der Jurist sieht voraus, dass die Christlichsozialen den Gerichtshof gänzlich beseitigen wollen. Kelsen sollte mit seiner Prognose recht behalten. Das Phänomen, dass eine Regierung versucht, sich unbequemer, hochqualifizierter Verfassungsrichter zu entledigen oder Vakanzen im Gerichtshof zur Ernennung eigener, bequemer Parteigänger zu nutzen, wird sich in der Geschichte Österreichs noch mehrfach finden.

An den Arbeiten zu dieser Verfassungsänderung ist der Universitätsprofessor nicht mehr beteiligt. Er wird nicht gerufen, und er hätte einer solchen Einladung wahrscheinlich auch nicht Folge geleistet. Zu sehr weichen Zeitgeist und hegemoniale politische Meinung von seinen Grundsätzen ab. Als ihm an der Universität immer mehr Feindseligkeit entgegenschlägt, verlässt Hans Kelsen tief enttäuscht Österreich und geht 1930 als Ordinarius für Völkerrecht an die Universität zu Köln. Dort wird er 1933 nach der Machtübernahme Hitlers aus seinem Amt entfernt, eine Petition der rechtswissenschaftlichen Fakultät zu seinen Gunsten bleibt erfolglos. Kelsen nimmt daraufhin eine Professur in Genf an, 1936 wird er an die Prager Karl-Ferdinands-Universität berufen. Drei Jahre später muss er wieder emigrieren, diesmal in die USA. 1940 erhält er an der Harvard University ein Ehrendoktorat, aber keine Anstellung und geht daher nach Berkeley an die University of California, wo er 1945 zum „Full Professor" ernannt wird und bis 1957 lehrt.

Nach Ende des Zweiten Weltkriegs erhält der mittlerweile Vierundsechzigjährige keine offizielle Einladung zu einer Rückkehr nach Österreich – auch nicht von Karl Renner. Auf eine Mitarbeit des Juristen an der Überleitung zur und Wiederinkraftsetzung „seiner" Bundesverfassung wird verzichtet. Die Universität Wien zeigt kein besonderes Interesse, ihren bedeutendsten Rechtsgelehrten zurückzugewinnen.

Erst kurz vor seinem Tod gründet die österreichische Bundesregierung in Anerkennung seiner Verdienste ein Institut, das seinen Namen trägt.

Österreichs maßgeblichster Rechtsgelehrter setzt sich in den USA zur Ruhe, publiziert und hält Vorträge. Er stirbt hochbetagt am 19. April 1973 in Berkeley.

Hans Kelsen war kein klassischer Berater. Er stand seiner Regierung in der Umbruchzeit am Ende des Ersten Weltkriegs zur Verfügung, nahm die Aufträge an, die ihn erreichten, und leistete danach in der Phase der Konsolidierung der Ersten Republik die besten juristischen Dienste. Er war dazu bereit, solange sich die Intentionen der Auftraggeber mit seinen demokratischen und rechtsstaatlichen Grundüberzeugungen deckten. Das offizielle Österreich hat es in dieser Phase verstanden, seinen Intellekt und sein juristisches Genie für die Gemeinschaft und den Staat zu nutzen. Man muss das umso mehr anerkennen, als nicht alle Regierungen im Lauf der Geschichte immer in der Lage waren, das geistige Potenzial des Landes auszuschöpfen. Besonders ist sein Verhältnis zu Staatskanzler Karl Renner hervorzuheben: Dieser hat an ihn Aufgaben delegiert, die er auch selbst hätte erledigen können – auch er war ein guter Jurist, Rechtstheoretiker und Legist –, und er hat zugelassen, dass sein Berater eigene Positionen entwickelte und diese in der Öffentlichkeit vertrat. Dies ist selten und zeugt von wahrer Größe und Qualität einer gelungenen Zusammenarbeit von Politik und wissenschaftlicher Beratung.

Hans Kelsen war über seine Mitarbeit an der Bundesverfassung hinaus einer der bedeutendsten Juristen des 20. Jahrhunderts und hat als solcher unser Land, seine Rechtsordnung und Rechtskultur weit über seine Texte hinaus beeinflusst. Er ist die Leitfigur des Rechtspositivismus, unser striktes verfassungsrechtliches Legalitätsprinzip sowie die Zurückhaltung unserer Gerichte gegenüber naturrechtlichen Ansätzen gehen auf ihn zurück. Er hat mit seiner formalen Analyse des Rechts, die den Staat als die Gesamtheit von Rechtssätzen versteht, mit dem Bild vom Stufenbau der Rechtsordnung, mit der strikten Trennung von Sein und Sollen, mit seiner Ideologiekritik am Naturrecht sowie dem von ihm entworfenen Konzept einer unabhängigen Verfassungsgerichtsbarkeit enorme politische Bedeutung erlangt – nicht nur in Österreich, auch in anderen Ländern mit modernen Verfassungen. Seine Theorie eröffnet den Blick auf die gesellschaftlichen Verhältnisse, die hinter dem Recht stehen, es beeinflussen und formen. Auf dieser Basis lässt sich erkennen, was eine gesellschaftliche Macht mit dem Recht, mit dem Gesetz, mit den staatlichen Institutionen macht. Nur so wird das Feld frei für rationale politische Auseinandersetzungen und für demokratische Entscheidungen des Souveräns – des Volkes. Seine Theorie macht klar, dass das Gesetz als Ausdruck des Volkswillens das Fundament ist und die Bindung der Verwaltung ans Gesetz sowie der Vorrang des Rechts vor der Politik Errungenschaften sind, die es ebenso zu verteidigen gilt wie Freiheit, Menschenrechte und Demokratie.

Das ist die politische Fernwirkung, die nachhaltige Botschaft des wissenschaftlichen Politikberaters Hans Kelsen.

# 8.

# Der Schreibtischtäter

## Robert Hecht

*Berater von Carl Vaugoin und Engelbert Dollfuß*
*1917–1938*

Die Geschichte der Ersten Republik ist eine Geschichte von Akteuren, die einen schleichenden Abbau von Demokratie und Rechtsstaat betrieben. Zunächst nahezu unmerklich, bloß in Nuancen der Verfassungsdiskussion und des politischen Diskurses zu spüren, wird diese Tendenz ab 1922 im christlichsozialen Umfeld erkennbar, vollends erkennbar wird sie in den Abläufen rund um den Justizpalastbrand 1927 und in der Verfassungsnovelle 1929. Real manifestiert sie sich schließlich in der Ausschaltung des Parlaments und der politischen Parteien im Jahr 1933.

Diese Entwicklung ist eng mit einer Vielzahl an Maßnahmen, Strukturänderungen und Personen in der Verwaltung verwoben. Es gibt in den zwei Dezennien vor 1938 ein intensives Wechselspiel zwischen der Verwaltung, insbesondere der Tätigkeit legistischer Abteilungen, und der Politik, eine schlussendlich verhängnisvolle Entwicklung, die exemplarisch an einer Person deutlich wird: an Sektionschef Robert Hecht und seiner Rolle während der Aushöhlung und Zerstörung der Demokratie in Österreich. An seiner Person und der engen Zusammenarbeit mit dem christlichsozialen Heeresminister Carl Vaugoin sowie dem austrofaschistischen Bundeskanzler Engelbert Dollfuß werden Zusammenhänge klar, die sonst nur im diffusen Dunkel der Beziehung zwischen Beratern und Beratenen bleiben.

Robert Hecht wird am 9. März 1881 in Wien geboren. Sein Vater ist in jungen Jahren aus ärmlichen jüdischen Verhältnissen in Ungarn zugewandert und hat sich zu einem gut situierten Rechtsanwalt hochgearbeitet. Robert ist der jüngste von drei Söhnen. Unmittelbar nach der Matura im bieder-bürgerlichen Gymnasium in der Wasagasse konvertiert er zum Protestantismus – getrieben wohl von der Erkenntnis, dass diese Entscheidung einer beruflichen Karriere nützlich sein wird. Danach rückt er 1899 als Einjährig-Freiwilliger in die Armee ein. Bereits dort bescheinigt man ihm einen festen Charakter, ruhiges Temperament, Gehorsam und Willigkeit, Intelligenz sowie das Bemühen um gute Kontakte zu Vorgesetzten.

Robert Hecht
(1881–1938)

Er ist ein Musterfall des Angepassten, der allenthalben positiv auffällt und daher gefördert wird. Im Herbst 1900 inskribiert Hecht Rechtswissenschaften an der Universität Wien und absolviert das Studium in kürzester Zeit. Nach der Promotion wird er Rechtspraktikant bei Gericht, heiratet 1910 Franziska Romana Bondi, die Tochter eines jüdischen Wiener Börsensensals, im Jahr darauf erhält er seine erste Richterstelle in Bad Ischl. Seinen Vorgesetzten am Oberlandesgericht fällt er bald als kluger und fleißiger Beamter auf. 1914 tritt er in den Kriegsdienst ein und bewährt sich sofort am Militärgericht. Für seine außerordentlichen Leistungen, sein Pflichtgefühl, seine investigativen und richterlichen Qualitäten wird er mehrfach befördert, dekoriert und 1917 ins Verteidigungsministerium versetzt, wo man dringenden Bedarf an dem vielseitigen Juristen hat. Als die Monarchie 1918 zusammenbricht, verbleibt er in diesem Ressort in der Rechtsabteilung, in der er sich im Rahmen der Reform und Ausarbeitung eines neuen Wehrgesetzes hervortut – was nicht zuletzt einigen einflussreichen Entscheidungsträgern auffällt. Im September 1919 ernennt man den eifrigen Beamten zum Leiter der Abteilung für die Versorgung der zu kündigenden Militärangehörigen. In atemberaubendem Tempo folgt nun Karriereschritt auf Karriereschritt: 1920 wird er aufgrund weiterer erfolgreicher Legistikprojekte vorzeitig Sektionsrat, Anfang 1923 – wieder außerhalb der Beförderungsrichtlinien – Ministerialrat. Danach folgt der entscheidende Sprung: Der neue Heeresminister Carl Vaugoin sucht für seinen Plan zur vollständigen Umpolitisierung des Heeres verlässliche Mitstreiter mit besten juristischen Kenntnissen. Sein Auge ist auf den karrierebewussten Ministerialrat gefallen. Geschickt hintertreibt Vaugoin dessen Weggang an den Verwaltungsgerichtshof und macht ihn 1925 zum Leiter einer direkt beim Minister angesiedelten juristischen Stabsstelle. Mit gerade einmal 44 Jahren ist Robert Hecht zum jüngsten Sektionschef der Republik aufgestiegen.

Bilder aus dieser Zeit zeigen einen etwas untersetzten, würdevoll dreinblickenden Mann mit hohem Haaransatz und weichen, schwammigen Gesichtszügen. Der korrekte Anzug mit Einstecktuch, den er im Wiener Amt zu tragen pflegt, steht ihm ebenso wie Lederhosen, Hut und Gamsbart in der Bad Ischler Sommerfrische. Anpassung an Konventionen und die grundkonservative Haltung eines städtischen Großbürgers kann man ihm ansehen, er wohnt in der Universitätsstraße 10 im bürgerlichen Bezirk Alsergrund. Seine jüdische Außenseiterrolle, unter der er zeitlebens leidet, scheint er überzukompensieren. Zu seiner Schwägerin Gertrud, einer Professorin für modernen Tanz, und deren Mann, den Theaterregisseur Friedrich Rosenthal, pflegt er wenig Kontakt. Der Aufsteiger sieht sich selbst als Diener des alten, untergegangenen Staates, den er aus der „Unordnung" der Jahre 1918/19 wieder in eine neue Ordnung führen will. Dabei findet er intellektuelles Vergnügen daran, scharfsinnige und rabulistische juristische Kniffe zu entwickeln, die seinen Vorgesetzten politisch nützlich sind. Dies trägt ihm den Ruf ein, „im Geruche eines getriebenen Rechtsverdrehers" zu stehen. Im Umgang mit anderen ist er distanziert, eitel, empfindlich, aber immer um formale Korrektheit bemüht.

Mit diesem Mann hat der Heeresminister einen zweifellos hochtalentierten und fähigen Mitarbeiter gefunden und auch so positioniert, um – wie sich in Folge zeigen wird – den größten Nutzen aus ihm zu ziehen. Hechts Einfluss als graue Eminenz im Amt für Wehrwirtschaft wird klar, wenn man sich die Rolle des Bundesheers am Beginn der Ersten Republik vergegenwärtigt. Das Militär ist das zentrale Instrument im Kampf der Christlichsozialen gegen die Sozialdemokraten um die Vorherrschaft im Staate. Unmittelbar nach 1918 war das Bundesheer rot eingefärbt worden, dominiert von politisierten Soldatenkadern und deren Vertrauensmännern. Ein demokratisch-republikanisches Wehrgesetz sicherte diesen Zustand rechtlich einigermaßen solide ab. Den rechten politischen Kräften, denen die Ministerialbürokratie und das Offizierskorps näherstand, war indes klar, dass es für ihre Interessen unabdingbar war, die rote Bastion zu schwächen und zu zerschlagen. Nur so konnte deren Plan zur Übernahme der Republik ins Werk gesetzt werden.

Es ist also kein Zufall, dass Carl Vaugoin nach dem Scheitern der großen Koalition das Heeresressort 1921 mit klaren parteipolitischen Zielen übernimmt und es als längstdienender Minister der Ersten Republik ein Jahrzehnt lang in diesem Sinne führt. Ein findiger, linientreuer Jurist wie Robert Hecht kommt ihm da wie gerufen.

Bereits in der ersten Phase 1922 kann der Ministerberater seine Qualitäten unter Beweis stellen, als es darum geht, durch gezielte Personalpolitik möglichst viele sozialdemokratische und kommunistische Elemente zu entfernen und durch rechte Parteigänger zu ersetzen. Hier hat Hecht bereits 1919 Erfahrungen beim Abbau von Heerespersonal gesammelt, den der Völkerbund Österreich nach der Weltkriegsniederlage aufgezwungen hatte – ein Wissen, das er nun kreativ einsetzt. Konsequent werden auslaufende Dienstverträge bei Soldaten mit politisch unerwünschtem Hintergrund nicht verlängert, jene von konservativen Gewährsmännern indes schon. Die rechtliche Feinstruktur für diese Maßnahmen schafft die Rechtsabteilung Hechts. Der Umstand, dass diese auch – eigentlich eher sachfremd – für das Personalwesen zuständig ist, zeigt, dass er dem Minister eine äußerst effiziente Struktur an die Hand gegeben hat, die er nach allen Regeln der Kunst nutzt. Die Abteilung besorgt die Auswahl und den Abbau unliebsamer Soldaten, die Vorfeldorganisationen der

Christkonservativen die Rekrutierung verlässlicher, tiefkatholischer Bauernburschen, die dann wiederum und als beste Bewerber deklariert von der Abteilung aufgenommen werden.

Sodann folgt die zweite Welle, eine von Hecht listig vorbereitete Änderung des Systems der Vertrauensmännerwahl. Es wird so ausgestaltet, dass sich die Zahl der Vertrauensleute nicht nach dem Verhältniswahlprinzip ergibt, sondern je Organisationseinheit – egal ob groß oder klein – nur ein einziger Vertrauensmann gewählt wird. Durch geschicktes Umstrukturieren werden sodann kleine konservativ dominierte Einheiten gebildet, die großen sozialdemokratisch geprägten Einheiten jedoch belassen. Die Wahlergebnisse sind ganz im Sinne des Winkeladvokaten: 1927 erreicht der schwarze Wehrbund mit rund 40 Prozent der Stimmen eine Mandatsmehrheit, 1929 fällt der sozialdemokratische Militärverband mit zehn Prozent der Mandate in die Bedeutungslosigkeit. Die Kombination aus Hecht'scher Personalpolitik mit Hecht'schem Wahlrecht geht auf.

Ein drittes Instrument ist das Erlassen von Ministerialverordnungen. Grundsätzlich garantiert das Wehrgesetz den Soldaten volle politische Rechte, doch Hecht geht daran, in Kleinarbeit die Modalitäten und Grenzen der Ausübung dieser Rechte Schritt für Schritt einzuengen – und schließlich völlig auszuhöhlen. Zuerst wird eine sogenannte „außerdienstliche militärfeindliche Propaganda" definiert und als Disziplinarvergehen geahndet, in einem weiteren Schritt die Tätigkeit für die kommunistische Partei, danach die bloße Diskussion in der Öffentlichkeit über wehrpolitische Angelegenheiten sanktioniert. Schließlich wird das Tragen von Parteiabzeichen an der Zivilkleidung untersagt, die Verbreitung von Zeitungen in den Kasernen beschränkt. Diese Verordnungsflut zeitigt – wohl bewusst – eine ständige Rechtsunsicherheit, da niemand mehr imstande ist, präzise zu sagen, was nun erlaubt ist und was nicht. Ein Umstand, den sich die meist konservativen Kommandanten bewusst zunutze machen, um eine Atmosphäre ständiger Angst aufzubauen. Gleichzeitig legt die Rechtsabteilung immer weiter nach, um mithilfe des nächsten Erlasses eine vermeintliche, tatsächlich aber noch restriktivere „Klarheit" zu schaffen.

Doch Hecht fungiert nicht nur als fleißiger Neugestalter des Dienstrechts, er macht sich gleich zum obersten Ankläger in Disziplinarfragen. Dies mit dem Effekt, dass die formal weisungsfreien Disziplinarbehörden natürlich rasch wissen, dass es besser ist, den Anträgen des Anklägers zu folgen – der außerhalb der Kommission auch ihr oberster Vorgesetzter im Dienstverhältnis ist. Vielfach holt man sogar in schwierigen Fällen ein Gutachten in Hechts Kanzlei ein, das zwar nominell unverbindlich ist, an das sich aber alle devot halten. Mit der Zeit wird die Rechtsprechung der Disziplinarbehörden immer einseitiger. Ähnliche Taten werden, je nachdem, ob etwa ein Rechter einen Passanten als „Saujud" beschimpft oder ein Linker meint, „da kommt ein Pfaff", im ersten Fall nicht einmal angezeigt, im anderen Fall mit strenger Strafe geahndet. 1929 stellt der Sozialdemokrat Julius Deutsch zum Zustand des Heeres verbittert fest, dass „dort eine Willkür herrscht, wie sonst in keinem anderen Teil unseres Staatswesens". Schließlich werden die juristischen Schikanen auch auf den privaten Bereich ausgedehnt: Erlässe zur Traditionspflege, zur Teilnahme an kirchlichen Veranstaltungen oder gegen eine Dekoration von Soldatenwohnungen mit roten Fahnen am „Tag der Arbeit" fallen darunter. Allesamt Belege für ein hocheffizientes Unterdrückungssystem , über das mit Ministerberater Hecht ein Beamter wacht, der sich 1925 bereits stark genug fühlt, in einen scharfen Briefwechsel mit dem sozialdemokratischen Parlamentssprecher Theodor Körner einzutreten. Gleichzeitig missachtet er konsequent das Verlangen des Parlaments nach Akteneinsicht.

So viel Macht bleibt auch der Öffentlichkeit nicht verborgen. Die Machinationen des Juristen sind nicht nur Gegenstand hitziger Debatten im Parlament, in denen Klage geführt wird, man befinde sich „noch nicht in einer Diktatur des Herrn Ministerialrats Hecht". Auch in zahlreichen Zeitungsartikeln, politischen Reden und Kommentaren wird sein Einfluss auf den Vorgesetzten thematisiert: Er habe „es verstanden, sich an den Bundesminister Vaugoin heranzumachen, als dieser ganz unbeschwert von Fachkenntnissen auf den Ministerstuhl gesetzt wurde. Bei der Gerissenheit des Dr. Hecht war es ganz natürlich, dass ihm der Minister binnen Kurzem mit Haut und Haar ausgeliefert war", schreibt der „Freie Soldat". Dieser Befund übersieht allerdings, dass der Heeresminister eine Strategie verfolgt, die keinerlei Fachkenntnis voraussetzt. Vaugoin ist klar, dass die finale Auseinandersetzung zwischen Rechts und Links in der Republik letztlich mit Waffengewalt entschieden wird. Das Bürgerkriegsjahr 1934 zeigt, wie richtig diese Einschätzung war. So wie der Ressortchef seinen Hausjuristen, so hat auch der Ratgeber seinen Minister instrumentalisiert. Gemeinsam ist beiden, dass sie das gleiche Ziel haben, was die Zusammenarbeit zweifelsohne gedeihlich und effizient macht – wie dies bei allen Fällen erfolgreicher Beratertätigkeit im österreichischen Staatswesen der Fall war und ist.

Robert Hecht hat um das Jahr 1926 seinen ersten Zenit erreicht und setzt in ständigem Kontakt und im besten Einvernehmen mit seinem Vorgesetzten dessen grobe Vorgaben um. Er macht dies in unzähligen kleinen Schritten, mit vielen feinziselierten juristischen Tricks und auf der Basis eines fantasievollen Einfallsreichtums für Bosheiten – Vaugoin konnte keinen besseren Zuarbeiter, Einflüsterer und Propagandisten finden. Beide beherrschen zudem jenes politische Verwirrspiel, bei dem sich der Minister bei kritischen Angriffen an seinem Beamten abputzt und dieser bei Kritik wiederum auf die politische Spitze verweist. Eine Taktik, die vor allem eines garantiert: Niemals den wahren Schuldigen ausmachen zu können – was damals wie heute zum Setting erfolgreicher Beratung gehört. Nicht ohne Zynismus betont der Heeresminister anlässlich einer Ordensverleihung an seinen treuen Paladin, dass dieser „die vielen, so ungemein verwickelten Rechtsfragen, wie sie unsere Wehrverfassung mit sich bringt, jederzeit in hervorragender Art löste". Er hoffe daher, „dass er noch recht lange dem Ministerium und mir als Berater und Mitarbeiter erhalten bleibt".

Zwar verbindet die beiden eine enge dienstliche Männerfreundschaft und gegenseitige Wertschätzung. Ins Private geht diese Beziehung nicht, obwohl Hecht seinem Vorgesetzten auch bei persönlichen Rechtssachen, etwa einem Ehevertrag, zur Hand geht.

Als Vaugoin 1930 für kurze Zeit Bundeskanzler wird, begleitet ihn sein Gefolgsmann zwar weiterhin beratend und hat am Ballhausplatz

Bundeskanzler Engelbert Dollfuß (1852–1934), Heeresminister Carl Vaugoin (1873–1949) und im Hintergrund vermutlich Robert Hecht

sogar einen eigenen Schreibtisch, im Kompetenzbereich des Kanzleramts tritt er aber nicht auffällig in Erscheinung. In erster Linie wird er als „Ministerialdirektor" für den Bereich des Innenressorts eingesetzt, um auf Vaugoins politischen Widersacher, den Heimwehrführer Ernst Rüdiger von Starhemberg, „aufzupassen".

In seinem angestammten Bereich jedoch setzt Hecht in dieser Zeit eine überaus spektakuläre Aktion: Kurz zuvor ist die Ständige Parlamentskommission für Heeresangelegenheiten suspendiert worden. Im anschließenden, von den Sozialdemokraten angestrengten Verfahren vor dem Verwaltungsgerichtshof zeigt der Sektionschef, wozu er fähig ist: Zunächst äußert er in einer Zeitung Zweifel an der Verfassungsmäßigkeit dieser – vom Heeresminister 1923 selbst eingerichteten – Kommission. In weiterer Folge liefert er dem Parlament einen Bericht, in dem er darauf hinweist, dass die Abschaffung der Kommission erhebliche Verwaltungseinsparungen bringen würde. Danach erstellt er im Rechtsbüro eine äußerst umfangreiche Gegenäußerung des Ressorts, die sich auf alle nur denkbaren Aspekte möglicher Verfassungswidrigkeiten konzentriert. Als schließlich der Verwaltungsgerichtshof die Sache an den Verfassungsgerichtshof abtritt, übernimmt Hecht die Vertretung der Bundesregierung – nicht um, wie eigentlich logisch, „sein" Wehrgesetz zu verteidigen, sondern um abermals auf dessen Verfassungswidrigkeit hinzuweisen. Schließlich hebt der VfGH 1932 tatsächlich die der Kommission zugrunde liegenden Paragrafen auf. Hecht setzt noch eins drauf und ordnet prompt an, die Kommission habe binnen dreier Tage ihre Büros zu räumen.

In jenen Tagen knüpft der durchsetzungsfreudige Jurist engere Bande zu Engelbert Dollfuß, seit 1930 Bundesbahnchef und seit 1931 Landwirtschaftsminister. Dieser kennt Hecht seit Längerem und schätzt dessen Expertise, politische Loyalität und Kreativität. Die beiden sind einander beruflich 1930 nähergekommen, als Dollfuß die Personalvertretungswahl in der von ihm geführten Bundesbahn verhindern wollte und ihm der vom Verteidigungsminister empfohlene Sektionschef mit juristischen Tricks erfolgreich zu Hilfe eilte. Als Dollfuß 1932 Bundeskanzler wird, zieht er den Sektionschef aus dem Wehrressort immer öfter als juristischen Berater ab. Zeitzeugen berichten von zahlreichen Vieraugengesprächen, die aber kaum einen aktenmäßigen Niederschlag finden. Der Sektionschef taucht aber immer wieder blitzlichtartig im Mittelpunkt des Geschehens auf, etwa beim Entwurf von Ministerratspapieren oder indem er in Medien den Boden für kommende Regierungsmaßnahmen bereitet. Dabei spielt bald das Kriegswirtschaftliche Ermächtigungsgesetz (KWEG) aus dem Jahr 1917 eine Rolle. Ursprünglich sollte es der Regierung dienen, rasch kriegsbedingte Notmaßnahmen im Wirtschaftsbereich umzusetzen. Nach Kriegsende verlor es jede praktische Bedeutung, geriet in Vergessenheit, wurde aber in den Rechtsbestand der Republik übergeleitet. Hecht jedoch grub es während einer kurzen politischen Diskussion über seine formelle Aufhebung Ende der 1920er-Jahre wieder aus – vorerst ohne eine konkrete Anwendung. 1929 aber fordert der Heeressektionschef in einem Referat die Schaffung von Notstandskompetenzen für das Heer, das auch handeln können sollte, ohne von demokratisch legitimierten Instanzen dazu angefordert zu sein. Ein in diesem Jahr eingefügter Passus im Bundesverfassungsgesetz trägt diesem Gedanken dann auch Rechnung.

1932 ergibt sich für Hecht die Chance, das Instrument des Notverordnungsrechts zum ersten Mal einzusetzen. Justizminister Kurt Schuschnigg ist auf der Suche nach einem schnellen Hebel, um die Spitzenmanager für den Zusammenbruch der Creditanstalt per Verordnung haftbar zu machen. Hecht, als juristischer Berater beigezogen, liefert. Der Minister spekuliert wohl damit, dass die Sozialdemokraten stillhalten, schließlich geht es gegen den Klassenfeind, das Finanzkapital. Doch der Plan scheitert. Die SDAP lässt sich nicht überrumpeln, ihr ist die Verhinderung eines Verfassungsbruchs wichtiger als ein populistischer Schnellschuss. Noch bleibt das Gesetz in der Schublade.

Regierungsberater Hecht ist dennoch stolz auf seinen Einfall und hält damit in einem Zeitungsbericht nicht hinterm Berg: „Wie man – mit der erforderlichen Zivilcourage – bei Beachtung der verfassungsmäßigen Grenzen trotz unzweckmäßiger Gesetze durch Verordnungen reformatorisch wirken kann, hat das Heeresministerium in den zahlreichen Erlässen bewiesen, die die möglichste Einschränkung der politischen Rechte der Heeresangehörigen zum Ziele hatten."

Im November 1932 schickt der Kanzler seinen Justizstrategen als Delegationsleiter zur Abrüstungskonferenz nach Genf, die mit Unterbrechungen bis ins Jahr 1934 andauern sollte. Hecht hat damit den Übergang von seinem bisherigen politischen Herrn und Mentor Vaugoin hin zu Dollfuß, der bereits an der Absetzung seines Ministers arbeitet, nahtlos geschafft. Das Ondit über Minister, die kommen und gehen, und den Sektionschefs, die bleiben, scheint sich wieder einmal zu bewahrheiten.

Als im Zuge einer Abstimmung am 4. März 1933 die drei Präsidenten des Nationalrates nacheinander zurücktreten, erkennt Dollfuß, der schon seit längerer Zeit auf ein autoritäres Regime zusteuert, seine Chance und schaltet das Parlament, letztlich mit Polizeigewalt, aus. Nach außen gibt man vor, dass die Gesetzgebung im verfassungsrechtlichen Rahmen nicht mehr funktioniere. Nun suchen die Umstürzler nach

Instrumenten, um Gesetze ohne parlamentarische Beteiligung erlassen zu können. Da schlägt endgültig die große Stunde des Dr. Robert Hecht, der Hals über Kopf aus Genf zurückeilt und sich fieberhaft an die Arbeit für seinen neuen Chef macht. Voller Elan entwickelt er eine umfassende, in mehrere Phasen gegliederte Strategie, wie bei der Außerkraftsetzung der Verfassung zumindest der Schein von Rechtsstaatlichkeit gewahrt bleiben könne.

Dabei exhumiert er nicht nur das ihm vertraute Kriegswirtschaftliche Ermächtigungsgesetz mit seinem weitgehenden Notverordnungsrecht der Bundesregierung, sondern entwickelt daraus ein wahres Arsenal an juristischen Spitzfindigkeiten und rechtlichen Maßnahmen, um diesen Staatsstreich auf Raten abzusichern: Hecht empfiehlt dem Kanzler den verharmlosenden Begriff der „Selbstausschaltung des Parlaments", womit er sich auch als früher Meister der „Message Control" erweist. Er führt Gespräche mit dem Bundespräsidenten, um ihn von der Rechtmäßigkeit des Vorgehens zu überzeugen. Er steuert den Prozess der Ausschaltung des Verfassungsgerichtshofs und nimmt auf die Regelung und das Verfahren der Mandatsaberkennung der Oppositionsabgeordneten im Parlament Einfluss. In einem weiteren Schritt soll die Entmachtung des „Roten Wiens" und seiner demokratisch legitimierten Organe erfolgen. Der Kern des Umsturzes ist jedoch der Verfassungsbruch im März 1933 durch die Anwendung des Ermächtigungsgesetzes.

Die Grundidee und die juristischen Basistexte zum Gesetz, auf das sich das Regime nun stützt – all das ist das Werk Robert Hechts. Bis zum Erlassen der Ständischen Verfassung am 1. Mai 1934 werden über 400 Notverordnungen in Stellung gebracht, um die neuen autoritären Machthaber zu legitimieren. Deren Top-Jurist berät den Regierungschef in den Tagen nach dem 4. März 1933 in Fragen des Verbots politischer Veranstaltungen und bei der Einführung der Pressezensur. Zudem ist er nachweislich Mitverfasser eines Briefes von Bundespräsident Wilhelm Miklas, in dem dieser mit juristischen Argumenten dem Präsidenten des Nationalrats eine Wiedereinberufung des Parlaments am 15. März faktisch untersagt. Als einige Tage später der Bundesratsvorsitzende bei Miklas vorspricht, um gegen den Verfassungsbruch zu protestieren und Abhilfe zu verlangen, wird er wieder mit fadenscheinigen Begründungen abgespeist – auch hier ist die Handschrift des Sektionschefs unverkennbar.

Am 25. März 1933 zieht sich Dollfuß mit Hecht auf den Semmering zurück, um die anstehenden Verfassungsfragen zu beraten. Dabei wird offenbar entschieden, keine weiteren Verhandlungen mit den Parlamentsparteien über die Reaktivierung des Nationalrats zu führen und sich fortan ausschließlich auf das Ermächtigungsgesetz zu stützen. Am 31. März löst die Bundesregierung den Republikanischen Schutzbund auf. Am selben Tag beschließt der Ministerrat eine von Hecht verfasste Verordnung, mit der die politische Betätigung aller Beamten eingeschränkt wird. Als die Wiener Landesregierung im April einige Verordnungen beim Verfassungsgerichtshof anficht, ist es wieder der Rechtsberater, der die Stellungnahme der Bundesregierung dagegen verfasst. Getrieben von der Sorge, der Gerichtshof könne die Verfassungswidrigkeit der getroffenen Maßnahmen feststellen, ersinnt er einen weiteren Trick: Die einst von der Bundesregierung vorgeschlagenen VfGH-Mitglieder aus dem christlichsozialen Lager sollen ihre Funktionen zurücklegen, um die Beschlussfähigkeit des Gerichts zu verhindern. Als im Mai weitere Anfechtungen rechtswidriger Verordnungen drohen, beginnen tatsächlich die Rücktritte. Am 23. Mai wird das Höchstgericht mit einer von Hecht verfassten Verordnung ausgeschaltet – und das mit einer für den Drahtzieher typischen Argumentation: Mit dem Rücktritt einiger Richter sei das Gleichgewicht am Gerichtshof gestört. Folglich dürften auch die verbliebenen Mitglieder nicht mehr tätig werden. Als die Rücktrittsserie am 27. Mai 1933 tatsächlich zur Beschlussunfähigkeit führt, tritt auch Hecht selbst als Ersatzmitglied des VfGH zurück – womit sich ausgerechnet der Mastermind als Opfer der Zeitläufte stilisieren kann.

Während dieses Prozesses vertritt übrigens der prinzipiell zuständige Verfassungsdienst im Bundeskanzleramt die Meinung, dass die Anwendung des Ermächtigungsgesetzes und die Ausschaltung des VfGH verfassungswidrig sei. Doch er dringt mit seiner Expertise nicht durch. Längst hört der Regierungsapparat ausschließlich auf den

Sektionschef. Resigniert stellt der Leiter des Dienstes fest, dass er dem Einflüsterer, dessen Rolle längst kein Geheimnis mehr ist, nicht einmal seine Bedenken aktenmäßig mitteilen könne, weil dieser ja dem Heeresressort angehöre und nicht dem Bundeskanzleramt.

Nach seinen juristischen Aktionen im Frühjahr 1933 kehrt Hecht wieder zu den Verhandlungen nach Genf zurück, die er für seine Auftraggeber erfolgreich beendet. Österreich wird ein deutlich größeres Heer zugestanden und die Regierung kann im Herbst beginnen, das Bundesheer mit Vertrauensleuten aufzurüsten. Nun werden nach dem politischen und verfassungsrechtlichen Putsch die Voraussetzungen für den militärischen Umsturz geschaffen.

In den Monaten zwischen der Ausschaltung des Höchstgerichts und der gewaltsamen Niederwerfung der Sozialdemokratie im Februar 1934 ist Robert Hecht unermüdlich als Rechtsberater des Regimes aktiv und arbeitet buchstäblich Tag und Nacht an der schrittweisen autoritären Umgestaltung der Republik. Am 26. Mai wird von der Regierung ein Betätigungsverbot für die kommunistische Partei erlassen und eine von ihm erstellte Verschärfung des Disziplinarrechts der Beamten verabschiedet. In der darauffolgenden Woche werden von ihm ausgearbeitete Verordnungen über die Aufstellung freiwilliger Assistenztruppen – also praktisch die Legalisierung der paramilitärischen Heimwehren als staatliche Einheiten – angenommen, ebenso formuliert er die Grundlage für eine weitreichende Beschränkung der Pressefreiheit, die am 10. Juni in Kraft tritt. Zwei Tage später wird durch Erlass des Heeresministers dem gesamten Militär die Betätigung für die Nationalsozialisten untersagt, tags darauf folgt ein Verbot für alle Beamten. Hecht, der auch hier die Feder geschwungen hat, stellt bei einem Auftritt vor dem Ministerrat eiskalt fest, dass dieses allgemeine Betätigungsverbot wohl verfassungswidrig sei. Wenn man es aber erlasse, solle man dieses Verbot jedoch gleich auf die Aberkennung der nationalsozialistischen Mandate in sämtlichen politischen Volksvertretungen ausdehnen. Schließlich sei dieser Schritt sinnvoll und „nicht in höherem Grad verfassungswidrig als der erste".

Kurz darauf wird ein entsprechendes Edikt erlassen – wiederum im Beisein Hechts im Ministerrat. Mittlerweile sieht es nicht nur so aus, als würde der mächtige Berater bei juristischen Fragen die Bundesregierung regelrecht steuern, er wird auch selbst initiativ. Dem Landeshauptmann Niederösterreichs, der die nationalsozialistischen Landtagsabgeordneten nicht entlassen will, diktiert er in die Feder, wie er vorzugehen habe – und ruft ihm im Falle des Nichtbeachtens die Strafe für eine Verwaltungsübertretung in Erinnerung. Kurz darauf folgen alle anderen Landtage.

Am 22. September wird Heeresminister Vaugoin nach internen Differenzen aus der Regierung expediert, Kanzler Dollfuß übernimmt seine Agenden. Kurz scheint er zu überlegen, seinen obersten Rechtsberater zum Staatssekretär im Justizministerium zu machen, belässt ihn aber auf seinem Posten, zumal er ihm als Ressortchef nun auch formal zugeordnet ist.

Es ist Zeit für Robert Hecht, sich als politischer Autor zu betätigen. Er verfasst ein Memorandum „zum ständischen Neuaufbau Österreichs. Grundlinien und Entwurf einer Verfassungsreform". Darin stellt er fest, dass das parlamentarische System zwar erledigt sei und die Regierung alle Macht an sich gezogen habe, hinter dem Regime stehe aber keine organisierte Volksbewegung. Da im Herbst 1934 Parlamentswahlen anstünden, müsse für die faschistische Bewegung eine neue verfassungsmäßige Grundlage geschaffen werden. Eine Regierung mit voller Autorität bedürfe einer breit akzeptierten Rechtsbasis, so Hecht. Das Memorandum bleibt ein Torso, konkrete Vorschläge werden zwar später in die Arbeit zur Verfassung von 1934 einbezogen, finden dort aber kaum Niederschlag. Was von dieser Schrift bleibt, ist die Erkenntnis eines beeindruckenden Scharfsinns in der Analyse und der Fähigkeit, aus der neuen politischen Lage strategische und vor allem zwingende juristisch-operative Schlüsse zu ziehen.

Doch keine zwei Monate nach dem Sturz seines Förderers muss auch Robert Hecht das Heeresministerium verlassen. 16 Jahre hat der Jurist von hier aus einen in der Verwaltungsgeschichte der Ersten Republik beispiellosen Einfluss auf die österreichische Politik ausgeübt. Aber auch im Ministerium blieb sein Wirken nicht ohne Folgen: Ein

Klima der Angst und Denunziation habe der Sektionschef hinterlassen, so der neue Staatssekretär im Amt. Hecht steigt indes eine Stufe höher. Nachdem ihm der Posten des Staatssekretärs verwehrt worden ist, macht ihn Dollfuß zum gutbesoldeten Vize-Gouverneur der Postsparkasse, was gleichzeitig eine finanziell abgesicherte Freistellung als politischer und persönlicher Ratgeber des Kanzlers bedeutet.

Im November 1933 werden das Standrecht und die Todesstrafe wieder eingeführt. Ob und inwieweit der Kanzlerberater beteiligt ist, lässt sich nicht nachvollziehen. Seine nächste Aufgabe aber ist klar dokumentiert: die Entmachtung Wiens und die Zerschlagung der demokratischen Struktur der sozialdemokratisch dominierten Bundeshauptstadt. Die juristische Legitimierung führt Hecht in einem Vortrag im Dezember 1933 aus, dem Dollfuß und die halbe Bundesregierung lauschen: Dabei schlägt er die Auflösung des Wiener Gemeinderates per Notverordnung vor. Was infolge der einzigartigen Doppelfunktion Wiens– Gemeinderat und Landtag sind ident – automatisch die Auflösung des Gremiums bedeuten würde. Das Landesparlament direkt anzugreifen, davon rät Hecht ab, schließlich sei dessen Auflösung laut Verfassung allein dem Bundespräsidenten vorbehalten. Das brächte nur juristische Probleme. Danach solle ein Regierungskommissär die Stadt ganz im Sinne der autoritären Machthaber führen. Anfangs spricht sich der Bundespräsident gegen diesen politischen Gewaltakt aus. Als jedoch am 12. Februar 1934 die Regierung einen Bürgerkrieg lostritt, fällt – im Beisein ihres Rechtsstrategen – der Beschluss: Der Wiener Gemeinderat wird aufgelöst und ein willfähriger Kommissär eingesetzt. Das Rote Wien hört auf zu existieren.

Die Ereignisse des 12. Februar sind bekannt. Der Einsatz des Heeres und der Exekutive führt in den folgenden Tagen zu Hunderten Toten, die Sozialdemokratie und ihre Organisationen werden vernichtet, prominente Führungspersonen hingerichtet, die Parteiführung muss ins Ausland fliehen, es kommt zu Massenverhaftungen von Sozialisten, Kommunisten und Nationalsozialisten. Die austrofaschistische Diktatur Dollfuß ergreift mit aller Brutalität die Macht. In der darauffolgenden buchstäblichen Totenstille macht sich das Regime im März und April 1934 mit Hochdruck daran, mit einer neuen Verfassung jene Legitimierung zu bekommen, deren Notwendigkeit Hecht ein halbes Jahr zuvor in seinen Schriften begründet hat.

Wesentliche Vorarbeiten zur ständestaatlichen Verfassung hat er bereits ab Frühjahr 1933 auf den Weg gebracht. So hat er im Auftrag des Kanzlers Dokumente erstellt, in denen Nationalrat und Ständerat neu definiert und der Einfluss von Bundespräsident und Regierung ausgebaut werden. Im Mai berichtet das „Neue Wiener Journal" über diese Arbeiten. Im Frühsommer gibt es politische Gespräche über eine Verfassungsreform und im Juli wird mit dem früheren Bundeskanzler Otto Ender sogar ein eigener Minister dafür bestellt. Sein Vorschlag eines Länder- und Ständerates scheitert aber im Oktober im Ministerrat. Im November sucht dieser daher den Rat Hechts, dem er einen neuen Entwurf mit der Bitte um Begutachtung übersendet. Sein Gesuch adressiert er an das Büro des Vizegouverneurs der Postsparkasse, der – so ist Ender überzeugt – ja nun „noch mehr Zeit für solche Arbeiten" habe.

Der Ratsuchende legt im Jänner 1934 einen überarbeiteten Vorschlag vor, im März wird der Verfassungsentwurf in den Ministerrat eingebracht und beraten. Der Dollfuß-Berater ist ebenfalls zugegen und referiert zu dessen Inkraftsetzung, wobei er wieder auf sein Lieblingsinstrument, das Kriegswirtschaftliche Ermächtigungsgesetz, Bezug nimmt. Die praktische Redaktionsarbeit am Verfassungstext selbst leistet jedoch diesmal der Verfassungsdienst, Hecht wird vor allem zur Rechtsüberleitung und zum Inkrafttreten beigezogen, für die er ein präzises Kalendarium für alle Eventualitäten samt minuziösen Anweisungen bis hin zur Beflaggung am Sitzungstag vorlegt. Und er ist einer der drei Redner bei der Pressekonferenz zur Präsentation des Entwurfs. Sein Konzept sieht vor, mit einer Verordnung aufgrund des KWEG die Geschäftsordnung des Nationalrats zu ändern, das Rumpfparlament – es gibt ja keine oppositionellen Abgeordneten mehr – einzuberufen und dieses Gremium der Verfassung unverzüglich zustimmen zu lassen.

Tatsächlich jedoch beschließt der Ministerrat bereits am 24. April unter Anwendung des Kriegswirtschaftlichen Ermächtigungsgesetzes die neue ständestaatliche Verfassung. Dennoch wird Hechts Schmierenkomödie präzise nach seinem Drehbuch zur Aufführung gebracht: Am 28. April wird die Geschäftsordnung geändert, am 30. April die Nationalratssitzung abgehalten und am selben Tag der Bundesrat befasst. Die neue Verfassung wird am selben Tag kundgemacht und tritt mit 1. Mai 1934 in Kraft. Der Architekt des Konstrukts liefert noch ein paar Gutachten, die den Eindruck stützen sollen, es läge eine verfassungsrechtlich korrekte Vorgangsweise vor. Und er entzieht nicht zuletzt kraft des von ihm ausgearbeiteten Übergangsgesetzes alle bisherigen Notverordnungen einer künftigen Überprüfung durch den Bundesgerichtshof.

Dr. Robert Hecht, der kühl kalkulierende Schreibtischtäter, der einflussreichste Regierungsberater der Ersten Republik, hat nach Jahren akribischer juristischer Kleinarbeit sein größtes Werk vollbracht. Dank seiner tätigen Hilfe ist die Stände-Diktatur erfolgreich installiert. Um die Nähe zu den klerikal-konservativen Machthabern abzusichern, konvertiert er noch einmal, diesmal vom evangelischen zum katholischen Glauben. Dennoch scheint es, also würde er in den folgenden Wochen ahnen, dass die Stunde seines größten Triumphs gleichzeitig der Anfang vom Ende ist. Zwar arbeitet er noch an den Formulierungen eines Bundesgesetzes zur Vaterländischen Front, doch bewegt ihn diese Aufgabe nicht mehr sonderlich.

Dann die erste Katastrophe: Am 25. Juli 1934 wird Engelbert Dollfuß von Nazi-Putschisten im Kanzleramt ermordet. Damit verliert Hecht seinen Fixstern und den wichtigsten Adressaten für seine politischen Einflussnahmen. Jäh endet seine zentrale Beratertätigkeit am Ballhausplatz. Kurt Schuschnigg, der Nachfolger von Dollfuß, will sich – trotz der mehrjährigen, auch persönlichen Zusammenarbeit – von dem mächtigen Berater offenbar emanzipieren. Fortan nimmt er seine Dienste kaum mehr in Anspruch. Zum Ausgleich dafür und zur Belohnung wird der ehemalige Günstling nun auch formal Leiter des Postsparkassenamtes. Ein Aufstieg, den Hecht konsequent und unter

Anwendung seiner juristischen Expertise selbst vorbereitet hat, indem er gegen den bisherigen Chef Karl Buresch intrigierte. Sein Versuch, mit diesen Ränkespielen den neuen starken Mann am Ballhausplatz für sich zu vereinnahmen, scheitert jedoch. Es bleibt nicht nur bei dieser Schmach: Obwohl nominell nun oberster Beamter der Postsparkasse, wird ihm der Titel „Gouverneur" verwehrt. Eine Konzession der Regierung an die antisemitischen Kräfte im Land, die mit der Berufung eines Juden an die Spitze der Staatsbank nicht gereizt werden sollten.

Zwei Jahre lang bekleidet Robert Hecht den Prestigeposten – nicht ohne von dort aus die eine oder andere juristische Initiative zu setzen. Mit einem Schlag jedoch ist der Totengräber der Demokratie selbst in seiner Existenz bedroht: Als am 12. März 1938 Hitlers Truppen in Österreich einmarschieren, werden bereits am Nachmittag Gestapo-Leute bei ihm vorstellig. Unter einem fadenscheinigen Vorwand verschleppen sie den Siebenundfünfzigjährigen aus seiner Wohnung und inhaftieren ihn zunächst in Wien. Am 1. April wird die Nummer 28 auf einer Gestapo-Liste mit dem ersten „Österreichertransport" in das Konzentrationslager Dachau deportiert. Für die Schikanen, die er dort als Jude, hoher Repräsentant des austrofaschistischen Regimes und juristisch Verantwortlicher für die Verfolgung der Nationalsozialisten in den Jahren 1933 und 1934 zu erdulden hat, gibt es beredte Zeugnisse von Mitgefangenen.

Als Hecht die psychischen und körperlichen Quälereien nicht mehr erträgt, erhängt er sich in einer Baracke. Der Leichnam wird in München eilig eingeäschert, als sein Todestag wird der 30. Mai 1938 angenommen. Seiner Frau und seinem Sohn gelingt mit Glück die Flucht nach Paris, von wo aus sie sich nach Kolumbien retten. Ein Bruder entkommt nach England, der Älteste, ein bekannter Kinderarzt, entzieht sich ebenfalls durch Freitod der Ermordung durch die Nazis. Nur einige ausländische Blätter vermelden den Tod von Robert Hecht, in den Zeitungen in seiner Heimat wird das Schicksal des einst mächtigen Kronjuristen der Republik verschwiegen.

# 9.

# Ein Diener vieler Herren

## Walther Kastner

*Berater von Arthur Seyß-Inquart, Peter Krauland und Reinhard Kamitz*
*1938–1958*

Die österreichische Verwaltungsgeschichte des 20. Jahrhunderts ist geprägt von mehreren totalen Brüchen: 1918 von der Monarchie zur Republik, 1934 von der demokratischen Republik zum austrofaschistischen Ständestaat, 1938 von Österreich zum nazideutschen Regime, 1945 von Großdeutschland zur Zweiten Republik. Erstaunlicherweise haben einzelne exponierte Berater diese Brüche gänzlich unbeschadet überlebt. Im Fluss einer hohen allgemeinen Kontinuität der Verwaltung, ihrer Strukturen und ihres Personals bleiben sie unter unzähligen kleinen Beamten nicht nur in den Ämtern, sondern oft auch auf ihren früheren oder ähnlich hohen Posten.

Dies gilt insbesondere für die Sektionschefs in den Ministerien. Der Übergang von der Monarchie zur Republik ist gut dokumentiert und zeigt, dass von 304 Sektionschefs der Republik 115 Adelige sind – besonders viele im Kanzleramt und Außenamt, ein Viertel kommt übrigens noch aus den alten Kronländern Böhmen und Mähren. Auch in sozialer Hinsicht herrscht große Kontinuität, hier reproduziert sich eine Kaste: nahezu ein Drittel stammt aus Beamtenfamilien, ein überrepräsentativer Teil hat ein Elitegymnasium absolviert, fast alle sind Juristen und sowohl am Beginn der Ersten wie bei Gründung der Zweiten Republik sind unter den 300 Sektionschefs nur jeweils zwei Sozialdemokraten.

Im Umbruchjahr 1934 werden alle bisherigen Sektionschefs in ihren Ämtern belassen, die austrofaschistische Regierung hat kein

Problem mit der christlich-konservativen Beamtenelite und umgekehrt. Gleiches gilt für die kleinen Beraterstäbe vieler Minister. Erst 1938/39 kommt es zum Bruch, indem 61 von rund 80 Spitzenbeamten in Pension geschickt werden und etliche der 1934 entlassenen illegalen nationalsozialistischen Beamten der zweiten Ebene deren Positionen einnehmen. (Einer von ihnen ist Egbert Mannlicher, der 1920 eng mit Hans Kelsen an der Verfassung mitgearbeitet hat.) 1945 knüpft man personell wieder stark an die Führungsgarnitur vor 1938 an – 51 der 70 Sektionsleiter waren schon in der Ersten Republik Spitzenbeamte.

Walther Kastner
(1902–1994)

Diese grauen Eminenzen in den Ministerien haben vieles gemeinsam: Ihre Herkunft aus „besseren Kreisen", die konservative Grundeinstellung, eine profunde juristische Ausbildung und wissenschaftliche Interessen, die sie in Fachpublikationen verbreiten. Dazu kommt das Standesbewusstsein der gesetzteren Herren jenseits der fünfzig. Das alles prägt natürlich ihre Ratschläge und beeinflusst die Minister in eine bestimmte Richtung. Vor allem aber ist ihre Wirkung nachhaltig, immerhin amtieren die Sektionschefs im Durchschnitt sechs Jahre und damit länger als die meisten ihrer Minister.

Ein besonders krasses Beispiel für die Kontinuität der Berater in Zeiten des Umbruchs ist der Handelsrechtler Walther Kastner, der ab 1938 an maßgeblicher Stelle im Dienst eines Nazi-Ministers die „Arisierungen" jüdischer Unternehmen durchführt – und nach 1945 an maßgeblicher Stelle im Dienst eines ÖVP-Wirtschaftsministers die Restituierung exakt derselben Unternehmen administriert.

Walther Kastner, der 1902 in Gmunden als Sohn eines Hofrats der Finanzlandesdirektion zur Welt kommt, wächst in Linz auf, besucht dort das Gymnasium, studiert zunächst Germanistik und Kunstgeschichte, bricht das Studium aber ab und heuert bei der Bank für Salzburg und Oberösterreich an. Er wird nach Wien versetzt und zeichnet sich durch enormen Fleiß aus. 1925 wird er jedoch aufgrund der wirtschaftlichen Lage „abgebaut" und geht nach Innsbruck, wo er ein Studium der Rechtswissenschaften in Rekordzeit absolviert.

Er macht seine Gerichtspraxis im zweiten Wiener Gemeindebezirk, heiratet und fängt 1930 als Jurist in der Finanzprokuratur an – der Rechtsanwaltskanzlei der Republik. In dieser Zeit beginnt er Kunst zu sammeln und bezieht eine gutbürgerliche Wohnung in der Josefstadt, Florianigasse 1. Durch Fleiß, eine Reihe juristischer Aufsätze und ehrerbietiges Verhalten erwirbt er sich größte Wertschätzung beim Leiter der Behörde, Rudolf Löw, der ihn 1935 für den Wechsel in das Finanzministerium vorschlägt. Auch in dieser neuen Wirkungsstätte hat er bald den Ruf eines ausgezeichneten und rasch arbeitenden Juristen. Er wird so etwas wie die rechte Hand seines Sektionschefs und begleitet ihn schon bald zum „Amtsvortrag" bei Finanzminister Rudolf Neumayer, zu dem er ein persönliches Vertrauensverhältnis entwickelt. Dabei spezialisiert sich Kastner immer mehr auf die legistische Arbeit.

In dieser Zeit löst er sich persönlich von den Anschauungen der Austrofaschisten, die ihn bisher protegiert haben, und wird, wie er später selbst eingesteht, illegaler Nationalsozialist: „Während der Systemzeit habe ich meine nationale Gesinnung und Haltung immer bekannt und habe die NSDAP durch Spenden und durch Aufbewahrung von illegalen Propagandaschriften unterstützt."

Folgerichtig arbeitet Kastner nach der Abdankung von Kanzler Kurt Schuschnigg und dem „Anschluss" im März 1938 unbehelligt im Ministerium weiter. Er konferiert mit den rasch einfallenden deutschen Reichsbeamten, die Leitungsfunktionen übernehmen, und überbietet sich in besserwisserischem Eifer bei der „Eindeutschung" des Handelsrechts. In der Folge wirkt er an der Eingliederung der Österreichischen Nationalbank in die Deutsche Notenbank mit.

Als er mit dem Gedanken spielt, das Finanzressort zu verlassen und sich als Anwalt selbstständig zu machen, lädt ihn der nationalsozialistische Reichsstatthalter Arthur Seyß-Inquart, den er aus der Zeit der Illegalität kennt, ein, im Ministerium die Abteilung Rechtsetzung und Rechtsangleichung im Wirtschaftsrecht zu übernehmen. Wahrscheinlich hat dabei sein früherer Chef Neumayer die Hand im Spiel, der alte Burschenschafter dient auch nach dem „Anschluss" als Finanzminister in der Übergangsregierung. Kastners früher so verehrter Förderer Rudolf Löw aber wird von den Nazis verhaftet und später ermordet. In seinen Memoiren bedauert Kastner scheinheilig, dass er ihm leider „nur so wenig helfen konnte", dass er „nach Theresienstadt kam" und dass er dort „starb".

Anfang Juni 1938 tritt Walther Kastner den Dienst am Ballhausplatz an, er soll in seiner Abteilung in der Reichsstatthalterei offenbar einige politisch nicht „zuverlässige" Juristen beaufsichtigen, darunter Edwin Loebenstein, den späteren Präsidenten des Verwaltungsgerichtshofs. Mit Seyß-Inquart steht er in persönlichem Kontakt, dieser stützt Kastner sogar, als der sich den kleinlichen Nazi-Ritualen der SS-Torwache – unter anderem geht es um die korrekte Form des Grüßens – nicht unterwerfen will.

Im Oktober 1938 wechselt er als Prokurist und Beauftragter des Reichswirtschaftsministerium in die Kontrollbank, deren zentrale Aufgabe es ist, die sogenannte Arisierung der in jüdischem Eigentum stehenden österreichischen Betriebe durchzuführen. Bereits ein Jahr darauf wird er zum leitenden Direktor bestellt. Seine Organisation wickelt insgesamt 102 Fälle ab, in denen Kastner jene Entscheidungen trifft, die von niemandem mehr kontrolliert werden. Mit Eifer übt er seine Funktion aus und studiert die Fälle bis ins Detail – was ihm später noch nützlich sein wird. Wenn es aber um seine höchstpersönlichen Interessen geht, lässt er, wie so oft in seinem Leben, Vorsicht walten. So lehnt er etwa die Zuerkennung einer niedrigen Mitgliedsnummer der NSDAP ab und stellt, wohl um seine Rolle als früher Sympathisant zu verschleiern, erst am 12. September 1940 einen neuen Antrag zur

Reichsstatthalter Arthur Seyß-Inquart (1892–1946) in seinem Arbeitszimmer im Kanzleramt

Aufnahme in die Partei. Später wird er sogar mehrfach versichern, erst im Jahr 1942 um die Parteimitgliedschaft angesucht zu haben.

Parallel bastelt er sich eine eigene Rechtfertigungsideologie seiner Beschaffungsarbeit für die Nazis: Durch die Einschaltung der Kontrollbank könne er rein parteipolitische „Arisierungen" und damit das Verscherbeln von Vermögen unter Marktwert an Genossen verhindern. Zudem bringe er dem Staat viel Geld, da er den früheren jüdischen Eigentümern nur den niedrigen fiktiven Liquidationswert auszahlt (der mitunter nicht einmal die Ausreisekosten deckt), von den Käufern aber den viel höheren Verkehrswert verlangt.

Besonderes Augenmerk widmet Kastner der Bunzl & Biach AG, einem international weit verzweigten Papier- und Zellulosekonzern. Mehrmals reist er nach Zagreb und in die Schweiz, um den dort lebenden Miteigentümern Anteile abzupressen. In seinen Memoiren verliert er kein Wort über diese durch ihn veranlasste Enteignung, wohl aber Bedauern dafür, dass die in Osteuropa gelegenen Betriebe nach 1945 verloren gingen.

1942 wird die Kontrollbank mit Kastners maßgeblicher Beteiligung – zuletzt als Vorstand – abgewickelt. Die „Entjudung" der österreichischen Wirtschaft ist abgeschlossen, vor allem aber soll die Auflösung späteren Schadenersatzforderungen vorbeugen. Jetzt bemüht sich der Chef-Ariseur darum, für seine millionenschweren Verdienste auch persönlich belohnt zu werden und lässt sich in den Vorstand der Semperit AG hieven. Dessen Vorsitzender ist Franz Josef Messner, der 1939 für kurze Zeit nach Brasilien geflohen war, 1940 aber zurückkehren konnte, um seine Tätigkeit wieder aufzunehmen. Der umtriebige Geschäftsmann baut Kontakte zu einer Widerstandsgruppe auf und schmuggelt geheime Informationen über die deutsche Raketenproduktion und die Herstellung von synthetischem Buna-Gummi ins Ausland. 1944 wird er verraten und kommt – wie auch seine Sekretärin – in Gestapo-Haft. Ob und inwieweit Kastner in diese Vorgänge involviert ist, lässt sich nicht nachvollziehen. Da Messner auch die brasilianische Staatsbürgerschaft besitzt, versucht er durch diplomatische Intervention freizukommen, was im Jänner 1945 beinahe gelingt. In seiner Autobiografie behauptet Kastner, ihm dabei auch geholfen zu haben. Messner jedoch wird in den letzten Kriegstagen nach Mauthausen verfrachtet und bei einer persönlich vom Lagerkommandanten durchgeführten Vergasungsaktion ermordet.

Walther Kastner folgt ihm an der Spitze von Semperit nach und agiert noch einige Wochen über das Kriegsende hinaus als Vorstandsvorsitzender. Daher wird er nach Kriegsende von den Alliierten abgesetzt und als exponierter Nationalsozialist umgehend zum strafweisen Arbeitseinsatz verurteilt. Später spricht er von dieser Zeit immer etwas wehleidig und beschönigend als von seiner „Hilfsarbeiterzeit". Er empfindet die Arbeit als Schutträumer und in einem Kunstbergungstrupp – unter anderem im Stift Klosterneuburg – aber „nicht als ungerecht,

Bundesminister Peter Krauland (1903–1985)

denn welch arges Unrecht war den vom NS-System schuldlos Verfolgten zugefügt worden".

Doch Walther Kastner bleibt nicht lange Strafarbeiter. Der neue Minister für Vermögenssicherung und Wirtschaftsplanung, Peter Krauland, sorgt eigenhändig dafür, dass Kastner im Juni 1946 als persönlicher Konsulent für ihn und das Ministerium tätig werden kann. Er weiß um seine gesellschafts- und wirtschaftsrechtliche Kompetenz und schätzt ihn wohl auch aus der gemeinsamen Zeit im Ständestaat. Exponierte Nationalsozialisten, die offiziell nicht in den Staatsdienst aufgenommen werden können, mit Konsulentenverträgen auszustatten, ist in dieser Zeit gang und gäbe.

Kastners erstes Aufgabengebiet ist die legistische Vorbereitung des ersten Verstaatlichungsgesetzes. Die Ausarbeitung des zweiten Verstaatlichungsgesetzes legt Krauland praktisch völlig in seine Hände. In weiterer Folge wird der Vierundvierzigjährige mit der Vorarbeit zur Rückstellungsgesetzgebung betraut.

Der ehemals Verantwortliche für „Arisierungen" wird also zum verantwortlichen Berater für das generelle System und die juristischen Rahmenbedingungen der Rückstellungen. Alleinverantwortlich konzipiert er im Ministerauftrag 1949 das fünfte Rückstellungsgesetz. Sein Kommentar dazu zeugt von erheblichem Insiderwissen – jede Variante der Arisierung wird abgehandelt, jede juristische Finte, wie man mit Aktienpaketen, Sperrminoritäten, Umwandlungen, Zwangsübernahmen, rechtlich relevanten SS-Befehlen, reichsrechtlichen Finessen umging –, alles weiß er noch immer im Detail. Und er führt sogar konkrete Fälle an – anscheinend hat er seine alten Arisierungsakten zu Hause aufbewahrt und kann sie jetzt profitabel nutzen.

In dieser Rolle wird er – ohne jeden Skrupel – für die Restitution großer Wirtschaftsbetriebe an ihre früheren Eigentümer tätig. Damit fallen ausgerechnet jene Unternehmen in den Zuständigkeitsbereich des Juristen, die er als Leiter der seinerzeitigen Kontrollbankabteilung „entjudet" hatte.

Immer wieder erheben in den Jahren nach 1945 Opfer von Arisierungen Vorwürfe, von Kastner auch persönlich geschädigt worden zu sein, doch mittlerweile halten mächtige Fürsprecher ihre schützende Hand über ihn. Zumindest zwei Verfahren vor dem Wiener Volksgericht wegen des Vorwurfs der missbräuchlichen Bereicherung – auch im Kontext von NS-Raubkunst – werden eingeleitet, aber 1947 und 1949 nach direkter Intervention durch Minister Krauland eingestellt.

Wie überhaupt der Ministerberater nie müde wird zu betonen, aus seiner Funktion bei der Kontrollbank keinen privaten Profit gezogen zu haben. Bloß einen Teppich, den er 1938 seinem alten Chef Rudolf Löw „abkaufte", erwähnt er in seiner Autobiografie. Seine Frau erzählt hingegen einmal beiläufig einem Besucher, auch „der Schrank im Wohnzimmer hat dem Herrn Wertheimer gehört". Vor allem aber die umfangreiche Kunstsammlung, die er seit den Dreißigerjahren erworben hat, mit Werken von Alfred Kubin, Jacob van Ruisdael, Josef Danhauser, Ferdinand Waldmüller, Leopold Kupelwieser, Rudolf von Alt, Carl Moll, Gustav Klimt, Richard Gerstl und Egon Schiele nährt Spekulationen über deren Herkunft. 1975 schenkt Kastner einen Teil seiner Bestände, 323 Objekte im Wert von damals 20 Millionen Schilling, dem Oberösterreichischen Landesmuseum. Weitere Schenkungen folgen, über 1400 Objekte insgesamt. Als Jahre später Provenienzexperten den Bestand stichprobenartig prüfen, kann bei keinem der Nachweis erbracht werden, dass Kastner wissentlich NS-Raubkunst erworben habe. Er selbst gibt an, seine frühere Sammlung sei 1945 nach einem Bombentreffer vernichtet worden und er habe erst danach diese neue Sammlung aufgebaut.

Kastner schreibt auch, dass er jüdischen Mitbürgern die Ausreise erleichtert habe, und belegt das durch Dankesbriefe. Ab 1941 wohnt er allerdings in einer Wohnung am Wiener Votivpark, die davor einem 1939 geflohenen jüdischen Ehepaar gehörte. Als nach Kriegsende jedoch Ausgebombte in zwei Zimmer dieser Wohnung eingewiesen werden, führt er darüber bittere Klage. Zudem opponiert er vehement gegen eine Mietrechtsregelung, die eine Rückstellung von arisierten Mietwohnungen vorsieht. Mit Erfolg.

Ab 1946 ist Kastner auch Wirtschaftsanwalt und wirkt als solcher in zahlreichen Restitutionsfällen in der konkreten Abwicklung als Rechtsvertreter der betroffenen Eigentümer mit, die er von seiner Zeit als Ariseur kennt. Dabei vertritt er sogar jene Familien, die er zuvor enteignet hat, Rothschild, Kahane oder Bunzl. Hugo Bunzl wird ihn 1957 sogar in den Aufsichtsrat seiner Firma berufen, dabei lernt er seine zweite Frau kennen, eine Chefsekretärin. Hochbetagt berät und vertritt er die Familie später noch beim Verkauf von Aktien. Trotz dieser Tätigkeit als Anwalt arbeitet er bis Ende der 19040er-Jahre weiterhin für die „Gegenseite" als freiberuflicher Konsulent, Partner und Berater des Ministeriums für Vermögenssicherung und Wirtschaftsplanung.

Als Minister Krauland 1949 über Korruptionsvorwürfe stürzt und gegen ihn Strafverfahren eingeleitet werden, hält Kastner noch kurz zu ihm, distanziert sich aber bald von seinem bisherigen Dienstherrn. 1952 wird Reinhard Kamitz Finanzminister, auch er holt sich Kastner als Konsulenten, diesmal für das Finanzressort. Wöchentlich treffen die beiden Herren zusammen und jedes Mal sind es zehn bis 15 konkrete Punkte, die sie besprechen und entscheiden. Sie verstehen sich gut, haben sie doch eine ähnliche Laufbahn hinter sich: Auch Kamitz war in den Dreißigerjahren bereits ein angesehener Wirtschaftsexperte, dann nationalsozialistischer Funktionär, musste dafür nach 1945 für einige Zeit berufliche Nachteile in Kauf nehmen und wurde ab 1947 von Julius Raab in der Wirtschaftskammer wieder salonfähig gemacht. Nach Kamitz berät Kastner alle folgenden Finanzminister und mehrmals wird ihm selbst – zumindest nach seiner Wahrnehmung – der Posten des Finanzministers angeboten. Er schreibt noch an einigen Gesetzen dieser Zeit mit und ist mittlerweile so selbstbewusst, dass er einmal auf

Finanzminister Reinhard Kamitz (1907–1993)

die Frage, warum er nicht Minister werden wolle, antwortet: „Ich habe ja keinen Kastner."

Als Wirtschaftsanwalt nutzt der einflussreiche Berater alle früheren Netzwerke und sichert sich so einträgliche Mandate und Aufträge des Verbundkonzerns, diverser Banken, des Hauses Liechtenstein, internationaler Erdölfirmen und natürlich der Republik.

Ab 1964 wirkt Kastner zusätzlich als Professor für Handelsrecht an der Universität Wien. Er wird Ehrenmitglied der Österreichischen Akademie der Wissenschaften, erhält zahlreiche Orden und Auszeichnungen sowie das Große Verdienstkreuz der Bundesrepublik Deutschland. Mit Österreichs politischer Elite, insbesondere mit Ministern der ÖVP, steht er bis ins hohe Alter auf vertrautem Fuß, schreibt Gutachten, nimmt Prozessvertretungen an, urteilt als Schiedsrichter und berät bei Fragen staatlicher Unternehmen.

Ein zeitgenössisches deutsches Fachbuch bezeichnet ihn als „Dramaturgen der österreichischen Wirtschaft", er ist die graue Eminenz im Finanz- wie im Wirtschaftsministerium und hat geradezu ein Monopol auf das österreichische Gesellschaftsrecht und dessen Auslegung. Anlässlich seiner Emeritierung 1972 bekennt er in einer Rede an der Universität Wien noch einmal freimütig, ein Nazi gewesen zu sein, bedauert das aber mit eher lockeren Worten. 1982 schreibt er unter dem Titel „Mein Leben – kein Traum" ein Memoirenbändchen. 1992 erscheint eine Festschrift für ihn mit dem wohl unfreiwillig treffenden Titel „Kontinuität und Wandel".

Am 31. März 1994, im Alter von 92 Jahren, stirbt Walther Kastner hochgeehrt in Wien. Ein Spitzenjurist, der seinem Finanzminister im Ständestaat, seinem nazideutschen Reichsstatthalter und seinen österreichischen Ministern mit Rat und Tat zur Seite stand, für sie Gesetze geschrieben und für sie große wirtschaftliche und juristische Projekte umgesetzt hat.

Die Folgen seiner Arbeit hat er nicht wahrgenommen, nicht darüber nachgedacht, dass und warum er unzähligen Familien alles wegnahm, was sie besaßen. Er hat nicht sehen wollen, dass Mitglieder dieser Familien verschwanden und ermordet wurden, er hat alles verdrängt, was nicht Handels- und Gesellschaftsrecht war. Für den Konsulenten gab es nur Staatsräson, keine Menschen, keine Schicksale, keine moralischen Schranken, keine politischen Gräuel, keine Verbindung zwischen seiner Verwaltung und den schrecklichen Taten derer, für die er das System verwaltete.

Niemand, so meint er in seinem Lebensbericht, soll rügen, „dass ich nun neuen Herren diene, ja mit Begeisterung diene. Ich sehe darin keine innere Untreue; denn in welcher Position immer, habe ich das Beste zu tun versucht, das für Österreich Beste, eben auch in der Nazizeit." Und weiter: „Welches Glück ich (...) im Staatsdienst hatte, nämlich mich frei entfalten zu können, habe ich schon geschildert. Das hatte aber nichts mit Politik zu tun (...) Während der Dollfuß-Regierung hatte ich bald begriffen, dass es sinn- und wertvoll, aber auch möglich ist, im politisch vorgezeichneten Rahmen das relativ Beste zu tun. (...) Während des Nationalsozialismus war infolge der Einparteienherrschaft diese Wirksamkeit noch leichter geworden." Es erfordert Mühe, anhand dieser Zitate die Welt der sich für unpolitisch haltenden Politikberater zu verstehen.

Und noch ein Aspekt der Historie österreichischer Verwaltungseliten wird anhand der Vita von Kastner deutlich: Sie zeigt, welch enge, lebenslange Netzwerke es über die großen Umbrüche hinweg im politisch-administrativen System und bei maßgeblichen Entscheidungsträgern der Verwaltung gab. Netzwerke aus dem Ständestaat vor allem, und danach aus der Nazizeit, die sich in der Zweiten Republik scheinbar zufällig zum Nutzen der Beteiligten vollständig und wirksam regenerieren. Es gab nach 1945 nicht nur den viel beschworenen „Geist der Lagerstraße", der Rot und Schwarz über Parteigrenzen hinweg einte, es gab auch den „Geist der Illegalen", der Nazis in hohe und höchste Ämter der Republik beförderte.

Die immer schon ihre Pflicht und nur ihre Pflicht getan hatten, erfüllten weiter ihre Pflicht, grad als wäre nichts geschehen.

# 10.

# Hinter den Kulissen

## Heinrich Wildner

*Berater von Karl Renner, Leopold Figl*
*und Karl Gruber*
*1945–1948*

Als im April 1945 das nationalsozialistische System zusammenbricht und im zerstörten Österreich keine staatlichen Strukturen mehr bestehen, die den Menschen helfen können, ergreifen Beamte die Initiative zum Wiederaufbau einer geordneten und ordnenden Verwaltung. Es sind erfahrene Fachleute, die nicht nur wissen, was zu tun ist, sondern die Fähigkeit haben, andere für den Dienst an der Allgemeinheit zu motivieren, sie zu führen und das Land gemeinsam mit ihnen aufzubauen.

Diese Rolle ergibt sich oft zufällig. Meist haben sie für ihre Tätigkeit an der Seite der politischen Führungspersonen weder ein Mandat noch eine offizielle Funktion. Sie sind also „graue Eminenzen" im besten Wortsinn –, sie spielen ihre Person nicht in den Vordergrund, aber sie werden in den Institutionen als Vorgesetzte akzeptiert. Einer von ihnen, dessen Führungs- und Beraterrolle beim Wiedererstehen des Kanzleramts gut dokumentiert ist, ist der Jurist und Diplomat Heinrich Wildner. Er wirkt in diesen ersten Jahren nahe an den Schaltstellen der politischen Macht, seine Tagebücher gewähren einen ausgezeichneten Einblick in die Arbeitsweise der Mächtigen und der sie umgebenden Helfer.

1897, im Alter von 18 Jahren, wird Heinrich Wildner in die k. u. k. Akademie, die spätere Diplomatische Akademie, aufgenommen, die er 1902 mit Auszeichnung abschließt. Nach dem Militärdienst erfolgt seine Entsendung an das Generalkonsulat St. Petersburg. Gebürtig aus dem tschechischen Reichenberg (Liberec) und damit aus jenem Land, das Ratgeber wie Sonnenfels, Kübeck oder Kelsen hervorgebracht hat, ist das der Beginn einer ansehnlichen Diplomatenkarriere. Von Anbeginn an führt Wildner akribisch Tagebuch – regelmäßig hält er fest, was in seinem Umfeld geschieht, und fertigt zahlreiche Gedächtnisprotokolle von Gesprächen an. 1908 promoviert er zum Doktor der Rechte und wird mit der Leitung des Konsulats Belgrad betraut. Vor dem Kriegsausbruch 1914 wird er in das Ministerium des Äußeren einberufen und der handelspolitischen Sektion zugeteilt, zugleich ist er Schriftführer der politischen Zoll- und Handelskonferenz. Anfang 1918 wirkt er erstmals im Hintergrund an wesentlichen Entscheidungen mit: Aufgrund seiner Wirtschaftskompetenz wird er zu den Friedensverhandlungen mit Russland in Brest-Litowsk beigezogen und nimmt von Juli bis Oktober in Salzburg an den Wirtschaftsverhandlungen zwischen Österreich-Ungarn und dem deutschen Kaiserreich teil.

Heinrich Wildner
(1879–1957)

Nach dem Ende der Doppelmonarchie verbleibt er – im Gegensatz zu vielen seiner blaublütigen Kollegen – im diplomatischen Dienst und dient fortan der Republik. Ab 1919 wirkt er als Gesandter und Leiter der Abteilung für „Wirtschaftspolitik im Verhältnis zum Ausland", 1922 und 1923 begleitet er als Fachexperte Bundeskanzler Ignaz Seipel nach Prag, Berlin und Belgrad. Danach verhandelt er immer wieder Handelsverträge und ist 1934 in Prag an den Sondergesprächen mit dem tschechoslowakischen Außenminister Edvard Beneš über die Römischen Protokolle beteiligt. Beruflich scheint er nun auf dem Höhepunkt seiner Karriere angelangt zu sein, privat wohnt der alleinstehende Diplomat standesgemäß am Esteplatz in Wien Landstraße.

Das durch Bombentreffer zerstörte Bundeskanzleramt im Jahr 1945

Als 1938 die Nazis Österreich übernehmen, darf er sich noch bis Ende August mit der Liquidierung des österreichischen Außenamts beschäftigen, danach aber wird er – anders als sein Kollege Walther Kastner, der sich den neuen Machthabern andient – aufgrund seiner Zugehörigkeit zu den Christlichsozialen zuerst beurlaubt und 1939 im Alter von 60 Jahren vorzeitig in den Ruhestand versetzt. Eine Methode, die bei politischen Umfärbungen in der Verwaltung seit jeher und bis heute als das eleganteste Mittel gilt.

Den Krieg verbringt Wildner als Pensionist, er muss nicht mehr einrücken. Sein Tagebuch aber führt er weiter. Er schreibt, wie sich seine ehemaligen Kollegen zwischen Anbiederung und Verfolgung bewegen, und gibt auch Auskunft darüber, vom tödlichen Schicksal jüdischer Bürger sowie von Enteignungen „rassisch" und politisch Verfolgter zu wissen. Darüber hinaus zeichnet der Alltagschronist ein plastisches Bild der Stimmung in Wien, insbesondere gegen Ende des Krieges.

Bedrückend ist seine Schilderung der Flucht der Nazi-Bonzen mit ihren vollbeladenen Automobilen im April 1945, die den Hass der Bevölkerung entfacht.

Als am 10. April 1945 die Rote Armee bis Wien-Landstraße vorrückt, wird Wildner als Dolmetscher „requiriert". Er entscheidet sich, noch einmal am Aufbau Österreichs mitzuwirken. Anlass ist ein handgeschriebener Zettel am Portal des zerbombten Bundeskanzleramts mit der Aufforderung an alle früheren Beamten des Hauses, sich am Montag, dem 16. April 1945, zur Wiederaufnahme des Dienstbetriebes zu melden. Wer den Aufruf verfasst hat, lässt sich nicht mehr feststellen, gleich mehrere höhere Mitarbeiter reklamieren die Urheberschaft für sich. Heinrich Wildner jedenfalls findet sich zur angegebenen Zeit am Ballhausplatz ein. Damit beginnt seine späte, zweite, wichtige Karriere.

Tatsächlich sind um 11 Uhr etwa 40 Herren im Roten Salon des ersten Stocks versammelt, die 1938 aus dem Dienst entlassen wurden, darunter auch welche, die aus den Gefängnissen freigekommen sind. Auch der eine oder andere Nazi drängt sich möglichst unauffällig in eine Ecke. Einer der Initiatoren, der Widerstandsaktivist Franz Sobek, ergreift das Wort und ruft dazu auf, gemeinsam den Dienstbetrieb wieder aufzunehmen, um das Haus für die kommende Regierung vorzubereiten. Dazu gehört nicht zuletzt, die Räume wieder instand zu setzen. Rasch ist der Ballhausplatz wieder österreichisch geworden, die Verwaltung ist schneller an ihrem Platz als die Politik.

In den folgenden Tagen beziehen die ersten Beamten einige Zimmer und sitzen dort in der kalten Zugluft – noch immer sind die meisten Fensterscheiben zersplittert. In den wenigen intakten Räumen drängen sich gleich mehrere Leute. Wildner erscheint dennoch täglich im Amt am Ballhausplatz, er organisiert Pässe und Beglaubigungszettel, die russischen Schikanen vorbeugen sollen, und verscheucht jene aus den improvisierten Amtsräumen, die „nichts sind, aber etwas werden möchten". Und er äußert sein Missfallen über jene Kollegen, die ihren Einsatz fürs Gemeinwesen bloß heucheln, sich aber vor allem in der unwürdigsten Weise um die besseren Räume streiten. Andere bezichtigt er der „Stellenjägerei".

Am 29. April 1945 konstituiert sich die neue Regierung, Wildner wird gebeten, dabei zu sein. Am selben Tag beruft der von der sowjetischen Besatzungsmacht als Bundeskanzler ausersehene Sozialdemokrat Karl Renner die Fachbeamten in das halbzerstörte Kanzleramtsgebäude ein, um die notwendigen Schriftstücke für die Wiedererrichtung Österreichs vorzubereiten. Wildner ist in seinem Element und feilt stundenlang an den Dokumenten – doch Renner kommt ihm mit eigenen Texten zuvor. Am Nachmittag jedoch begleitet er, der Erfahrenste unter den anwesenden Mitarbeitern, den Kanzler zu dessen erster Rede im Parlament.

Am 30. April um 11 Uhr empfängt er als Dienstältester den neuen Regierungschef am Ballhausplatz, geleitet ihn in den Kongresssaal und hält mit wohlgesetzten Worten eine kurze Begrüßungsrede. Nach Renners anschließenden Ausführungen zum Wiederaufbau der Beamtenschaft – und wer dabei willkommen ist und wer nicht – führt er den Kanzler durchs Haus. Die beiden älteren Herren verstehen einander t, und Wildner beherrscht alle Fragen der Organisation. Als Renner erwähnt, jemanden für die konsularischen und wirtschaftspolitischen Agenden zu suchen, bietet sich der ehemalige Diplomat sofort an. Spontan willigt der Regierungschef ein und beendet das Gespräch mit den Worten: „Ich bestelle Sie hiemit zur Leitung des Außenamtes – natürlich in der für alles geltenden provisorischen Form". Provisorien halten bekanntlich lange in dieser Republik, und so bleibt Wildner vier Jahre im Amt, ab 17. Juli 1945 als Generalsekretär des Außenamts, ja de facto des ganzen Hauses.

Binnen weniger Tage wird in der zuständigen Abteilung das Verfassungs-Überleitungsgesetz 1945 fertiggestellt, das den Stand von 1929 wieder in Kraft setzt. Damit haben die staatlichen Organe eine formale Legitimation, es gibt geregelte Prozesse der staatlichen Willensbildung. Dieses Tempo ist nur möglich, weil der Kanzler zu den Amtsträgern der alten Bürokratie sofort ein enges Vertrauensverhältnis aufbaut. Als

Karl Renner (1870–1950) und Leopold Figl (1902–1965) im Gespräch (1948)

ehemaliger Beamter weiß er, wie er seine Kollegen führen und motivieren kann. Für Rechtsfragen holt er den Altadeligen Paul Heiterer-Schaller, mit dem er von der ersten Stunde an in enger Verbindung steht, in Verfassungsfragen konsultiert er Edwin Loebenstein, der den Verfassungsdienst zu einer Schlüsselstelle ausbauen wird. Wenn es um Administratives geht, setzt er auf Heinrich Wildner, der immer wieder improvisieren muss: Als er fürs Amt zwei Limousinen übernimmt, die Renner von den Russen geschenkt bekommen hat, ist die Freude über den riesigen Packard und den schnittigen Buick enden wollend – es gibt kaum Benzin für die Karossen.

Wildner organisiert für den Kanzler nicht nur den Betrieb und berät ihn in praktischen Fragen, er beherrscht auch die diplomatischen Feinheiten. Am 2. Mai erörtern sie stundenlang das anstehende Legistikprogramm und was man mit allzu umtriebigen Ständestaatlern im Amt machen soll. Wildner stellt sie kalt, notiert aber nur lapidar „viel zu tun, kalt". Tags darauf hat er bereits um fünf Uhr morgens internationale

Nachrichten für den Kanzler aufbereitet. Der staunt, hat er doch so etwas noch nie zuvor erhalten.

In dieser Phase gilt Wildners Bestreben vor allem, den Kanzler mit jenen Informationen zu versorgen, die ihn ansonsten nicht oder nur bruchstückhaft erreichen. Der Regierungschef ist offenbar weder willens noch in der Lage, einen effektiven Informationsdienst zu organisieren. Das nutzt der Administrator, um Einfluss durch Informationsweitergabe zu gewinnen. Immer wieder hat er Kabinettssitzungen in der Villa des Kanzlers zu organisieren, weil dieser erkrankt ist. Häufig muss er zudem die SPÖ-Granden Renner und Schärf aufeinander abstimmen, deren direkte Gesprächsbasis nicht gar so gut scheint. Bei der Orchestrierung der internen Kommunikation zwischen den unterschiedlichen Politikern, die am Ballhausplatz agieren, entwickelt er im Lauf der Zeit meisterliche Fähigkeiten.

In den ersten Wochen nach der Kapitulation schwirren in dem noch improvisierten Staatsgebilde Gerüchte über Gerüchte herum. Sie betreffen das künftige Schicksal Kärntens, die brutale Vertreibung der Sudetendeutschen, die Bildung einer Gegenregierung in Innsbruck, ungarische Expansionsversuche. Am Ballhausplatz gilt es angesichts der diffusen Lage vor allem Ruhe zu bewahren, eigene Recherchen zu betreiben und Informationskanäle aufzubauen, die Wahrheit herauszufinden und die Lage möglichst nüchtern einzuschätzen. Wildner, gelernter Diplomat und ein trockener Typ, ist dafür der richtige Mann. Daneben hat er aber immer wieder banale Personalia zu lösen: Das eine Mal muss der Neffe von Engelbert Dollfuß wegen illegaler Schiebereien mit Lebensmitteln aus dem Amt entfernt werden, das andere Mal wird der Kanzlerchauffeur als gesuchter Einbrecher identifiziert. Aber es geht auch immer wieder um Leib und Leben: Als 300 vertriebene Sudetendeutsche hungrig und verzweifelt ins Gebäude eindringen, müssen sie irgendwie verköstigt werden.

Der Sommer 1945 ist weiter geprägt von den Problemen der Administration Renner mit der sowjetischen Besatzungsmacht. Die Plünderungen und Vergewaltigungen sind nicht zu stoppen, die Besatzer übergeben die Gebietshoheit in den östlichen Bundesländern nicht an die Österreicher, Maschinen werden abtransportiert, der österreichische Botschafter in Prag wird verschleppt, Renner muss jede Äußerung von der sowjetischen Kommandantur genehmigen lassen und er hat – wie Wildner Tag für Tag sieht – regelrecht Angst vor den Militärs. Die täglichen Gespräche des Amtsleiters mit dem Regierungschef verlaufen oft frustrierend. Dennoch holt der Kanzler, wenn es um die große politische Linie geht, so gut wie nie Rat bei seinem obersten Beamten ein.

Dieser betreibt im Haus derweil eine konsequente, wirksame, von außen aber kaum wahrnehmbare Personalpolitik. Er enttarnt etliche Nazi-Mitläufer und drängt einige im Schuschnigg-Regime exponierte Beamte gekonnt beim ersten Fehler ab. Er ist an der Absetzung des kompetenzlosen Staatssekretärs Heinrich Herglotz beteiligt, er stellt für den Kanzler Kontakte zu ÖVP-Leuten her – und er macht manchmal auch den einen oder anderen Sozialdemokraten bei seinem Vorgesetzten schlecht.

Wildner leidet unter dem nervösen und aufbrausenden Renner. Wenn im Ministerrat die Wogen hochgehen, müssen sie auf Beamtenebene wieder mühsam geglättet werden. Manchmal ist der Kanzler schlicht entscheidungsunfähig. In solchen Phasen muss der Spitzenbeamte auch politische Termine wahrnehmen. So trifft er am 10. Juli den späteren burgenländischen Landeshauptmann Ludwig Leser, der das Burgenland, wie er es ausdrückt, „aufmachen" will. Er wäre dafür, 300.000 Deutsche aus Ungarn, der serbisch-ungarischen Batschka und dem Banat im Burgenland aufzunehmen, wenn man dafür den Zipfel jenseits des Neusiedlersees erhielte. Im Gegenzug wolle er die Kroaten im Land „hinausbringen" und „am besten dem Tito übergeben". Wildner agiert als geschickter Diplomat und verhält sich dazu nur rezeptiv. Renner versichert ihm anschließend, wirklich froh zu sein, ihn an der Seite zu wissen.

Obwohl der Alliierte Rat im Verlauf des Juli 1945 die russische Alleinherrschaft formal beendet – eine einzelne Besatzungsmacht kann nicht mehr ein Veto gegen österreichische Gesetze einlegen –, ist der

August weiterhin von Übergriffen und exorbitanten Lebensmittelforderungen der Russen geprägt; zudem fordern sie Vertrauensleute direkt im Außenamt. In diesen Punkten berät sich Renner mehrmals mit seinem Außenamtsleiter, ohne eine wirksame Gegenstrategie entwickeln zu können. Wildner wiederum versucht immer wieder, seinen Vorgesetzten von dessen spontanen, mit seinen Beratern nicht abgestimmten außenpolitischen Aussagen abzubringen. In diesem Punkt ist der Kanzler jedoch beratungsresistent, vor allem mit den Sowjets kommt es immer wieder zu Eklats. Dass Renner ihn trotz seiner Wertschätzung für die Organisation und Führung des Ministeriums weiterhin ostentativ in politischen Fragen nicht konsultiert, kränkt Wildner zutiefst.

Im Herbst dominiert die Bundesländerkonferenz die Agenda. Wildner ist mit organisatorischen und Formulierungsfragen befasst, macht sich aber vor allem Sorgen um den Kanzler, der bei der Sitzung am 26. September müde und abgekämpft wirkt. Eines ihrer Ergebnisse ist für die künftige Arbeit am Ballhausplatz entscheidend: Der junge, von den Amerikanern eingesetzte Tiroler Landeshauptmann Karl Gruber soll als Unterstaatssekretär für auswärtige Angelegenheiten im Amt einziehen. Als der ÖVP-Mann kurz nach seinem Antreten Personalveränderungen vornehmen lassen will, lässt ihn Wildner zunächst ins Leere laufen, präsentiert ihm aber kurz darauf eigene Botschafterlisten, die grosso modo angenommen werden.

Renner tritt Gruber von Anfang an mit wenig Sympathie entgegen und weist ihn bereits am ersten Tag in die Schranken, nachdem ihm Wildner die Personalwünsche des Neuen hinterbracht hat. Der Kanzler beauftragt seinen Generalsekretär, den jungen schwarzen Politruk etwas zu mäßigen und ihm klarzumachen, dass der Chef über Personal und Geld immer noch er, der Staatskanzler, sei. Wildner, der 30 Jahre älter als Gruber ist, hält diesen für ein Greenhorn, für einen ungehobelten Provinzler der wenig geeignet scheint, Außenpolitik zu machen – was nichts daran ändert, dass er als sein formal Untergebener an ihn zu berichten hat. Zwischen Kanzler und Minister kommt es in der Folge sogar zu Schreiduellen, die Wildner geflissentlich überhört.

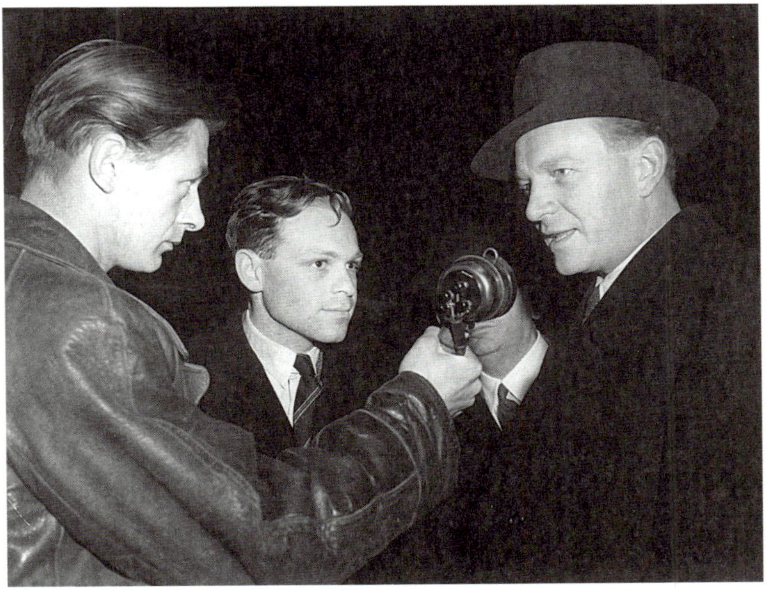

Karl Gruber (1909–1995) bei der Außenministerkonferenz in London

Wie ein beteiligter Legationsrat vermerkt, ist „die Situation im Amt zwischen den Leuten Grubers und dem Generalsekretär gespannt. Er soll nicht mehr zum Vortrag beim Kanzler gehen. Ich hoffe, dass er bleiben wird, abgesehen von seinen Fähigkeiten und seiner Erfahrung, benötigt ein Mann wie Gruber eine kleine Bremse, sonst prescht er zu weit vor."

Schließlich gelingt es Wildner doch, den Minister zumindest davon zu überzeugen, dass er als Beamter keine Außenpolitik machen will, sondern nur der Amtsleiter nach innen sei – das allerdings mit klaren Aufträgen des Kanzlers, in die selbst Gruber nicht eingreifen könne. In einem langen Gespräch finden die beiden einen Modus Vivendi : Gruber braucht den Routinier als Berater, verlangt aber Loyalität, dieser sichert sie ihm zu, er wird aber weiterhin auch direkt dem Kanzler berichten. Er weiß, dass diese Rolle als Diener zweier Herren durchaus auch Vorteile für seine Position bringen kann.

Mit der Zeit festigt der Amtsleiter seine Stellung, indem er den Minister wiederholt auf riskante Formulierungen in geplanten Aussendungen aufmerksam macht und ihn gönnerhaft vor diplomatischen Ausrutschern bewahrt. Ende Oktober notiert er erleichtert: „Mit Gruber ganz gut eingespielt." Der Generalsekretär verbringt mehr Zeit mit seinem Vorgesetzten, begleitet ihn bei Diplomaten-Empfängen und anderen Obliegenheiten, sein Verhältnis zu Kanzler Renner distanziert sich etwas. Dieser ist zu sehr mit den anstehenden Nationalratswahlen und seiner künftigen Funktion als Bundespräsident beschäftigt.

Die Wahlen vom 25. November 1945 bringen einen Sieg der Volkspartei, damit ist klar, dass der niederösterreichische Landeshauptmann Leopold Figl Bundeskanzler wird und Gruber bleibt. Das Verhältnis zwischen dem neuen Kanzler, seinem Außenminister und dem Generalsekretär bleibt aber delikat, auch Figl will die Oberhoheit über die auswärtigen Angelegenheiten ebenso behalten wie deren Personalagenden. Wildner erkennt Grubers Schwächung blitzschnell und nützt sie, um die eigene Position auszubauen. Sein Eintrag ins Tagebuch Anfang Jänner 1946 gibt darüber Auskunft: „Verschiedenes abgewehrt und Anderes in mir richtig erscheinende Bahnen gelenkt." Bei der offiziellen Amtseinführung begrüßt wieder Wildner den Kanzler, der gleich einmal „eine gründliche Reinigung des Beamtenkörpers in den oberen Schichten" ankündigt. Figl beginnt eine parteipolitische Einfärbung des Amts, entlässt zwei sozialdemokratische Sektionschefs, der Generalsekretär aber bleibt.

Außenminister Gruber verheddert sich unterdessen in unglückliche Presseinterviews und unlösbare Aspekte der Südtirolfrage – da kann ihm auch ein Wildner nicht mehr helfen, obwohl er „immerfort mit mir beraten will". Die gestiegene Gesprächsintensität bringt für ihn so viel Arbeit mit sich, dass er sogar alle Teilnahmen an Cocktailempfängen einstellt. Bereits 1946 wissen Gruber und sein Amtschef übrigens von der Vergangenheit eines gewissen Dr. Kurt Waldheim. Am 1. Februar findet sich in Wildners Tagebuch folgender Eintrag: „Gruber nervös. (...) Einer unserer Zugeteilten, Dr. W., der jetzt bei Gruber Dienst tut, (...) wurde eben vom Gericht als Angehöriger der SA-Reiterstandarte bezeichnet. Gruber will ihn retten." Kurz danach gerät der Akt in Verstoß und wird nie mehr aufgefunden.

Es sind nicht die einzigen Personalia, mit denen sich der Generalsekretär herumzuschlagen hat: Karl Waldbrunner, der neue Botschafter in Moskau und spätere Verstaatlichtenminister, hat überzogene Gehaltsforderungen. Ministersekretär Fritz Molden wird als Spieler denunziert. Über Grubers Konten in den USA und seine Frau gibt es böse Gerüchte; dem Pressesekretär Figls wird eine Vergangenheit als Redenschreiber von Engelbert Dollfuß nachgewiesen.

Im März 1946 gerät die neue Regierung in eine ernste Krise. Auch sie findet keinen Weg, mit den Sowjets ein Einvernehmen zu finden, es gibt regierungsinterne Querelen, die ÖVP steht vor der Spaltung, eine Zweiteilung Österreichs droht, Gruber spricht pausenlos von Rücktritt – Wildner genießt es sichtlich, am Ballhausplatz der letzte Fels in der Brandung zu sein. Je aufgeregter sein junger Minister im Haus herumschreit und herumhüpft und je mehr er mit der Verteidigung seiner selbst beschäftigt ist, umso ruhiger wird Wildner. Vorsichtshalber knüpft er jedoch wieder etwas engeren Kontakt zu den Sozialdemokraten Schärf und Renner.

Die Pariser Friedenskonferenz, bei der es gleichzeitig um den Status Südtirols geht, läuft schlecht. Alle, auch Figl, schreiben die Schuld dem Außenminister zu, der diplomatisch unglücklich agiert und den Eindruck erweckt, er stehe im Sold der Amerikaner. Anfang Mai wird klar, dass es keine Angliederung Südtirols an Österreich geben wird und man bestenfalls die Forderung nach Überlassung des Pustertals und eine möglichst große Autonomie durchsetzen kann. Wildner ist pausenlos in dieser Frage bei seinem Minister und hält den Kanzler informiert. Figl und Gruber betreiben unterschiedliche Strategien, der Regierungschef entmündigt sogar seinen Minister und weist Wildner an, die täglichen Berichte nur ihm selber vorzulegen.

Damit bröckelt Wildners Loyalität zu Gruber, ja er gießt sogar Öl ins Feuer, indem er Figl genüsslich erzählt, dass der Außenminister den

Besuch des Kanzlers in Paris regelrecht fürchte. Dann wieder referiert er, Grubers Frau Helga habe für eine Fahrt in die Schweiz den Dienstwagen genutzt. Sogar von einem Bordellabend des Ministers während der Südtirolkonferenz in Paris – ausgerechnet am Fronleichnamstag – ist die Rede. Das verfehlt seine Wirkung nicht. Figl klärt Wildner offen über die Kanzler-Ambitionen Grubers auf, die innerhalb der ÖVP jedoch auf breite Ablehnung stoßen. Ganz generell werden die Gespräche der beiden politischer, wobei der Generalsekretär immer wieder geschickt auch Informationen einbringt, die ihm Sozialisten und ausländische Diplomaten zugetragen haben.

Wie überhaupt der Generalsekretär einen gewissen Zug zur Macht entwickelt. Er schreibt nicht nur parallel Reden für Gruber und Figl, sondern mischt sich in die Öffentlichkeitsarbeit ein. Einmal erdreistet er sich sogar, dem Kanzler zu sagen, er solle bei seinen Reden doch bitte nicht so schreien. Als Gruber lanciert, die Amerikaner würden seine Abberufung als Minister nicht gutheißen, hinterbringt Wildner dem Kanzler den Plan des Außenministers, ohne Figls Placet in die USA zu reisen.

In der Schlussphase der Pariser Konferenz im September 1946 klappt der Informationsaustausch zwischen Kanzler und dem vor Ort befindlichen Außenminister gar nicht mehr. Es kommt zu ungehaltenen Telefonaten Wildners mit dem überforderten Gruber. Der Generalsekretär ist jetzt mehr als bloß Berater, er gibt regelrecht Weisungen aus. Und er lässt Gruber im Regen stehen, als dieser ohne vorherige Zustimmung das Abkommen mit dem italienischen Ministerpräsidenten Alcide De Gasperi unterschrieben hat und erst im Nachhinein, tröpfchenweise und sehr verlegen den Kanzler und die Regierung in Wien informiert: Trocken hält er fest, dass auch dem Amt das Abkommen nicht im Detail bekannt und sein Rechtscharakter mehr als unklar ist.

Gleichzeitig gibt er den leutseligen Spitzenbeamten. Eine Gleichenfeier am Ballhausplatz nutzt er öffentlichkeitswirksam, um mit den Arbeitern seine Nockerl und den Apfelstrudel zu teilen. Im Amt gibt er den Wahrer von Sitte und Anstand. Vor allem die Frau des Außenministers nimmt er ins Visier, konkret ihre unangemessenen

Ausgaben, die diese dem Staatshaushalt unterjubeln will. Als es im Amt Aufregung gibt, weil Grubers Gemahlin auf Staatskosten nach Amerika mitreist, fördert Wildner diese Kritik, statt seinen Minister in Schutz zu nehmen.

Immer öfter äußert sich der Beamte auch politisch: Als in feuchtfröhlicher Runde einige ÖVPler, vor allem Julius Raab, in Nostalgie für eine autoritäre Regierung schwelgen, tritt er ihnen offen entgegen. Als es um Gruber besonders kriselt, bespricht er mit Minister Peter Krauland sogar, wen man als Nachfolger empfehlen könnte. Dennoch schreibt Wildner tagaus tagein fleißig Texte für Gruber, sitzt hinter ihm bei Pressekonferenzen und hält tägliche Besprechungen, so als wäre ihr Verhältnis stabil und ruhig.

Das Jahr 1947 bringt Not und Hunger, im Mai mündet die Verzweiflung der Bevölkerung in eine Großdemonstration am Ballhausplatz, bei der elf Teilnehmer über ein Baugerüst in das Amt eindringen. Sie werden zwar festgenommen, auf Order des Kanzlers aber wieder freigelassen. Figl ist da relativ entspannt, Wildner aber hält das für „unbegreiflich". Die Reaktion Grubers jedoch, der „fortwährend" sagt, „man müsse bei solchen Sachen sofort, gleich am Anfang, schießen, die Leute würden dann gleich davonlaufen" lehnt er ab.

In dieser Zeit steht Heinrich Wildner am Höhepunkt seiner zweiten Karriere. Sein Einfluss ist unbestritten, die Position als Berater stabilisiert. Er wird erstmals auch offiziell bedankt und zum Sektionschef ernannt. Bisweilen nimmt er auch an Kabinettssitzungen teil, ist im Hauptausschuss des Nationalrats anwesend, berät den Altbundespräsidenten Wilhelm Miklas vor dessen Zeugenaussagen in einem Volksgerichtsprozess , ist täglich bei Figl und mehrmals täglich bei Gruber, wenn dieser in Wien weilt. Er gibt dem Kanzler kritisches Feedback zu seinen Reden, wehrt Personalaufnahmen von Sektionschef Eduard Chaloupka ab, wenn sie zu offensichtlich parteipolitisch sind, führt Gespräche mit Renner und sitzt bei Konferenzen mit Spitzenpolitikern am Tisch. Er lässt Staatstelegramme gleichzeitig an ihn und an Gruber zustellen, um damit rasch zu Figl zu laufen. Bei der Feier des

Bundeskanzler Leopold Figl mit Außenminister Karl Gruber und den Beratern Lukas Beroldingen und Friedrich Meznik

hundertsten Ministerrates, bei der sich die Heurigentische biegen, erlebt er aus nächster Nähe, wie sich Minister und Staatssekretäre zanken.

Im täglichen Verwaltungsbetrieb wird Wildner immer selbstbewusster, ja unleidlich. Er beklagt die schlechte Qualität vieler junger Diplomaten, die Gesandten seien nur „Leute, die gut leben wollen". Er bezeichnet schwache Sektionschefs anderer Ressorts als „Menschlein" und weist mehrfach deutlich auf deren Korruptionsanfälligkeiten hin. Besonders empören ihn einige Autoschiebereien hoher Beamter und Minister. Aber er sieht auch, dass sein Arbeitsstil, der „die staatlichen Geschäfte doch etwas komplexer" sieht, nicht mehr der „geschäftlich industriellen Praxis" seines Ministers entspricht.

Als sich Figl und Schärf im Sommer 1948 in den Zeitungen in die Haare kriegen, versucht Wildner zumindest im Haus zu vermitteln, dann rückt er aus, als sich Figl über Renner beschwert, der die Salzburger Festspiele zu eröffnen gedenkt. Und er beruhigt den Kanzler nach dessen ungeschickter medialer Reaktion auf den Vorwurf, eine goldene Zigarettendose angenommen zu haben. Im Frühjahr 1949 setzt wieder Wahlkampf ein und direkte Kontakte zu Kanzler und Außenminister werden seltener. Im Mai allerdings schreibt er sogar Grubers Parteitagsrede. Die Versuche der ÖVP, sich mit den alten Nazis zu arrangieren und solche in ihre Kandidatenlisten aufzunehmen, sieht Wildner mit Skepsis; seine Überlegungen dazu füllen Seiten des Tagebuchs, öffentlich äußert er sich dazu nicht. Als bei den Wahlen am 9. Oktober ÖVP und SPÖ Mandate verlieren und der Verband der Unabhängigen (VdU), ein Sammelbecken ehemaliger Nazis, in den Nationalrat einzieht, wundert das Wildner nicht. Er hat die euphorische Zuversicht Figls, die Wahl hoch zu gewinnen, nie verstanden.

Noch einmal mischt der mittlerweile siebzigjährige Generalsekretär mit, als ihn Figl bei den Verhandlungen mit den „Sozis" und in der Krauland-Affäre, die schließlich zum Rücktritt des korrupten Ministers führt, zurate zieht. Mit der Regierungsbildung kommt auch für Heinrich Wildner das Aus: Am 1. Dezember teilt ihm Gruber den Beschluss des Ministerrats mit, alle Beamten über 65 zu pensionieren. Der Kanzler hat es nicht für notwendig befunden, ihn zu informieren, und gibt ihm wochenlang keinen Termin. Man will den „Alten" loswerden.

Nach einer Dienstzeit von mehr als 46 Jahren sieht Wildner aber auch selbst ein, dass es Zeit ist, abzutreten. Er versichert seinen Chefs, ohnehin aus freien Stücken Abschied nehmen zu wollen, die Dinge hätten „eine Entwicklung genommen, die von der Art meiner dienstlichen Vorstellung abweicht". Da klingt Bitterkeit mit und er kritisiert im Tagebuch die „Wildheit des reißenden Tieres und den Hochmut" seines Ministers, der „nur die Form gesucht hat, um mich wegzubekommen". So tritt er Ende 1949 endgültig in den Ruhestand. Am Silvestertag gibt es noch ein leutseliges Abschiedsgespräch mit dem Regierungschef, der ihm dafür dankt, Gruber „gezähmt" zu haben. Das Amt schafft es nicht einmal, zeitgerecht sein Pensionierungsdekret auszustellen und zu übergeben.

Bis 1950 führt Wildner sein Tagebuch noch weiter, dann geht er auch emotional in Pension. Am 4. Dezember 1957 stirbt er in Wien.

Heinrich Wildner wurde nicht als Chefberater geholt und hat sich nicht als solcher angeboten. Es hat sich einfach so ergeben: Er war eben zur richtigen Stunde am richtigen Ort und hat dort mit dem Richtigen gesprochen. Der Tag, an dem ein neuer Minister ins Amt kommt, ist einer dieser richtigen Momente – die Hofräte wissen das. Daher sammelt sich um einen neuen Minister sofort nach Betreten des Amtsgebäudes ein kompakter Schwarm derer, die dem künftigen Chef etwas Wichtiges zu sagen haben. Sie bieten sich an, haben schon Dossiers dabei, versuchen blitzschnell zu orten, was ihr oder ihm wichtig sein könnte. Und wer zufällig den richtigen Nerv trifft und versiert genug ist, dabei nicht zu aufdringlich zu sein, hat schon halb gewonnen. Fortan geht es nur mehr darum, Exzellenz auf einen Kaffee in ein ruhiges Zimmer beiseite zu ziehen, möglichst unter vier Augen Konkretes für den nächsten Tag zu besprechen und die Wünsche betreffend Zimmer, Möbel und Personal zu erfragen. Sodann signalisiert man, dass es überaus schwierig sei, diese Anliegen zu erfüllen, aber man sei davon überzeugt, es zu schaffen – allerdings werde es zwei Tage dauern. Anschließend muss die eigene Position formal konkret fixiert werden. Gelingt das, hat man sie sofort breit und laut zu kommunizieren. Nach bloß einem Tag erstattet man Erfolgsmeldung zu den schwierigen Wünschen. Der Rest ist ein Selbstläufer.

Heinrich Wildner war nie darauf aus, Einfluss, Wissen und Fähigkeiten aggressiv für die eigene Agenda zu missbrauchen. Mit gespielter oder echter Zurückhaltung und feiner Klinge mengte er sich ein, wenn es seiner Meinung nach im Interesse der Funktionsfähigkeit des Ganzen nötig war. Da aber redete er mit Kanzler und Außenminister auf Augenhöhe – als er ihnen einmal eine missglückte Formulierung vorhält, sind „beide sehr betreten"; ein andermal notiert er frank: „Mit Gruber mich sachlich gebalgt. Man darf sich nur nicht einschüchtern lassen." Dieser Generalsekretär war mehr als ein Berater, er ließ intern keinen Zweifel daran, wer am Ballhausplatz – unterhalb von Ministern und dem Regierungschef – das Sagen hatte. Dabei befleißigte er sich eines schroffen Umgangstons, der ihm im Haus und hinter vorgehaltener Hand die Spottnamen „General" und „Saurer Heinrich" eintrug.

Dieser General überließ die Dinge nicht dem Zufall. Wie penibel und professionell er war, zeigt nicht nur seine geschickte Begrüßungsregie für Karl Renner. Auch die Sortierung der sauber getippten 170 Mappen seiner Tagebücher, die Dossiers über Kollegen, die bis ins Private gehenden Informationen über Politiker und deren Stab belegen dies. Er entwickelte eine wahre Meisterschaft darin, politische Spannungen zwischen den ihm vorgesetzten Ressortchefs zu nutzen. Die Konstellation, dass im Kanzleramt neben dem Bundeskanzler auch Minister ihre Wirkung entfalten wollen, ist ja nicht selten in der Geschichte. Sie verkompliziert die Abläufe, erschwert die Koordinierung und erzeugt mitunter beträchtliche Konflikte und Reibungsverluste. Für die beamtete Spitze des Hauses allerdings, vor allem wenn sie mehreren Regierungsmitgliedern zugeordnet ist, bringt diese Situation, wie ich aus eigener Erfahrung zwischen 2000 und 2015 weiß, beachtliche Gestaltungs- und Interventionsmöglichkeiten. Wildner hat diese – zum Vorteil des Landes und der Verwaltung, manchmal aber auch für sich – optimal genutzt.

# 11.

# Der Netzwerker

## Eduard Chaloupka

*Berater von Julius Raab, Alfons Gorbach*
*und Josef Klaus*
*1953–1967*

Seit jeher sind erfolgreiche Berater keine Einzelkämpfer, sie haben ein weites, gut gewobenes und starkes Netzwerk. Daraus beziehen sie Impulse und Wissen, darin haben sie ihre Sensoren für aktuelle und künftige Entwicklungen, sie verwenden es zum Sammeln von Informationen und zur Kommunikation von Inhalten, die sich nicht auf eine bestimmte Quelle – und schon gar nicht auf sie selbst – zurückverfolgen lassen sollen. Sie setzen es ein, um wie ein Billardmeister die Kugel über die Bande zu spielen.

Wie erfolgreich ein Netzwerk in der österreichischen Verwaltung sein kann, lässt sich beispielsweise am Reformerkreis um Joseph II. und 1914 am Jungdiplomatenzirkel im Außenamt ablesen. Beide waren zahlenmäßig klein, nur informell strukturiert und auf eine einzige Organisation beschränkt, dennoch war ihre Wirkung beträchtlich. Allumfassende Netze über alle Ministerien hinweg, mit einer festen inneren Struktur und mit klaren strategischen Zielen und taktischen Mustern finden wir hingegen erst in der Zweiten Republik. Das von Sozialpartnerschaft und großer Koalition dominierte System spiegelt sich auch innerhalb der Verwaltung: Zunächst sind es auf Seite der ÖVP der Cartellverband (CV) und bei der SPÖ der Bund sozialdemokratischer Akademiker (BSA), viel später sind es bei der FPÖ deren Burschenschafter. Es werden Seilschaften gebildet und vorausschauende Personalentscheidungen getroffen.

Von allen diesen Organisationen stellt eine in ihrem Umfang, ihrer Dauerhaftigkeit und ihrer Struktur alle anderen Netzwerke innerhalb der österreichischen Verwaltung bei Weitem in den Schatten: die verzweigte Macht des Österreichischen Cartellverbands, des Korporationsverbands katholischer Studentenverbindungen. In den 1950er- und 1960er-Jahren wird der CV vom obersten Kanzlerberater, dem Präsidialchef des Bundeskanzleramtes, Dr. Eduard Chaloupka, nebenberuflich organisiert und geführt.

Eduard Chaloupka
(1902–1967)

Eduard Chaloupka wird am 11. August 1902 in Wien-Erdberg in eine Beamtenfamilie geboren. In seiner Schulzeit am Landstraßer Gymnasium, das auch der spätere SPÖ-Vizekanzler Bruno Pittermann besucht, stößt er zum christlich-deutschen Studentenbund. 1919 ist er führend bei der Gründung der katholisch-deutschen Studentenverbindung Frankonia beteiligt, 1921 an jener der Bajuvaria, dabei zeichnet er sich durch organisatorisches Geschick und hohe soziale Kompetenz aus. Er studiert Rechtswissenschaften in Wien, engagiert sich weiter beherzt in der farbentragenden Studentenpolitik, promoviert 1927 und wird im selben Jahr – von seinem Bundesbruder Prälat Ignaz Seipel persönlich empfohlen – in den niederösterreichischen Landesdienst aufgenommen. Hier arbeitet er unter anderem als Referent für Armenfürsorge und als Sekretär des sozialdemokratischen Landeshauptmann-Stellvertreters Oskar Helmer. Zu diesem wird er trotz unterschiedlicher Parteizugehörigkeit bis in die Sechzigerjahre ein gutes persönliches Verhältnis aufrechterhalten. Seiner Studentenorganisation, der Bajuvaria, bleibt der Beamte mit dem Couleurnamen Dr. cer. Isegrimm eng verbunden, 1929 wird er in ungewöhnlich jungen Jahren Philistersenior.

In dieser Zeit entwickelt er seinen künftigen Arbeits- und Führungsstil. „Er kannte alle bedeutenden Leute samt ihrer Geschichte und ihrer Beziehungen", schreibt sein Enkel über Chaloupkas späteres Erfolgsrezept. „Er war allseits interessiert. Ohne einen Nachrichtendienst aufgebaut zu haben, wurde ihm vieles zugetragen. Er regierte wie die Kaiserin Maria Theresia." Zu mehreren bedeutenden Persönlichkeiten knüpft Chaloupka bereits in den frühen Zwanzigerjahren über seine Studentenverbindung persönliche Kontakte, etwa zum einflussreichen Wiener Christsozialen Leopold Kunschak und zu Ignaz Seipel, der in den 1920er-Jahren zwei Mal Bundeskanzler wird. Weihnachten 1932 wird Bundeskanzler Engelbert Dollfuß in die Bajuvaria aufgenommen – Chaloupka hält die Laudatio.

Es ist also kein Zufall, dass er im März 1934, unmittelbar nach dem Bürgerkrieg und dem Beginn der Stände-Diktatur, dem neu geschaffenen Bundeskommissariat für Personalwesen im Bundeskanzleramt zugeteilt wird. Die Stelle ist für die Entfernung von nationalsozialistischen und sozialdemokratischen Beamten zuständig. Chaloupka ist dafür optimal geeignet, da er doch mit den Auseinandersetzungen zwischen katholischen und deutschnationalen Verbindungen sowie den daran beteiligten Personen vertraut ist. Bereits 1933 hat er sich in diesem Bereich profiliert, als er im Wiener Cartellverband einen Unvereinbarkeitsbeschluss von CV-Zugehörigkeit und NSDAP-Parteibuch veranlasste. Im Bundeskommissariat geht es nun darum, die von Sektionschef Robert Hecht ausgearbeiteten Dienstrechtsvorschriften auf Basis des Kriegswirtschaftlichen Ermächtigungsgesetzes konsequent umzusetzen.

Im Amt wirkt Eduard Chaloupka als Sekretär und politischer Referent des Bundeskommissars, seines CV-Bundesbruders Arbogast Fleisch. Er nimmt in dieser Eigenschaft an Regierungsvorbesprechungen im Kreis der Ministersekretäre teil und gilt bald als der bestinformierte Personalexperte im Lande. Mitunter wird er auch zu nachgeordneten Dienststellen geschickt, um dort „durchzugreifen". Er entscheidet aber auch Einzelfälle – in den Jahren 1934 bis 1938 gehen eineinhalbtausend Disziplinarakten über seinen Tisch. Dabei urteilt er strikt, eifrig und streng entsprechend der herrschenden Linie, bemüht sich jedoch manchmal, gerade bei kleinen Beamten nicht die volle Härte des Rechtsrahmens auszuschöpfen. Dankbriefe an „Euer Hochwohlgeboren" belegen das.

Nach dem „Anschluss" 1938 wird Chaloupka aufgrund seiner exponierten Funktion im Ständestaat und seiner Aktivitäten gegen die Nazis sofort verhaftet. Er wird aber nicht, wie viele seiner Leidensgenossen in ein Konzentrationslager verbracht, sondern bleibt in Polizeigewahrsam. Im Juli wird der Sechsunddreißigjährige aus dem Gefängnis, im August aus dem Staatsdienst ohne jede Pension entlassen. Das ist ein strengeres Vorgehen als gegen viele seiner Kollegen, offenbar hat sein Vorgesetzter Arbogast Fleisch den Sekretär als übereifrigen Nazijäger und Scharfmacher im Auftrag des Bundeskanzlers belastet, um besser dazustehen.

Nach seiner Entlassung steht der ehemalige Spitzenbeamte mit seiner nicht berufstätigen Frau Maria und den beiden kleinen Kindern ohne Einkommen da. Chaloupka bemüht sich, wieder ins Bundeskanzleramt aufgenommen zu werden, aber NS-Beamtenkommissar Otto Wächter kennt ihn nur zu gut und zeigt keine Gnade. Ausgerechnet der ebenfalls kaltgestellte Sozialdemokrat Oskar Helmer vermittelt ihm eine Stelle als Versicherungsagent, danach arbeitet Chaloupka bei einer Anwaltskanzlei, als Taxifahrer und als Nachhilfelehrer.

1940 kommt er schließlich doch wieder im Staatsdienst unter. In der Wehrkreisverwaltung, die im Regierungsgebäude am Wiener Stubenring amtiert, wird er aber von den Parteistellen der Nazis streng beobachtet. Die schützende Hand eines Ministerialrates, seine subalterne Stellung und sein großer Fleiß bewahren ihn vor neuerlicher Arbeitslosigkeit. Seine privaten Verbindungen zu den Kartellbrüdern hält er jedoch aufrecht und versucht sogar einigen Bundesbrüdern im Rahmen seiner Möglichkeiten zu helfen, indem er ihnen weniger exponierte Posten verschafft – so auch dem späteren Völkerrechtler und Figl-Berater Stephan Verosta. Heimlich knüpft er Verbindungen zu Widerstandsgruppen um die Sozialdemokraten Alfred Migsch und

Adolf Schärf, zum späteren Unterrichtsminister Felix Hurdes und zu Hans Pernter, bis 1938 Unterrichtsminister unter Kurt Schuschnigg. 1944 werden diese Kontakte beinahe enttarnt, kurz vor Ostern 1945 entgeht Chaloupka nach einer waghalsigen Flucht aus dem Bürofenster der Festnahme durch die Gestapo und taucht gemeinsam mit der Familie im südlichen Niederösterreich unter.

Nach Kriegsende im April 1945 finden die Kartellbrüder aus den Lagern, aus den kleinen Widerstandsgruppen und jene, die abgetaucht sind oder sich mehr oder weniger angepasst haben, rasch in Wien zueinander. Ihr Netzwerk hat gehalten, die schlimme Zeit überdauert, die meisten können dort anknüpfen, wo sie sieben Jahre zuvor aufgehört haben. So auch Eduard Chaloupka. Am 1. Mai 1945 kehrt er in seinen Dienst im Bundeskanzleramt, in die zentrale Personalverwaltung, zurück und wird als Ministerialrat ziemlich hoch eingereiht. Kurz danach befördert man ihn zum stellvertretenden Leiter des Ministerratsdienstes in der Präsidialsektion. Dabei spielen wohl seine Kontakte zu den ehemals christlichsozialen und dem CV angehörenden politischen Entscheidungsträgern eine wichtige Rolle, die nun den Kern der neu gegründeten österreichischen Volkspartei und der sich konstituierenden Regierung bilden.

Das Avancement in den Ministerratsdienst ist von seinen Förderern strategisch geplant, der Rückkehrer ist für die Nachfolge des kränkelnden ersten Präsidialchefs Josef Heinrich Sommer vorgesehen, der ebenfalls aus dem Cartellverband kommt. Tatsächlich verstirbt Sommer Ende 1946, Chaloupka wird am 3. Mai 1947 von Bundeskanzler Leopold Figl – ebenfalls CV-Mitglied – zum Präsidialchef des Bundeskanzleramtes bestellt.

In dieser Funktion dient er auch unter den CV-Kanzlern Julius Raab, Alfons Gorbach und Josef Klaus, wobei sein Einfluss in der Ära von Gorbach am stärksten wird. Er ist für den Ministerratsdienst, die Betreuung der Bundesregierung, zeremonielle Fragen, Orden und Ehrenzeichen, die Verbindung zu den anderen Ressorts sowie die Koordinierung mit den Bundesländern zuständig. Darüber hinaus gehört der

Dienst um die Person des Kanzlers –dessen Sekretariat, Dienstwagen, Spesenabrechnungen und Reiseorganisation – zu seinen Agenden. All das ist von den bloßen Aufgaben her noch keine besondere Machtposition, sie ist aber nahe am Bundeskanzler, zumal dieser in den Vierziger- und Fünfzigerjahren noch kein Kabinett um sich schart. Chaloupka betont von Anfang an, dass er der oberste Beamte im Haus ist, und er legt Wert darauf, zumindest protokollarisch als höchster Beamter des Bundes angesehen zu werden.

Bald nach seiner Bestellung inkorporiert er die Personal- und Budgetagenden in seinen Wirkungsbereich und wird damit bedeutend stärker. Der Generalsekretär des Außenamtes, Heinrich Wildner, der sich selbst in der Rolle der großen grauen Eminenz im Haus gefährdet sieht, versucht den Konkurrenten im Jänner 1949 mit einem bösen Gerücht zu schwächen. „Der Ch. habe ein Auto sich seinerzeit geben lassen, jetzt verlange er noch Zollfreiheit dafür", notiert er in sein Tagebuch.

Doch dem Präsidialchef kann das nichts anhaben. Er tut, was er am besten kann: Er sammelt Informationen, knüpft ein Netz von Abhängigkeiten und Gefälligkeiten, setzt sich bei Postenbesetzungen für Freunde ein und hält sich so eng wie möglich an Kanzler Figl, den er vor allem durch die Untiefen von Staatsbesuchen, Empfängen und Fragen der Etikette geleitet. Seine nebenberuflichen Verbandsaktivitäten sind allseits bekannt – auch bei den Sozialdemokraten, deren Gewerkschaftschef Johann Böhm ihn einmal in offener Sitzung als „Obermufti des CV" apostrophiert.

1953 wird Julius Raab Bundeskanzler. Auch er ist ein Bundesbruder, Chaloupkas Stellung als Alter Ego und erster beamteter Vertrauter des Regierungschefs ist nicht gefährdet. Im Gegenteil: Mit großem Einsatz verstärkt er seine Aktivitäten im Österreichischen Cartellverband, der für seine Netzwerkaktivitäten unverzichtbar wird. Das Mitglied der katholischen Studentenverbindungen Frankonia und Bajuvaria baut die Kontakte zu anderen Verbindungen aus und vergrößert seinen Einfluss und sein Detailwissen. Am 20. Mai 1955 kommt es zur wohl wichtigsten

Entscheidung, die sein Wirkungsfeld in Zukunft erheblich erweitern wird: Fünf Tage nach der Unterzeichnung des Staatsvertrags, Chaloupka hat an der Zeremonie natürlich teilgenommen, wird er im Hotel Panhans am Semmering zum Vorsitzenden des ÖCV-Beirates gewählt, also quasi zum Chef des Kartellverbands. Hinter der Wahl steht der aufstrebende ÖVP-Jungstar und Altherren-Obmann Hermann Withalm. Der spätere Generalsekretär der Volkspartei erkennt, wie wirksam eine Personalunion von CV-Chef und Beamten-Personalchef und wie wichtig die Nähe des obersten Bundesbruders zum Bundeskanzler sein kann. Er setzt seinen Kandidaten durch und bestimmt in den folgenden fünf Jahren gemeinsam mit Chaloupka den Weg des Kartellverbands. Als Withalm 1956 Staatssekretär wird, finden sogar die Leitungssitzungen des CV in seinem Büro im Finanzministerium statt.

Chaloupka ist mit Julius Raab in täglichem Kontakt, leitet die persönliche Betreuung des Kanzlers, erledigt alle Personalinterventionen und ist auch in seinen Ansichten bis in viele kleine Details mit seinem Chef eines Sinnes. Das zeigt auch eine Episode aus dem Jahr 1955, als es um das offizielle Staatsgemälde von der Unterzeichnung des Staatsvertrags geht. Zuerst wird Sergius Pauser vom Bundeskanzleramt beauftragt, der auch während der Zeremonie im Oberen Belvedere Skizzen anfertigt. Als der Maler allerdings sein Bild abliefert, sind Präsidialchef Chaloupka und sein Kanzler Raab entsetzt. Das Bild ist expressionistisch, nicht naturgetreu, die Stimmung wird zwar eindrucksvoll vermittelt, jedoch sind die Personen nicht individuell erkennbar. Sofort entscheidet sich die Führung des Ballhausplatzes, dieses – in ihren Augen – Machwerk als offizielles Bild abzulehnen. Pauser wird vertragsgemäß mit 5.000 Schilling entlohnt, und das Bild wandert unverzüglich in die Artothek, wo es inventarisiert wird und im Depot verschwindet. Chaloupka kontaktiert umgehend den Porträtmaler Robert Fuchs und ersucht ihn mit Deutlichkeit, ein Staatsvertragsbild anzufertigen, auf dem die Repräsentanten klar erkennbar sind. Das Resultat ist allen Österreichern bekannt: Auf dem offiziellen Gemälde sind die Funktionsträger detailreich ausgeführt, dazu manche

Das offizielle Bild von der Staatsvertragsunterzeichnung mit Eduard Chaloupka im Zentrum und das Foto derselben Szene

Herren, die gar nicht dabei waren. Allesamt stehen sie in makelloser, protokollarisch richtiger Reihenfolge – ganz im Gegensatz zur realen Szene. Und in die Mitte des Bildes, hinter seinem Außenminister, ist ein kleiner kahlköpfiger, untersetzter Mann mit Brille gemalt, von einem geradezu überirdischen Sonnenstrahl hervorgehoben – Sektionschef Chaloupka, der den Auftrag gab, bezahlt hat, aber nachweislich nicht dort stand.

Die Geschichte um die beiden Bilder wird in den Zeitungen heftig und kontroversiell diskutiert – inklusive des Raab-Ausspruchs „Fahrt's ab mit dem Dreck". Die Kunstwelt ergreift für Pauser und gegen die CV-Bürokratie Partei. Erst Jahrzehnte später erfährt Pauser eine gewisse Rehabilitation, als 2002 wieder ein Präsidialchef des Bundeskanzleramtes auf diese Geschichte stößt, das Bild im Bezirksmuseum in Mistelbach aufspürt und ins Kanzleramt zurückbringen lässt. Danach hängt es in einem friedlichen künstlerischen Dialog im Marmorecksalon dem Fuchs-Bild gegenüber, bis 2018 ein junger Kanzler mit geringer Affinität zur Geschichte des Hauses beide Bilder abhängen lässt und sie durch eine Fotowand für Pressekonferenzen ersetzt. Das eine Bild wandert wieder zurück ins Depot, das andere in die Amtsstube des neuen Generalsekretärs.

In den Fünfzigerjahren führt Eduard Chaloupka den Cartellverband zu einer Hochblüte und zu einer nie zuvor erreichten Bedeutung im Staat und in der Verwaltung. Die sozialdemokratische Parallelorganisation BSA kann nicht annähernd diese Stärke und Professionalität in der Vernetzung erlangen. Waren beispielsweise in der Ersten Republik nur ein Fünftel der Sektionschefs CVer, ist die Mitgliedschaft jetzt gewissermaßen die Voraussetzung für eine Ernennung. Hier nützt der Strippenzieher seine eigene Personalzuständigkeit und seine Verbindungen zu den Personalchefs der Ressorts. Besetzungen werden auf lange Sicht geplant, man weiß, wer wann in Pension gehen wird und installiert rechtzeitig einen Nachfolger als Stellvertreter, gleichzeitig werden junge Stars aufgebaut, die plötzlich in noch nicht von Bundesbrüdern geleiteten Abteilungen als Experten auftauchen. (Diese Technik wird auch noch ein halbes Jahrhundert später, 2018, bei der „Umfärbung von Ressorts" eingesetzt werden.) Vor allem aber ist allgemein bekannt: Wenn in der eigenen Abteilung ein Posten frei wird, genügt ein Anruf bei Dr. Isegrimm, der einen geeigneten Kartellbruder nennen kann. Alle jungen Farbentragenden wiederum können darauf vertrauen, dass er für sie einen guten Posten bei einem „Alten Herren" weiß. Der Cartellverband, der Bundeskanzler und

Bundeskanzler Julius Raab (1891–1964)

seine Partei schätzen es, dass der Staatsapparat langsam und stetig zu ihrem Apparat wird, in dem sie kein politisch Andersdenkender oder auch nur Unzuverlässiger stört. Figl und Raab zeigen ihre Verbundenheit mit dem CV auch klar, indem sie selbst in Zeiten großen

Termindrucks an unzähligen Kommersen teilnehmen – der Präsidialchef weiß offenbar sehr gut, wie man passende Termine im Kanzlerkalender fixiert.

Und er steht dem Zentrum der Macht so nahe, dass er am 26. Oktober 1956, dem „Tag der Fahne", eine von ihm verfasste staatstragende Rundfunkbotschaft selbst im Radio verlesen darf. Das Tondokument ist noch vorhanden. Im Haus hat er rund um den Kanzler einen engen CV-Kordon errichtet: Bei Raab sitzen als Sekretäre Franz Karasek und Ludwig Steiner, den Pressedienst leitet Friedrich Meznik, die Wirtschaftssektion Guido Preglau und das Sekretariat in der ÖVP sichert Robert Prantner ab – allesamt Kartellbrüder.

Während am Ballhausplatz die Konflikte zwischen ÖVP und SPÖ immer zäher werden, kommen Chaloupka seine guten Beziehungen zum Kanzler und den Ministern zugute. Vor allem kann er auf das Einvernehmen mit seinem alten Schulkameraden, SPÖ-Vizekanzler Bruno Pittermann, bauen. Als Raab 1961 von seiner Partei gestürzt und Alfons Gorbach Kanzler wird, gehört der Präsidialchef zu jenen, die von einem radikalen Bruch mit der SPÖ abraten. Damit gerät er zwar in Gegensatz zu den ÖVP-Reformern Josef Klaus und Hermann Withalm, doch nachdem dieser zum Generalsekretär der ÖVP avanciert und sich von den CV-Geschäften zurückzieht, wird Chaloupka der unumschränkte und alleinige Chef des Kartellverbands. Jetzt finden die Leitungssitzungen in seinem Büro am Ballhausplatz statt, dem angeblichen Schlafzimmer Metternichs, gleich hinter dem Kanzlerzimmer.

Hier hält der Präsidialchef jeden Donnerstagvormittag auch eine Sprechstunde, in der Intervenienten direkt zu ihm kommen und Anliegen an ihn oder an den Kanzler vortragen können. Auch der spätere Bundespräsident Thomas Klestil macht auf der Suche nach einer Stelle von dieser Möglichkeit Gebrauch. Chaloupka erledigt die Personalia selbst und trägt politische Anliegen unverzüglich dem Kanzler vor. Mittelsmänner zu ihm braucht er nicht. Selbst wenn ihn in späteren Jahren einer der neuen Mitarbeiter auf eine Nachfrage des

Bundeskanzlers anspricht, erhält er immer nur die lapidare Mitteilung, „ich werde dem Kanzler sofort vortragen". – Eine substanzielle Antwort zur Weitergabe an den Regierungschef erhält er nicht.

Eine saubere Trennung der amtlichen von der politischen Funktion scheint ihm nicht mehr nötig. Der Diplomat Hans Thalberg, der in dieser Zeit Kreiskys Pressemann ist, beschreibt in seinen Memoiren „einen großen Vorbeimarsch der CV-Studenten in voller Wichs am Ballhausplatz in den Fünfzigerjahren: Chaloupka stand auf einem kleinen Schemel vor dem Haupttor des Kanzleramtes und nahm das feierliche Defilee von Fahnen, Schärpen und Säbeln an."

Formalitäten und die Etikette sind auch die Schwächen dieses Mandarins der Verwaltung. Er ist ein wahrer Ordenssammler – der Amtskalender zählt 32 Auszeichnungen auf, darunter schon aus 1934 das Päpstliche Ehrenkreuz, 1936 das Ritterkreuz des Österreichischen Verdienstordens, 1953 das Komturkreuz des päpstlichen Gregoriusordens, nach 1955 das Deutsche Große Verdienstkreuz mit Stern und Band, Großkreuze von Kambodscha, Äthiopien, Malteser Ritterorden, Liechtenstein, Argentinien, Belgien, Iran, Schweden, Finnland, Dänemark, Niederlande, Liberia, Norwegen und das Große Silberne Ehrenzeichen mit dem Stern für Verdienste um die Republik Österreich. Die Miniaturkette, die er am Frackrevers trägt, ist gut 30 Zentimeter lang.

Abseits der Ehrungen bleibt auch Zeit, um im Cartellverband Politik zu machen. Beim Erzbischof verhandelt er aus, dass auch Priester Mitglieder werden können. Er entspannt die Beziehungen zu Rotariern und Lions Club und er erarbeitet ein neues Statut. Den Verband führt er autoritär – in der CV-Zeitschrift „Academia" darf nichts ohne seine Zustimmung erscheinen. Dennoch erzielt Chaloupka bei seinen Wiederwahlen 1959 und 1963 keine überragenden Mehrheiten – anscheinend ist er manchen zu aktiv geworden. Zudem gären Konflikte im Verband – die Auseinandersetzung mit der Katholischen Aktion und den Katholischen Hochschulgemeinden, das Verhältnis zu rechten Verbindungen und die Rolle des Verbands in der Affäre rund um den Wiener Universitätsprofessor und Nazi-Sympathisanten Taras Borodajkewycz.

Trotz des Gegenwinds baut der Spitzenbeamte seine eigene Position in der Organisation und vor allem die des Österreichischen Cartellverbands im Staat aus. „Durch seine zwanzigjährige Funktion als Präsidial-Sektionschef des Bundeskanzleramtes stellte er die Klammer zwischen politischer Führung, Beamtenschaft und ÖCV her", schreibt der Historiker Gerhard Hartmann. Er ist durch sein Organisationsnetz der Mächtigste in der „Republik der Mandarine". Er ist der Supersektionschef, agiert im Hintergrund, hat alle Informationen und zieht die Fäden. Er erlebt und überlebt in seiner Amtszeit unzählige Cartellverbandsmitglieder in Regierungsämtern, darunter Fritz Bock, Heinrich Drimmel, Ferdinand Graf, Karl Gruber, Felix Hurdes, Franz Korinek, Peter Krauland, Wolfgang Schmitz, Ludwig Steiner und Hermann Withalm. Dazu positioniert er für später Thomas Klestil, Stephan Koren, die Brüder Marboe, Alois Mock, Georg Prader, Claus Raidl, Josef Taus und Kurt Waldheim. Von den sechs Sektionschefs des Bundeskanzleramts sind in den Sechzigerjahren vier CVer, drei seiner „Leibfüchse" sind die späteren Sektionschefs Franz Hoyer, Eduard Strauß und Karl Fuchs. Seiner Verbindung Bajuvaria gehört eine lange Reihe von weiteren High Potentials der ÖVP an, weitere den Verbindungen Norica, Austria, Nordgau und Rudolfina. Ein Viertel der ÖVP-Parlamentarier sind in dieser Zeit Farbentragende.

Als 1962 Josef Klaus Bundeskanzler Alfons Gorbach ablöst, gibt es allein in Wien 2142 aktive CV-Mitglieder und 5800 „Alte Herren" in 35 Verbindungen. Deren Zahl steigt danach noch auf 10.000 an. Ein einmaliges Netzwerk der Macht. In dessen Zentrum werkt dieser kleine, rundliche, gemütliche, humorvolle und fleißige Sektionschef am Ballhausplatz. Ununterbrochen telefoniert er, sein Schreibtisch ist übersät von kleinen Zetteln mit offenen Interventionen, es gibt kein Foto eines Staatsakts, in dem er nicht hinter dem Kanzler steht. In CV-Sitzungen gibt er künftige Ministerlisten vorweg bekannt – auch am 18. April 1966, die ÖVP hat kurz davor die absolute Mehrheit errungen, hält er im Sitzungsprotokoll fest: „Im Lauf der Sitzung wird mit großer Freude und Genugtuung festgestellt, dass 11 CVer im Kabinett Klaus II sind."

Dennoch beginnt unter Klaus die Macht des Präsidialchefs zu schwinden. Der Modernisierer und Reformer schätzt es nicht, dass Chaloupka seinen Vorgänger Gorbach in dessen konservativer, traditionalistischer, großkoalitionärer Linie bestärkt hat. Auch stimmt die private Chemie zwischen den beiden nicht, mit der erstmaligen Schaffung eines relativ starken Kanzlerkabinetts geht die Bedeutung eines beamteten Kanzlerberaters deutlich zurück. Chaloupka erkennt diesen Wandel und leidet sichtlich darunter, nach außen hin verliert er aber dazu kein Wort.

Im Spätsommer 1967 muss er mit Koliken ins Spital, am 5. September, wenige Monate vor seinem regulären Pensionierungszeitpunkt, stirbt Eduard Chaloupka völlig überraschend an den Folgen einer Nierensteinoperation. Er erhält ein Ehrengrab auf dem Wiener Zentralfriedhof, der Bundeskanzler hält die Grabrede und zahllose Chargenträger geben ihm das letzte Geleit. Zum Zeitpunkt seines Todes war er immerhin Mitglied in zwölf katholischen Studentenverbindungen. Danach erreicht der Cartellverband nie mehr wieder jene Bedeutung, die er in den Fünfziger- und Sechzigerjahren hatte.

Die beiden Nachfolger Chaloupkas, Roland Jiresch und der langjährige Figl-Sekretär Lukas Beroldingen, kommen wieder aus dem CV, die nächsten ÖVP-Kanzler Schüssel und Kurz gehören ihm nicht mehr an, dennoch ist der Cartellverband bis heute eine zuverlässige Aufstiegshilfe in hohe Ämter der Republik geblieben.

# 12.
# Ein stiller Freund
## Hans Thalberg

*Berater von Bruno Kreisky*
*1962–1975*

Mitunter treten Berater gar nicht in Erscheinung. Zumindest werden sie von außen kaum wahrgenommen, weil sie ihre Tätigkeit ganz auf ihren Minister konzentrieren und keinerlei Wert darauf legen, vom Glanz der Macht mitbeschienen zu werden. Ein solcher Mensch ist Hans Thalberg – Großbürgersohn, Flüchtling, Widerstandskämpfer, Diplomat und Teil des Vertrauten-Kreises des Außenministers und Bundeskanzlers Bruno Kreisky, dessen Nahostpolitik er maßgeblich mitgestalten kann. Er ist nicht dessen wichtigster Ratgeber, nicht der bekannteste, aber er liefert profunde Informationen, bereitet Argumente in höchster Qualität auf, präzisiert Strategien und setzt auch nach seiner Beratertätigkeit im Auftrag des Kanzlers nachhaltige Initiativen um, die im Kontext ihrer Zusammenarbeit entstanden sind.

Hans Thalberg wird am 4. Mai 1916 in Wien geboren. Seine Eltern kommen aus angesehenen großbürgerlichen jüdischen Familien – ein Großvater ist Bankier. Man hat Dienstboten und mietet im Sommer eine Villa auf dem Land. Der Vater, ein Anwalt, kann es sich lange Zeit leisten, seinen musischen Interessen nachzugehen. Im Salon seiner Tante trifft sich die Wiener Elite. Man ist weltoffen und liberal, humanistisch, tolerant, aber nicht links. Für das Materielle ist zunächst im Überfluss gesorgt, erst während der Weltwirtschaftskrise muss sich die Familie einschränken. Vielleicht ist diese Herkunft ein Grund dafür, dass es Thalberg – im Gegensatz zu vielen anderen – als Ratgeber später nicht notwendig hat, sich ins Rampenlicht zu drängen.

Hans Thalberg
(1916–2003)

Hans Thalberg, der nach der Matura in einer Bank arbeitet, erlebt das Drama des „Anschlusses“ im März 1938 hautnah – die panische Angst, die jedes Geräusch an der Wohnungstür auszulösen vermag, die Brutalität der Übergriffe auf der Straße, den Verlust der Berufsstellung, die Abweisung an allen Konsulaten. Ein Entkommen scheint schier unmöglich, die Familie meidet die Öffentlichkeit, nur Hans mit seinen blonden Haaren wagt, ohne Judenstern außer Haus zu gehen. Ihm gelingt es, im September ein jugoslawisches Visum zu erhalten und auszureisen. Seine Familie sieht er nicht wieder: Die zwanzigjährige Schwester Marietta wird wenig später auf offener Straße festgenommen und nach Polen verschleppt, wo sich jede Spur verliert, die Eltern werden nach demütigenden Zwangsumsiedlungen ins KZ transportiert und kommen dort um.

Er selbst flieht über Italien nach Frankreich weiter. Illegal erreicht er bei Nacht per Boot Nizza und schlägt sich zu Verwandten durch, dann meldet er sich im Internierungslager beim Headquarter des Britischen Expeditionskorps in Le Mans. Als im Sommer 1940 die Hitler-Truppen Frankreich besetzen, entgeht er mehrmals der Festnahme und kann in den unbesetzten Teil des Landes überwechseln. In Le Lavandou kommt er für zwei Jahre bei einem französischen Literaten unter. In dem an der Côte d'Azur gelegenen Küstenort knüpft er erste Kontakte zur Résistance und zu linken Aktivisten aus Deutschland und Österreich. Als er 1942 vom Vichy-Regime einen Einrückungsbefehl in ein Arbeitslager erhält, ist ihm klar, dass dies die Rückstellung ins Deutsche Reich und damit den Tod bedeutet. Wieder gelingt ihm die Flucht über die Berge, diesmal in die Schweiz. Wieder wird er interniert, 1943 aber entlassen, und beginnt in Zürich zu studieren. Dort gründet er mit österreichischen Studenten den Exil-Verein Austria und stellt Kontakte zu Emigranten wie den ebenfalls in der Schweiz abgetauchten Fritz Molden sowie zu Allen Dulles, den Gesandten des US-Geheimdienstes OSS an der amerikanischen Botschaft, her. Thalberg leistet wertvolle Organisationsarbeit für jene Aktivisten, die mit unglaublichem Mut und Geschick Widerstandsaktionen in Österreich durchführen.

Ende April 1945 kommt er mit den Amerikanern ins befreite Innsbruck – er ist bereits ständiger Berater des OSS geworden – und fährt weiter über Bad Aussee, wo sich immer noch ehemalige Nazi-Prominente tummeln, bis nach Linz. Nach Wien jedoch kommt er nicht durch, das schafft er erst im Spätsommer im „Gefolge" von Karl Gruber, dem späteren Außenminister. Zur arisierten Wohnung seiner Familie erhält er keinen Zutritt.

Nach seiner Heimkehr wird Thalberg Anfang 1946 in den Diplomatischen Dienst aufgenommen. Am Ballhausplatz gibt es die „alten Herren in ihren dicken Wintermänteln" und eine junge Gruppe um Gruber, die einander feindselig gegenüberstehen. Generalsekretär Heinrich Wildner sieht in ihm einen weiteren Jünger des Tiroler Newcomers, der aus parteipolitischen Gründen untergebracht werden soll, und unterzieht ihn einem peinlichen Verhör: „Also, Sie wollen auf dem altehrwürdigen Ballhausplatz arbeiten." Doch Minister Gruber benötigt Thalberg für seinen Plan, neue politische Vertretungen einzurichten, vor allem in Washington. Er weiß, dass jetzt jemand mit Emigrationserfahrung wichtig für das Image des „neuen Österreich" ist.

In der US-Hauptstadt trifft Thalberg mit 50 Dollar in der Tasche ein und muss erst seinen Chef suchen, weil es noch kein Amt gibt. Zunächst richtet man sich irgendwie im kleinen Hotel Brighton ein, das Budget kreditiert die US-Regierung und mitgebrachtes Briefpapier trägt noch Hakenkreuz-Aufdrucke. Aber eine kleine Emigrantenkolonie in der Stadt leistet Unterstützung. Als man einen einigermaßen geordneten Betrieb aufnehmen kann, übernimmt Thalberg die Presse- und Informationsarbeit. In diesen Jahren dominieren liberale, linksdenkende

Demokraten die herrschende Meinung und die Medien, Österreich gilt noch immer als das Land von Dollfuß und Hitler. Dieser Skepsis kann vor allem jemand mit der Biografie und der Denkungsart Thalbergs entgegenwirken, der das Bild vom nazibegeisterten Österreich zurechtzurücken vermag und bedeutende Journalisten als Freunde gewinnt.

Zuerst geht es darum, im Wege der internationalen Hilfsorganisation UNRRA dringend benötigte Lebensmittellieferungen für das hungernde Nachkriegsösterreich zu ermöglichen. Gleichzeitig muss die Botschaft immer wieder in Washington gegen unsinnige Entscheidungen der US-Besatzungsoffiziere in Wien vorstellig werden. Eine besonders heikle Aufgabe wird es, die USA von ihren Vorbehalten gegen eine Neutralität Österreichs abzubringen – in den Augen von Außenminister John Foster Dulles, „eine Sünde wider den Geist der freien Welt". Doch Thalberg kennt dessen Bruder Allen aus der Zeit in Zürich persönlich und versteht sich mit ihm gut, das kann nützen.

Im Herbst 1946 organisiert er für Außenminister Gruber einen Vortrag vor dem Herald Tribune Forum, einem außenpolitisch einflussreichen Auditorium, und ein Treffen mit Außenminister Dulles. (In Wien halten weder Kanzler Figl noch Generalsekretär Wildner recht viel von dieser „Exkursion".) 1952 besuchen Figl und Vizekanzler Adolf Schärf Washington – der Schärf-Besuch geht unter, kein öffentliches Interesse, kein Empfang im Weißen Haus, nur Treffen mit Gewerkschaftern und einzelnen Demokraten. Schärf schreibt das der schlechten Arbeit Thalbergs zu, auch der ÖVP-Kanzler begegnet ihm mit Reserviertheit, weil er informiert wurde, dass der Diplomat Sympathien für die Sozialdemokratie hege. Die Zeit bis 1955 ist von den Bemühungen um den Staatsvertrag dominiert. Die Gespräche in den USA gestalten sich schwierig, die Neutralität, das „Deutsche Eigentum", die Tschechien-Krise 1948 erweisen sich als Hürden. Erst Ende 1954 werden direkte Gespräche in Moskau möglich, ohne dass die Westmächte dagegen intervenieren. Bei all diesen Fragen spielt die kontinuierliche Informations- und Überzeugungsarbeit Thalbergs hinter den Kulissen eine wichtige Rolle.

Aber der Diplomat gerät in die Mühlen der innerösterreichischen Proporzpolitik: Da er keiner Partei angehört, jedoch links eingeordnet wird, beargwöhnt man ihn in ÖVP-Kreisen als Kommunisten. Als er einmal einer Parlamentarierdelegation vorschlägt, der SPÖ-Abgeordnete Ernst Koref solle sprechen, da er gut Englisch könne, wird ihm das als Intrige zugunsten der Sozialisten ausgelegt. Immer wieder muss er mitanhören, wie andere Diplomaten stolz über alte Erlebnisse an der Ostfront und im Nazireich erzählen, einer von ihnen war sogar an der Arisierung des Vermögens seiner Familie beteiligt.

Bei einer Konferenz in London trifft Thalberg 1948 den sozialdemokratischen Diplomaten Walter Wodak, der ihn mit einem „Kollegen aus Stockholm" zusammenbringt, der eine ähnliche Fluchtgeschichte wie er selbst hinter sich hat und dem eine glänzende Karriere vorhergesagt wird: Bruno Kreisky, damals stellvertretender Kabinettsdirektor von Bundespräsident Theodor Körner. Einige Zeit später besucht er ihn in der Hofburg.

Der Staatsvertrag bringt 1955 das Ende von Thalbergs Tätigkeit in Washington. Zurück in Wien, wird ihm die tiefe „Kluft zwischen dem Gestern und Heute" erschreckend bewusst: seine „erste Familie" ist vernichtet, die Wiener Familie seiner Frau Friederike hat ein ganz anderes Bild der jüngeren Geschichte. Jede Erinnerung, jeder Spaziergang in Wien ist schmerzlich. Diese Welt, der Ballhausplatz sind ihm fremd geworden. Von Präsidialchef Eduard Chaloupka wird er als Sympathisant der SPÖ ohne Parteimitgliedschaft schlechter behandelt als wohlgelittene Kollegen, die ihre Tage ohne Arbeit totschlagen.

So ist er froh, in der politischen Abteilung eine konkrete Aufgabe zu erhalten: die Ansiedlung der Internationalen Atomenergie-Organisation IAEO. Er erkennt sofort die Wichtigkeit der Präsenz internationaler Organisationen in Wien, deren strategische Bedeutung für ein kleines Land, die stabilisierende Präventivwirkung gegenüber Bedrohungen wie der des Jahres 1938. Bei der Vorbereitung der entscheidenden Konferenz in Wien leistet Thalberg exzellente und von den Mitgliedstaaten viel beachtete Arbeit, und das unter wohlwollender Beobachtung von

Staatssekretär Kreisky. 1957 wird Wien tatsächlich Sitz der Behörde. Unmittelbar danach jedoch wird Thalberg als Leiter an die Delegation in Berlin versetzt – jemand hat Angst, dass er in der IAEO einen von der ÖVP reklamierten Posten erhalten könnte.

Vor der Abreise bespricht er sich noch mit Kreisky, der ihm einen direkten Kontakt zum Berliner Bürgermeister Willy Brandt vermittelt. Das vermeintliche Abstellgleis der österreichischen Vertretung im geteilten Berlin wird daher wichtiger, als vom Außenamt ursprünglich gedacht. Thalberg hat nicht nur Kontakt zu Brandt, sondern baut auch ein freundschaftliches Verhältnis zu dessen wichtigstem Berater Egon Bahr auf. Und er entwickelt effiziente Alltagsbeziehungen zur DDR – im Interesse der österreichischen Wirtschaft und vieler Künstler und Wissenschaftler, die in Berlin wirken. Im März 1959 vermittelt Thalberg ein geheimes Gespräch am Wiener Flughafen zwischen Brandt und Kreisky, weil dieser in Erfahrung gebracht hat, dass Sowjetführer Nikita Chruschtschow den Berliner Bürgermeister treffen will. Thalberg versucht mit Engagement, auch dieses Treffen zu ermöglichen, doch die Initiative scheitert. Vielleicht hätte es der Weltpolitik und Millionen Menschen die Berliner Mauer erspart.

Ende 1961 holt Außenminister Bruno Kreisky den Fünfundvierzigjährigen als Berater nach Wien zurück – er soll in einem Strategieteam die Medienarbeit des Außenamtes aufbauen. Diese Abteilung ist noch kein Ministerbüro im späteren Sinn; es besteht aus dem Völkerrechtsexperten Rudolf Kirchschläger als Kabinettschef, dem jungen Peter Jankowitsch als Sekretär, dem etwas pedantischen Generalsekretär Erich Bielka und Thalberg als Leiter der Informationsabteilung – und mit etwas Distanz Kurt Waldheim als politischem Direktor. Zwei prominente Sozialisten im Haus, Walter Wodak und Ernst Lemberger, gehören nicht dazu.

Nach der Wahl 1962 entfacht die Volkspartei ein wahres Hexentreiben gegen Kreisky und will ihn partout als Außenminister verhindern. Thalberg hat alle Hände voll zu tun, Falschmeldungen, Intrigen und Unterstellungen abzuwehren und den ÖVP-geführten

Bundespressedienst zumindest etwas zu neutralisieren. Die Koalitionsverhandlungen dauern volle vier Monate, und am Ende bleibt Kreisky Außenminister.

Thalberg begleitet ihn auf allen Reisen und zu den wichtigen Terminen, stunden- und tagelang ist er Kreiskys einziger Gesprächspartner, und das nicht nur in außenpolitischen Fragen. Die beiden werden Freunde. Dem Gespann ist es ein Anliegen, das Land aus „stickigem Provinzialismus und Kleinbürgertum erstmals auf europäisches Niveau zu heben", aus dem „Homo alpinus einen Europäer zu machen", wie Thalberg selbst schreibt. Der Pressemann bewundert den Minister aufgrund seiner intellektuellen und politischen Fähigkeiten und wegen seines politischen Engagements schon in früher Jugend. Die Offenheit Kreiskys begeistert ihn, dass er ihn nie nach einem Eintritt in die SPÖ gefragt hat, festigt seine Loyalität zur Sozialdemokratie mehr als jedes Parteibuch. Der Berater arbeitet intensiv an der Vertiefung der Kooperation der neutralen Länder Österreich, Schweiz und Schweden sowie an der Integration in der Freihandelsorganisation EFTA. Viele dieser Positionierungen werden in der Zusammenarbeit der beiden so ähnlich denkenden Männer geschärft und die Kommunikation wird danach ausgerichtet.

Hier kann der Vertraute seinen Minister zudem mit seinen Verbindungen aus der Zeit in Washington unterstützen: Er organisiert Vortragsreisen österreichischer Wissenschaftler und Politiker in den USA. Kreisky brilliert 1962/63 bei einem Vortragsprogramm, für das Thalberg alle Register seiner Beziehungen spielen lässt – zum großen Vorteil Österreichs. Die konkrete Arbeit mit dem Außenminister ist nicht immer einfach. Er wirft Terminkalender über den Haufen, verzettelt sich in langen Einzelgesprächen, hat eine Abneigung gegen Aktenarbeit. Gleichzeitig hat Thalberg einen ständigen Kleinkrieg gegen den Bundespressedienst zu führen, der bei Auslandsreisen gnadenlos ausschließlich konservative Journalisten in den Tross aufnimmt, die nur über den ÖVP-Kanzler, nicht aber über den Minister berichten.

Thalberg verfasst „Informationen für den Herrn Bundesminister", die formal ebenso knapp wie inhaltlich glashart sind, Speaking

Notes, Redemanuskripte, präzise Punktationen – meist sauber getippt, mitunter aber auch handschriftlich auf Notizblöcken der Sekretärin, des Genfer Hotels de la Paix, des Hotels Cairo. Einmal gibt es sogar einen schnellen Hinweis für den Minister auf der Rückseite der Speisekarte des Staatsbanketts. Er notiert akribisch die wichtigen Passagen von Gesprächen Kreiskys mit den Großen der Welt (inklusive Nikita Chruschtschow, John F. Kennedy, Indiens Ministerpräsident Jawaharlal Nehru, Ägyptens Staatspräsident Gamal Abdel Nasser), um sie später gemeinsam mit dem Minister auszuwerten. Ein mehrstündiger Austausch mit Nasser im März 1964 lässt erkennen, dass Ägypten einen Weg zum Frieden sucht. Das bereitet den Boden für Österreichs Nahostpolitik in den 1970er-Jahren. Im Amt veranlasst der Kreisky-Berater gegen Widerstände der Hochbürokratie jährliche Rechenschaftsberichte, Fernsehbeiträge über den Diplomatischen Dienst und die Berücksichtigung der Informationsarbeit in der wieder errichteten Diplomatischen Akademie.

Mit dem Aus der ÖVP-SPÖ-Koalition 1966 endet diese Funktion. Thalberg wird Botschafter in Mexiko. Weit weg von den Intrigen am Ballhausplatz strebt er eine Position mit außenwirtschaftspolitischem Potenzial an. Er ist in Kuba und den zentralamerikanischen Republiken mitakkreditiert . Auf dem neuen Posten lernt er, den Eurozentrismus der internationalen Politik zu hinterfragen und die Wichtigkeit von Beziehungen zu Ländern Lateinamerikas, Afrikas und der arabischen Welt zu erkennen. Auch das wird ein Element der Außenpolitik der kommenden Jahre werden.

Als die Nationalratswahl 1970 eine sozialistische Mehrheit bringt, wird der rückkehrwillige Thalberg nicht in die Wiener Zentrale einberufen. Stattdessen wird er erster österreichischer Botschafter in der Volksrepublik China. Die Isolation von Europäern ist zu dieser Zeit noch sehr stark, die Arbeitsbedingungen sind reglementiert, dennoch prägen auch hier Offenheit und wohlwollendes Interesse die Arbeit des Diplomaten. Das erkennt auch die chinesische Führung an. Kurz nach Amtsantritt gelingt es ihm, Peking für die Wahl Waldheims zum

UNO-Generalsekretär zu gewinnen. Eine große China-Ausstellung in Wien und eine Konzertreise der Wiener Philharmoniker nach Peking sind für den Kulturmenschen Thalberg besondere Erfolge.

Im Sommer 1973 beruft ihn Kreisky dann doch nach Wien zurück, als Sonderberater zur Koordination der Informationspolitik der Bundesregierung. Wenige Tage nach seinem Amtsantritt erschüttert eine Geiselnahme jüdischer Emigranten durch palästinensische Terroristen in Marchegg ganz Österreich. Kreisky kann das Leben der Geiseln zwar retten, muss jedoch die Palästinenser ausfliegen lassen. Das und die Zusage, die bisherige Organisation der Durchreise jüdischer Emigranten über das von Israelis geführte Transitzentrum Schönau einzustellen, bringen ihm massive Kritik. Wieder sieht sich Thalberg einer vehementen Anti-Kreisky-Propaganda gegenüber, diesmal nicht nur von der ÖVP, sondern sowohl von alten Antisemiten als auch von alten Zionisten mitgetragen. Eine heikle Situation, die Thalbergs ganzes diplomatisches Geschick erfordert. Sogar die israelische Ministerpräsidentin Golda Meir eilt nach Wien, um die Entscheidung zu Schönau rückgängig zu machen, erreicht dies aber nicht und vermeldet ebenso wütend wie unwahr, am Ballhausplatz habe man ihr nicht einmal ein Glas Wasser angeboten. Thalberg muss in einer riesigen internationalen Pressekonferenz Kreiskys spontan den Übersetzer machen.

Wenige Tage danach bricht der Jom-Kippur-Krieg aus. In Thalbergs Nachlass findet sich übrigens eine handschriftliche Notiz vom 3. Oktober 1973, dass Kreisky vom ägyptischen Außenminister vor dem bevorstehenden Waffengang gewarnt worden sei. Nach Ende des arabisch-israelischen Krieges fällt dem Kanzler eine neue außenpolitische Rolle zu. Er genießt großes Vertrauen in der arabischen Welt und scheint daher geeignet, eine internationale Friedensinitiative einzuleiten. Am 7. November spricht er im Beisein Thalbergs mit arabischen Botschaftern; danach regt er bei der Sozialistischen Internationale (SI) in London eine Friedensmission an, Ende Juni 1974 wird sie von der Organisation am britischen Landsitz Chequers beraten. Thalberg berichtet über die heftige Diskussion wie es nur jemand vermag, der

Ministerpräsidentin Golda Meir bei Bundeskanzler Bruno Kreisky am Ballhausplatz, im Hintergrund Hans Thalberg

an der Erarbeitung der Strategie und der Texte mitgewirkt hat. Die SI beauftragt Kreisky mit der Mission, was zwischen 1974 und 1976 zu drei Fact-Finding-Reisen führt. In all das ist der Kanzlerberater voll involviert, im Rückblick erinnert er sich an „das erste Mal, dass Westeuropa ein ernstliches Interesse gezeigt hat, den Standpunkt der arabischen Länder in der Auseinandersetzung mit Israel kennenzulernen".

Damit entwickelt sich auch eine weltweit wahrgenommene aktive Rolle des kleinen Österreich, einen Friedensprozess in dieser Region einzuleiten und die Stabilität zu fördern. Kreisky empfiehlt den Israelis, Kontakt mit dem ägyptischen Staatschef Anwar as-Sadat aufzunehmen – gegen den Widerstand von Golda Meir, die aber 1974 zurücktritt. Er hat Vertrauen in die Seriosität Ägyptens, das noch von seinen früheren Kontakten herrührt. Letztlich wird diese Initiative 1977 auch erfolgreich sein.

Am Ballhausplatz ist mittlerweile allen klar, welche Beratungsfunktion Thalberg bei Kreisky in internationalen und nahostpolitischen Dingen ausübt, mit dem neu geschaffenen „Koordinator der Informationspolitik der Bundesregierung" kann man aber wenig anfangen. Man spricht von „Kreiskys Kissinger", von seinem „Dritten Mann". Dem jungen Kanzlerkabinett gehört der Siebenundfünfzigjährige formal nicht an, er ist „nur" persönlicher Berater. Als solcher nimmt er aber an Ministerräten teil, Handelsminister Josef Staribacher notiert dazu etwas irritiert, dass er ja „kein Genosse" sei. Thalberg ist Teil der engsten Kanzlerumgebung, hat Kreiskys Kalender, ist täglich zwei- bis dreimal bei dessen Terminen dabei, schreibt viele Unterlagen für ihn – immer wieder findet sich die Notiz „Rede BK" in seinem Kalender.

1974 ist außenpolitisch ein anspruchsvolles Jahr: Eine prominent besetzte Club of Rome-Tagung in Salzburg, eine Nahost-Mission, im Mai ein Staatsbesuch in Moskau, im Juni kommt US-Präsident Richard Nixon für einen Tag nach Salzburg – beim Gespräch Kreiskys mit ihm und Kissinger ist natürlich der „Fast-Amerikaner", wie ihn der Kanzler scherzhaft vorstellt, auch dabei. Darauf folgt wieder ein Treffen der Sozialistischen Internationale. Kreisky setzt sich hier wie schon gegenüber Nixon für eine Gipfelkonferenz zum Abschluss der Verhandlungen der Konferenz über Sicherheit und Zusammenarbeit in Europa (KSZE) ein. Vor allem westliche Staaten stehen der geplanten Zusammenarbeit mit den Warschauer-Pakt-Ländern skeptisch gegenüber. Tatsächlich wird die Schlussakte der KSZE 1975 in Helsinki unterschrieben, sie hat weitreichende Folgen für die positive Entwicklung der Ost-West-Beziehungen.

Bereits Ende April 1974 ist Bundespräsident Franz Jonas verstorben, Außenminister Rudolf Kirchschläger wird sein Nachfolger. Es ist nicht verwunderlich, dass Hans Thalberg als Außenminister ins Gespräch gebracht wird, ist er doch ununterbrochen mit dem Kanzler in Kontakt und für ihn eine wichtige Informationsquelle. Aber der Spitzendiplomat selbst lehnt ab, und das mit dem bemerkenswerten Argument, er wolle „den Philosemitismus der Österreicher nicht strapazieren". Er sieht sich lieber als Mitarbeiter, der nicht im Rampenlicht steht und abseits des Rummels seine Aufgaben am besten erfüllen kann.

Der Kanzler beruft Erich Bielka als Außenminister, bleibt aber wie bisher diplomatisch aktiv. Im November steht ein Treffen mit US-Präsident Gerald Ford im Weißen Haus an – Nixon ist mittlerweile über die Watergate-Affäre gestürzt. Der Besuch wird für eine Rede vor der Vollversammlung der Vereinten Nationen genutzt, bei der sich Kreisky zum Thema Nahost kein Blatt vor den Mund nimmt, und in Washington geht es unter anderem um das Werben für Wien als dritten UNO-Standort. Die Reden werden erst im Flugzeug diktiert, Thalberg hat dabei wieder einmal den Stress der letzten Stunden und Minuten.

Die intensivste Zusammenarbeit zwischen Kanzler und Berater ergibt sich im Kontext der Fact-Finding-Missionen in den Nahen Osten. Thalberg hat das Programm vorzubereiten, die Delegation als „special assistant" zu begleiten und die Berichte zu verfassen. Er muss diese Aufgaben im Alleingang bewältigen, da das Außenamt nicht für die Organisation einer politischen Mission zur Verfügung steht. Im März werden Ägypten, Syrien und Israel besucht, die zweite Reise führt im Februar 1975 in die Maghreb-Staaten, es folgen Anfang 1976 Saudi-Arabien, Jordanien und die Golfstaaten, am Schluss ist Israel das Ziel. Bei diesen Besuchen muss man das Wesentliche in den weitschweifigen Gesprächen erkennen, die Propaganda der Gesprächspartner von dem trennen, was sie in Nuancen und Nebensätzen dem österreichischen Vermittler mitgeben wollen, und genau das muss festgehalten werden. In der Nachbereitung wiederum ist es entscheidend, den strategischen Ansatz herauszuarbeiten, der auf dem Weg zum Frieden weiterhelfen kann. An all diesen Schritten ist Hans Thalberg beteiligt, seine klugen Vorschläge und Analysen, die er am Abend zu Papier bringt, sind von wesentlicher Bedeutung. Zahlreiche handschriftliche Notizen in seinem Nachlass geben vertrauliche Gespräche mit den arabischen Führern wieder. Er redigiert auch den Schlussbericht und erstellt daraus noch eine kommentierte Fassung für den Kanzler.

Diese große Aufgabe erledigt er noch als Berater, dann bewirbt er sich wieder um einen gewöhnlichen diplomatischen Posten als Botschafter in Bern. Bis zu seiner Pensionierung im Jahr 1981 bleibt Thalberg in der Schweiz, arbeitet daneben noch an umfassenden Analysen zu Österreichs politischer Positionierung in der Welt und wird von Bruno Kreisky weiterhin um Informationen und Material zu Nahostfragen gebeten.

Nach seiner Pensionierung übernimmt Thalberg auf Kreiskys Ersuchen zunächst die Leitung des Österreichischen Instituts für Internationale Politik. 1988 gründet er mit den ehemaligen Außenministern Erich Bielka und Erwin Lanc die Initiative Österreich und Europa, die eine Vereinbarkeit von Neutralität und EG-Beitritt als „verhängnisvolle Fehleinschätzung" erachtet. Geradezu verzweifelt äußert er sich über den „Verfall und Abbau" der österreichischen Außenpolitik in den 1990er-Jahren. Danach geht er mit der „katastrophalen Parteinahme" Wiens im Jugoslawien-Bürgerkrieg scharf ins Gericht.

In seinen Memoiren „Von der Kunst, Österreicher zu sein" rechnet der Spitzendiplomat nochmals mit dem „bösartigen innenpolitischen Gezänk" ab, dessen Kleinkariertheit ihn immer gestört hat. Als „SPÖ-naher Liberaler" sei er am Ballhausplatz „auf ein Misstrauen gestoßen, das oft beleidigende Formen annahm". Mit Blickrichtung auf die FPÖ warnt er nachdrücklich vor jeder neuerlichen Anfälligkeit für „deutschnationale Experimente". Seine Haltung zum Beitritt zur Europäischen Union ist differenziert, aber letztlich positiv: Ihm bleibe die Hoffnung, dass „die EU die Österreicher daran hindert, so blöd zu sein, wie sie wirklich sind".

Als Hans Thalberg am 15. Juli 2003 stirbt, zollen ihm zahlreiche Nachrufe Anerkennung für seine Leistungen. „Hans Thalberg war ein großer österreichischer Patriot mit einem für seine Generation charakteristischen Lebensweg", sagt der langjährige Wegbegleiter Heinz Fischer, der ihn als „eine der Stützen des Außenministeriums in der Zweiten Republik" würdigt.

War dieser herausragende Diplomat wirklich ein Ratgeber der Macht, eine graue Eminenz, ein einflussreicher Berater? Man ist versucht, das zu verneinen, da Bruno Kreisky gerade in außenpolitischen Belangen kaum Beratung gebraucht und angenommen hat. Aber das greift zu kurz. Der weltläufige Intellektuelle hatte Bedeutung in der zweiten Reihe – zunächst aufgrund seiner Rolle in der Zeit der Emigration und des Widerstands, dann mit seinen ausgezeichneten US-Kontakten und Erfahrungen und vor allem in der Nahostpolitik bei der einzigen europäischen Friedensinitiative.

Hans Thalberg ist ein hervorragendes Beispiel dafür, wie kluge und geschickte Diplomaten ihre Minister briefen und informieren; wie sie sorgfältig, vorsichtig, ausgewogen, aber doch mit festen Positionen für sie oder mit ihnen dort die Fäden ziehen, wo sie dafür einen Spielraum sehen. Er wollte nicht in der Politik Karriere machen. Er kam, als er gerufen wurde, er konzentrierte sich genau auf jene Aufgabe, die ihm anvertraut wurde, er führte daneben keine eigene Agenda und er trat wieder in den Hintergrund, als die Arbeit getan war. Eine solche Charakterstärke haben nur wenige.

Vor allem aber steht er für jenes „andere" Österreich, das gemeinhin in der Geschichtsschreibung nicht vorkommt. Für eine andere Welt als die, aus der die Spitzen des politisch-administrativen Systems nach 1945 in ihrer großen Mehrheit kamen. Seine Welt änderte sich 1938 von einem Tag auf den anderen völlig, während sie für seine Freunde und Kollegen, für die Mächtigen und ihre Berater, nahezu unverändert blieb. Erst wenn man die Lebensläufe und Machinationen eines Sektionschefs Hecht, eines Professors Kastner, eines Generalsekretärs Wildner, eines Präsidialchefs Chaloupka – alle seine Zeitgenossen – mit dem Wirken von Hans Thalberg vergleicht, wird klar, wie wichtig es ist, diesen Unterschied nie zu vergessen.

# 13.

# Republik der Sekretäre

## Karrieren vom Berater zum Minister

*Die Kanzlerkabinette von Josef Klaus und Bruno Kreisky 1966–1983*

Die politische Reformstimmung der späten Sechzigerjahre macht auch im verschlafenen, großkoalitionären Österreich nicht vor den staatlichen Institutionen Halt. Eine zunächst zaghafte Öffnung für Ideen und Impulse von außen, Personalrekrutierungen jenseits eingefahrener Bahnen, Dialog mit der Wissenschaft und gesellschaftlichen Institutionen bringen neue Formen der Politikberatung. Im Kanzleramt wird unmittelbar um den Ressortchef erstmals ein kleiner Beraterkreis gebildet, der überwiegend nicht aus der Verwaltung stammt. Es entsteht eine neue Organisationsform, das Kanzlerkabinett. Zwei zahlenmäßig kleine, in der Qualität ihres Personals „große" Teams begründen die „Republik der Sekretäre": die Büros der Kanzler Klaus und Kreisky.

Das lateinische Wort des „secretarius" birgt in sich das Verschwiegene, nicht nach außen Dringende ihres Einflusses, den geheimen Rat, den sie geben, das Vertraute, das sie mit ihrem Machtgeber verbindet. Darüber hinaus ist Sekretär kein fest konturierter Typus, es finden sich alle nur denkbaren Persönlichkeiten: unauffällige Diener, eitle Gecken, schleimige Opportunisten darunter, Effiziente, Karrieristen, Macher, Hasardeure, Brutale, Smarte, Diplomaten, Bürokraten, Selbstlose, Unentbehrliche, Überforderte. So unterschiedlich sie sind und agieren, eines scheinen sie gemeinsam zu haben: Alle Welt außer ihren Chefs weiß, dass sie wichtig sind.

Josef Klaus und sein Berater
Michael Graff

Bruno Kreisky und Pressesprecher
Johannes Kunz

Diese neue Beratungsform hat am Ballhausplatz ihre konkrete Geschichte: Ein spektakulärer Rücktritt des ÖVP-Finanzministers Josef Klaus, der gemeinsam mit seinem Generalsekretär Hermann Withalm seit der Wahl 1962 den Reformflügel seiner Partei anführt, ist der Startschuss für grundlegende Neuerungen. Im September 1963 löst Klaus am Klagenfurter Parteitag Bundeskanzler Alfons Gorbach als ÖVP-Vorsitzenden ab. Doch seine jungen Berater, allen voran Michael Graff, drängen ihn dazu, auch die Funktion des Bundeskanzlers zu übernehmen. Als nach zähen Regierungsverhandlungen am 2. April 1964 das Kabinett Klaus seine Arbeit aufnimmt, bringt der langjährige Salzburger Landeshauptmann nur zwei Mitarbeiter an den Ballhausplatz mit, die anderen formieren sich zu einem neu geschaffenen politischen Büro in der ÖVP-Zentrale in der Kärntnerstraße. Botschaftsrat Franz Karasek, langjähriger Sekretär von Julius Raab und „mit den Praktiken und Tücken des Ballhausplatzes vertraut", wird Kabinettschef, Graff Sekretär. In der Runde der Kanzler- und ÖVP-Sekretäre hält Klaus tägliche „Postsitzungen", die die Arbeitsteilung zwischen Regierung und Partei akkordieren.

Dies wird sowohl im Kanzleramt vom mächtigen Präsidialchef Eduard Chaloupka als auch in der ÖVP von der Bündebürokratie argwöhnisch beäugt. Die jungen Männer um Klaus haben ihrer Meinung nach zu viel Einfluss auf Politik und Kanzler. Doch das Team funktioniert und entwirft erfolgreich eine Reformagenda: Ausarbeitung eines Grundrechtekatalogs, Wahlrechtsänderung, Zollliberalisierung, Pensionsdynamisierung, Reformen beim Wohnbau, in der verstaatlichten Industrie, beim Rundfunk. In einem wahren Stakkato an Reden, die sein kleiner Stab akribisch vorbereitet, erläutert der Kanzler landauf, landab sein Programm. Die Sekretäre raten ihm zu einer direkteren Öffentlichkeitsarbeit – fortan tritt der eher scheue Doktor der Rechte sogar am Wiener Naschmarkt an, um den Menschen seine Ideen zur Inflationsbekämpfung näherzubringen . Eifrig wird das Bild vermittelt, hier sei ein entschlossener Reformer mit einem erstklassigen Team am Werk, den bloß der Koalitionspartner an der Umsetzung seiner Pläne hindere. Aber die große Koalition ist in ihrer Entscheidungsunfähigkeit festgefahren, und es bleibt bloß bei den Ankündigungen des Regierungschefs.

Gleichzeitig bereiten die Kanzlermitarbeiter mit der „Aktion 20", einem Netzwerk aus Wissenschaftlern, zusätzlich den Boden auf, das politische Büro formuliert unter dem Eindruck des positiven Schwungs das Ziel, bei der nächsten Wahl die „klare Mehrheit" zu erobern. Diese Entschlossenheit, das Reformerimage, der Koalitionsstillstand, die aufgrund des Rundfunkvolksbegehrens positiv gestimmten Medien und einige schwere Fehler der Sozialdemokraten führen tatsächlich dazu, dass die Märzwahl 1966 der ÖVP einen Zugewinn von acht Prozent und die absolute Mehrheit bringt.

In den Regierungsverhandlungen mit der SPÖ, die trotz der Absoluten begonnen werden, wird Klaus wieder von seinen Sekretären effizient unterstützt – er kann bereits am zweiten Verhandlungstag eine komplette Regierungserklärung vorlegen. Letztendlich scheitern jedoch im April die Gespräche und Klaus formt eine Alleinregierung. In dieser installiert er jetzt ein professionelles Kanzlerkabinett: „Ein glücklicher Umstand kam mir zugute durch die Heranziehung politisch talentierter und zur

Teamarbeit restlos bereiter junger Mitarbeiter", schreibt er in seiner Autobiografie und nennt sie beim Namen: Michael Graff, Thomas Klestil, Alois Mock, Heinrich Neisser und Peter Marboe. Josef Taus muss noch dazugezählt werden, obwohl er nicht Kabinettsreferent, sondern Staatssekretär ist. Das neue Team umfasst zwei persönliche und drei Fachsekretäre.

Der zweiunddreißigjährige Kanzleramtsbeamte Alois Mock, vom früheren Staatssekretär Carl Heinz Bobleter empfohlen, wird aufgrund seiner Auslandserfahrung und statt des umtriebigen Michael Graff für die außenpolitischen Angelegenheiten geholt. Als Kabinettschef Karasek den von ihm angestrebten Posten des Außenministers nicht erhält und sein Amt niederlegt, folgt ihm der fleißige Mock nach, der zu diesem Zeitpunkt nicht einmal Parteimitglied ist. Der bereits etwas ältere Thomas Klestil bewährt sich hingegen als wichtiger „Berater und Begleiter", vor allem wenn es um das Verhältnis zu den USA geht. Zudem führt der Diplomat im August 1968, als Warschauer-Pakt-Truppen den Prager Frühling niederschlagen, des Kanzlers Krisenmanagement. Aus dem Verfassungsgerichtshof wird Heinrich Neisser geholt und in Verfassungsfragen sowie im Ministerratsdienst eingesetzt. Leo Wallner ist der erfahrene Wirtschaftsfachmann, Peter Marboe fungiert als Außenpolitiker und Kulturexperte im Kabinett und Josef Taus ist der Ökonom, Ghostwriter und selbstbewusstes Mastermind bei der Einbindung von Wissenschaftlern. Sie alle sind Mitglieder beim katholischen Cartellverband, was zumindest Präsidialchef Chaloupka beruhigt.

Ganz unabhängig von politischen Sympathien ist das eine eindrucksvolle Riege: Ein späterer Bundespräsident, Parlamentspräsident, Vizekanzler, Parteiobmann – offenbar hat Josef Klaus eine gute Hand fürs Personal. Dabei folgt er seiner Maxime, dass nur derjenige seine Aufgabe gut erfüllt, der sich Mitarbeiter heranholt, die an ihrem Platz doppelt so gut sind wie man selbst. Das unterscheidet ihn von einigen Nachfolgern, die sich eher ungefährliche Gefolgsmänner geholt haben, die bestenfalls halb so gut waren wie sie selbst.

Verfassungsrechtlich ist die Stellung des österreichischen Bundeskanzlers nicht besonders stark, er hat weder eine Richtlinienkompetenz noch ein Eingriffsrecht in die Ressorts. Auch ist er nur Leiter eines relativ kleinen Ministeriums. Doch das ist Klaus als Kanzler einer monochromen Regierung nicht genug, er will die Hauptrolle in der Politik spielen und kraft einer geballten Expertise klarstellen, dass er der Chef – auch über die Minister – ist. Seine Sekretäre mischen sich daher intensiv und überall ein. Über das Kabinett holt sich der Regierungschef Kompetenz von den Universitäten und aus zivilgesellschaftlichen Institutionen, er gründet ein breit aufgestelltes Komitee für Raumordnung, das sich aus Ministern, Sektionschefs und Professoren zusammensetzt. Die Verwaltungsreform wird von ihm gewissermaßen institutionalisiert: Jeden Montag tagt dazu unter Vorsitz des Kanzlers oder eines Sekretärs eine Kommission mit Beamten des Bundeskanzleramts, des Finanzministeriums und des Rechnungshofes. Und tatsächlich schafft sie die Verringerung des Personalstands, eine Rechtsbereinigung, eine neue Kanzleiordnung, den Einstieg in die elektronische Datenverarbeitung, eine Besoldungsreform und ein neues Vergaberecht.

Klaus und sein kleines Team stürzen sich mit Elan in die Regierungsarbeit. In nur drei Monaten werden bis zum Sommer 1966 40 Regierungsvorlagen ausgearbeitet. Sein gerne beschworenes Bekenntnis zur „neuen Sachlichkeit", die Offenheit für wissenschaftliche Politikberatung und sein Arbeitsstil bewirken, dass er nicht mehr auf seine Bünde, Länderorganisationen und Parteiideologen angewiesen ist. „Nachdem die Wissenschaftler dem Politiker Entscheidungsgrundlagen (…) in die Hand gegeben haben, beginnt die verantwortliche Politik. Sie besteht im Studieren und Verstehen des von der Wissenschaft Dargebotenen ebenso wie im originären Akt des Nachdenkens und Vorausdenkens, im Vorbereiten der Entscheidungen", beschreibt er seinen neuen Stil.

Die Folgezeit ist auch keine schlechte Zeit für die Beamten im Kanzleramt, deren Spitzen, insbesondere die „weitschauenden, kompetenten und in bestem Sinn pädagogischen Sektionsleiter" geschätzt werden. Mitunter gibt es auch Spannungen zwischen den altehrwürdigen Sektionschefs und den erst dreißigjährigen Sekretären. Für die sozialdemokratischen Beamten am Ballhausplatz wird es allerdings sehr rasch sehr eng. Es kommt zu unschönen Ausquartierungen von Mitarbeitern, das Palais wird konsequent „eingefärbt".

Mit den eigenen Sekretären pflegt der Kanzler gerne eine Runde durch den Volksgarten zu spazieren, um mit ihnen zu diskutieren. Regelmäßig werden die Beratungen nach Büroschluss bei ihm zu Hause in der Rotenturmstraße fortgesetzt. Und er nimmt sie auf seine Reisen mit, damit sie sich „mit den Anschauungen, dem Konzept, der politischen Strategie und Taktik, ja mit meiner Sprache identifizieren". Bei der weiterhin mehrmals pro Woche stattfindenden „Postsitzung" müssen vier Sekretäre jeweils ein Kurzreferat halten, Anregungen und Kritik sind erwünscht.

Zusätzlich wird am Dienstagvormittag eine Ministerratsvorbesprechung abgehalten, die – obwohl eigentlich als Koordinationsgremium der Koalition entstanden – fortgeführt wird. Sie wird im Beisein der Sekretäre für inhaltliche Diskussionen genutzt. Neben diesen regelmäßigen Treffen und Runden gibt es die sogenannte „kleine Kabinettsitzung", eine Arbeitsbesprechung des gesamten Kanzlerbüros, am Abend bei einem Glas Wein.

Bundeskanzler Josef Klaus hält in den ersten beiden Jahren der Alleinregierung auffallend viele politische Reden. Im Parlament, im Rundfunk, vor Studenten, Wirtschaftstreibenden und in zahllosen anderen Formaten legt er alle Bereiche der Regierungsarbeit dar. Diese Reden füllen Tausende Seiten und beschäftigen seine Sekretäre im wahrsten Sinne Tag und Nacht. Aber ihr Einsatz lohnt sich in mehrfacher Hinsicht, immerhin schreiben sie so die politische Agenda und deren Vermittlung mit und perfektionieren ihre Fähigkeit, politisch zu denken und zu argumentieren.

1967 verstärkt der Bundeskanzler seine unmittelbaren Durchsetzungsmöglichkeiten im Haus am Ballhausplatz. Als Nachfolger des unerwartet verstorbenen Präsidialchefs Chaloupka, der seinen Kabinettsmitarbeitern immer wieder Grenzen in ihren Ambitionen gesetzt hatte, holt er seinen persönlichen CV-Freund Roland Jiresch. Zwar hat der Kanzler das Amt nun voll im Griff, in der Außenwirkung zeigen sich dennoch Schwächen. Der spröde Salzburger ist einfach kein

Bundeskanzler Josef Klaus (1910–2001) und sein Sekretär Alois Mock (1934–2017)

Medienmensch, die Installierung eines Staatssekretärs speziell für Öffentlichkeitsarbeit ändert daran wenig.

1969 und ein Jahr vor den nächsten Wahlen soll eine Regierungsumbildung wieder frischen Schwung bringen. Der Kanzler schiebt die Bewährtesten seiner Jungen in die erste Reihe: Kabinettschef Mock wird mit 35 Jahren Unterrichtsminister und der noch jüngere Neisser avanciert zum Staatssekretär. Oppositionschef Bruno Pittermann spöttelt über das juvenile Kabinett: „Sie haben sich da so eine Art politischer Baumschule herangezogen." Das trifft tatsächlich die Intention von Klaus, nämlich „Vorschläge und Kritik junger Talente zu hören und ihren künftigen Einsatz zu besprechen".

Im vierten Regierungsjahr klaffen allerdings Theorie und Praxis immer weiter auseinander. Die Sekretäre sind merkbar weniger gefragt, der Kanzler zieht sich angesichts schlechter Umfrageergebnisse zurück und wird zunehmend beratungsresistenter. Seine Alleinregierung kommt beim Volk nicht mehr an, die Sozialdemokraten haben in der Opposition aufgeholt und führen einen erfolgreichen Wahlkampf, die ÖVP-Taktik, Klaus als „echten Österreicher" in Position zu bringen und damit antisemitische Ressentiments zu bedienen, geht nicht auf. Beim Urnengang im Frühjahr 1970 bleibt die Volkspartei deutlich hinter der SPÖ, die eine relative Mehrheit erringt. Am 21. April und nach nur vier Jahren muss Josef Klaus aus dem Kanzleramt ausziehen. „Die Schreibtische und Schränke waren ausgeräumt, das Sekretariat machte einen bis aufs letzte Stäubchen aufgeräumten spiegelblanken Eindruck", schreibt er in sein Tagebuch. Mit ihm verlassen auch seine Sekretäre die Kanzleien am Ballhausplatz. Viele Jahre später werden sie in noch wichtigeren Funktionen zurückkehren.

In die leeren Büros zieht Bruno Kreisky als erster Chef einer Minderheitsregierung und als erster sozialdemokratischer Bundeskanzler ein. Die Amtsübernahme vollzieht sich nicht ganz ohne Dramatik. Angeblich – so die ÖVP-Version – werden einzelne verbliebene Mitarbeiter in Abwesenheit von Möbelpackern ausquartiert. Nach SPÖ-Version geht der Einzug völlig zivilisiert vor sich, allerdings wird darüber geklagt, dass es nicht den Gepflogenheiten bei Regierungswechseln entspreche, gar kein Kabinettspersonal mehr vorzufinden. So ist Bruno Kreisky gezwungen, einen neuen Mitarbeiterstab aufzubauen – der sich aber in der geringen Zahl und hohen Qualität von dem des Vorgängers kaum unterscheidet.

Die neuen Kanzlersekretäre sind eine Gruppe junger, politisch engagierter, links denkender Experten, die von außerhalb des Hauses, ja zumeist von außerhalb der Verwaltung kommen. Das macht die Arbeit mit den Verwaltungsspitzen des Kanzleramts nicht immer einfach. Die Neuen finden dennoch Kontakt zu den konservativen und ÖVP-nahen Beamten, die ihr Chef aus seiner Zeit als Staatssekretär und Außenminister bereits besser kennt – Edwin Loebenstein im Verfassungsdienst und Friedrich Meznik im Pressedienst. Zunächst gedenkt Kreisky, den Spitzendiplomaten und Prager Botschafter Rudolf Kirchschläger zum Präsidialchef zu berufen. Nachdem jedoch das SPÖ-Parteipräsidium seinen ersten Vorschlag für das Amt des Außenministers – Kurt Waldheim – ablehnt, bestellt er Kirchschläger auf diesen Posten, Jiresch bleibt. Während das Verhältnis der Kabinettsmitarbeiter zu den Beamten vor allem von Respekt geprägt ist, sucht Kreisky immer wieder und vorbei an seinen Sekretären den direkten Kontakt; wenn ihm etwa ein Akt erläuterungsbedürftig erscheint, lädt er nicht den Sektionschef, sondern gleich den zuständigen Referenten.

Innenpolitisch setzt der Kanzler nun alles daran, das Land zu verändern und seine Reformagenda umzusetzen. Sein Kabinettsteam ist darauf exzellent vorbereitet, hinter ihm steht ein großer externer Expertenkreis – auch wenn es keine 1400 sind, wie es die Wahlwerbung behauptet hat, sondern nur ein paar Dutzend. Für praktisch jeden

Bereich der Regierung gibt es ein sozialdemokratisches Arbeitsprogramm, das fortan die Grundlage zur Umsetzung des Konzepts einer „sozialen Demokratie" ist. Er hat seine Mitarbeiter aus jenem Kreis rekrutiert, der diese Programme ausgearbeitet hat. Einige davon, wie Hannes Androsch, Heinz Fischer und Alfred Reiter waren bereits ab 1966 als Parlamentssekretäre angeheuert worden. Sie hatten dem Abgeordnetenklub, der in der Zeit der großen Koalitionen nur eine Abnickmaschine war, neue politische Bedeutung eingehaucht. Zwar waren die vier Jahre Oppositionsarbeit eine harte Schule, sie wurden aber von Kreisky, der 1967 den Parteivorsitz übernommen hatte, intensiv zur Vorbereitung auf eine künftige Regierungsarbeit genutzt. Gleichzeitig forcierte er die Jungen in den Parteiorganisationen, förderte sie und sollte ihnen wie kaum ein anderer Spitzenpolitiker vertrauen.

Erster Kabinettschef wird der achtunddreißigjährige Peter Jankowitsch, ehemals Obmann der Sozialistischen Studenten, dann sein Ministersekretär bis 1962, jüngster Botschafter im Außenministerium und danach Büroleiter des Oppositionsführers. Er steht sofort mitten im politischen Geschehen – so muss er 1970 mit FPÖ-Obmann Friedrich Peter Kontakt aufnehmen, um die Möglichkeit einer Minderheitsregierung auszuloten. Als Kabinettschef spielt er in Personalfragen eine wichtige Rolle und vermittelt dem Kanzler persönliche Kontakte zu Intellektuellen, wie etwa dem US-Ökonomen John Galbraith, der Feministin Gloria Steinem oder zum französischen Linksliberalen und Publizisten Jean-Jacques Schreiber. Meist jedoch beschafft er jene Detailunterlagen und Informationen, die der Kanzler für seinen nie versiegenden Strom politischer Initiativen benötigt. Ende 1970 ist Jankowitsch sein erster Gesprächspartner bei der Entscheidung für die vorgezogenen Neuwahlen, die der SPÖ im Oktober 1971 schließlich die absolute Mehrheit bringen.

Die kleine Sekretärstruppe, die nun am Ballhausplatz antritt, ist handverlesen und hoch qualifiziert. Auch unter ihnen sind viele, die später große Karrieren in Politik, Diplomatie, Medien und Wirtschaft machen sollten. Doch der Arbeitsstil Kreiskys und der Umgang mit seinen Zuträgern ist ganz anders als jener des Kanzlers Klaus: Es gibt keine regelmäßigen Sitzungen in größerer Beraterrunde, keine festen Rituale der Entscheidungsfindung, die Reden werden vom Chef konzipiert und das Kabinett liefert nur zu, Medienauftritte gestaltet er selbst, was sie besonders authentisch macht. Der Amtsbetrieb wird mehr und mehr in eine Kreativwerkstätte umgebaut, in der sich der Chef – wie es einer seiner Mitarbeiter formuliert – „als Künstler, als Kommunikator, nicht als Verwalter und Manager" versteht.

Als Jankowitsch 1974 wieder in die Diplomatie zurückgeht – dieser Weg wird ihn 1986 ins Amt des Außenministers führen –, wird Alfred Reiter aus dem Parlamentsklub geholt und Kabinettschef. Kreisky schätzt den gut organisierten Banker und Ökonomen, der ihn schon beim Wirtschaftsprogramm unterstützt hat. Der Fünfunddreißigjährige sieht die Funktion des Kanzlers als Vorstandsvorsitzenden eines großen Unternehmens und will das Büro entsprechend organisieren. Doch er versucht vergeblich, das Chaos auf und um den Kanzlerschreibtisch zu ordnen, Prioritäten in die Papierflut zu bringen und einen klaren Prozess der Beantwortung der unzähligen Briefe festzulegen. Auch sein Vorschlag einer festen Tagesstruktur und regelmäßiger Besprechungen verhallt. Nur langsam gewöhnt sich der Manager an den kreativen Arbeitsstil Kreiskys. Inhaltlich ist er für Wirtschaftsfragen zuständig, stellt Kontakte zu Managern her, organisiert Expertise zu wichtigen Fragen, etwa als es darum geht, die österreichische Autoindustrie wieder auferstehen zu lassen, das Projekt „Austro-Porsche".

1973 löst der erst sechsundzwanzigjährige ORF-Journalist Johannes Kunz den Diplomaten Ingo Mussi als Pressesekretär ab. Seine Rolle ist eine völlig andere als die eines Pressemanns unter Klaus: Für seinen Chef gibt es kaum etwas zu organisieren oder vorzubereiten, Kontakte zu Journalisten muss er ebenfalls nicht vermitteln – Kreisky telefoniert ohnehin ständig mit ihnen. Er hat andere, strategischere PR-Aufgaben, wie etwa den Kontakt zur „Aktion kritische Wähler" zu halten, die das Wahlverhalten fortschrittlicher bürgerlicher Kreise beeinflussen soll. Zeitgleich wird Hans Thalberg zur Koordination der Informationspolitik ins Boot geholt. 1977 folgt Wolfgang Petritsch im Kabinett nach. Zunächst als

Referent – unter anderem befasst mit Presseförderung Parteienförderung, Kultur, Volksgruppenfragen – und ab 1981 auch als Pressesekretär.

1980 zieht mit Ferdinand Lacina ein politisches Schwergewicht als Kabinettschef ein. Im Verband Sozialistischer Studenten politisch sozialisiert, hat er profunde Politikerfahrung gesammelt, 1961 hatte er mit einer Vorlesungsmitschrift die antisemitischen Entgleisungen des Universitätsprofessors Taras Borodajkewycz publik gemacht – der anschließende Skandal gilt als Erweckungserlebnis für die junge Linke in der Republik. Noch während seines Welthandelsstudiums tritt Lacina in die Arbeiterkammer ein und fällt dort mit einer Studie über Auslandskapital in der österreichischen Wirtschaft auf. Als Leiter ihrer wirtschaftswissenschaftlichen Abteilung berät er die Bundesregierung, bis ihn der Ruf Kreiskys ereilt. Er ist nicht nur Kabinettschef, sondern für die Verstaatlichte Industrie und regionalpolitische Förderungen zuständig und beeinflusst nicht wenige wirtschaftspolitische Entscheidungen: In der Frage eines dritten Mehrwertsteuersatzes, der „Luxussteuer", nutzt der Kanzler eine Veranstaltung zum „Tag des Kindes", um sich mit seinem Finanzexperten zu beraten – und folgt schließlich seinen Argumenten. Auch die Gründung der Gesellschaft für Bundesbeteiligungen an Industrieunternehmen, mit dem Ziel, gefährdete Unternehmen zu verstaatlichen und nach erfolgter Sanierung wieder zu privatisieren, geht auf Lacina zurück. Er wird 1982 Staatssekretär im Bundeskanzleramt (BKA), 1984 Verkehrsminister und 1986 bis 1995 längstdienender Finanzminister.

Ihm folgt Herbert Amry, der bereits in den Sechzigern Mitarbeiter des Außenministers Kreisky war. Doch er bleibt nur kurz im Amt und geht später als Botschafter nach Athen. Von dort aus deckt Amry 1985 die illegalen Waffengeschäfte der VÖEST-Tochter Noricum auf. Unmittelbar nach seinen Hinweisen ans Wiener Außenamt stirbt der Diplomat überraschend an Herzversagen. Ein Tod, der bis heute Anlass für Spekulationen ist.

Neben diesen prominenten Personen gibt es noch eine weitere Reihe von Sekretären, die nicht so bekannt werden, in den 13 Jahren der Regierung Kreiskys ist die Fluktuation im Kabinett beträchtlich.

Ferdinand Lacina und Bruno Kreisky (1911–1990)

Im Einzelnen ist nur schwer nachzuverfolgen, welcher Sekretär welche Entscheidung maßgeblich beeinflusst hat. Das vor allem, weil der Kanzler keinen Wert auf eine strenge und klare Aufteilung der anfallenden Arbeit in seinem Büro legt, jeder muss so ziemlich alles machen und stets zur Verfügung stehen. Diese politischen, begabten und initiativen Menschen sitzen aber nicht in ihrem Kämmerchen und warten auf Aufträge des Chefs. Sie sind in ständigem Dialog mit ihm, in permanentem Umsetzungsdruck, ununterbrochen am Feilen und Finden von Argumenten, in Gespräche und Kontakte involviert – und tragen so Tag für Tag nachhaltig zum Gesamtergebnis bei. Kreisky sucht das Gespräch, er will Meinungen hören, geht wieder und wieder mögliche Lösungen durch. Das nicht zuletzt deshalb, weil es dem Kanzler sichtlich schwerfällt, Entscheidungen zu treffen. Und umso leichter, getroffene Entscheidungen wieder zu hinterfragen.

Die Sekretäre bereiten ihm unzählige politische Dossiers auf und legen sie in sogenannte „Lesemappen" – die allerdings immer mehr werden und nutzlose Aufschriften wie „heute" und „sofort" tragen. Am Höhepunkt des Aktensammelns füllen sie sieben Pilotenkoffer, die meist irgendwohin mitgeschleppt werden, ohne jemals gelesen zu werden.

Konkrete Leseaufträge für seine Sekretäre vergibt der Chef hingegen immer wieder, er wählt Bücher aus, die sie für ihn lesen und exzerpieren müssen. Wird ihm ein besonders interessantes Werk nahegelegt, geht er in der Mittagspause mitunter sogar selbst in eine Buchhandlung, um sich den Titel zu besorgen.

Der Sonnenkönig verlangt nach keiner Beratung im heutigen Sinne. „Kreisky hatte gute Mitarbeiter, aber er war sein eigener Spin-Doctor sagt der ehemalige Außenminister Erwin Lanc. Es wäre ihm nie in den Sinn gekommen, jemanden dafür zu bezahlen, politische Strategien und Ideen zu entwicklen. Das tut er schon selber, und zwar erfolgreich. Er will auch jeden Anschein vermeiden, jemand könnte ihm etwas einreden oder ihn in eine bestimmte Richtung drängen. Da kann er auch einem Sekretär gegenüber unwirsch werden: „Bitte agitiern'S mich da nicht an", pflegt er dann zu grummeln. Aber er hört sehr genau zu, wenn einer seiner Sekretäre einen Gedanken ausführt – von den geschickteren versehen mit der Schlussbemerkung, „aber das werden Sie wohl anders sehen." Das ist die sicherste Methode, ihn zum Nachdenken zu bewegen. Gerne aber nimmt er Zahlen und Fakten, nach denen er für seine Reden auch immer mit Nachdruck verlangt, und außenpolitische Fachinformationen, wenn er seine Konzepte (z. B. den Marshall-Plan für Afrika, seine Nahostpolitik, seine multilateralen Initiativen) entwickelt.

Für Kreisky sind seine Reden ein Instrument der Entwicklung politischer Initiativen. Er nutzt dafür kurze Ausarbeitungen seiner Sekretäre, das Grundkonzept, den Text und die überraschenden Wendungen diktiert er aber immer selbst – und immer in letzter Sekunde. Zwei Tage vor der Regierungserklärung oder dem Parteitag ist noch nichts fertig, Appelle und Hinweise der Sekretäre bleiben wirkungslos. Meist werden die hundert Seiten einer zweistündigen Rede erst in der Nacht davor getippt, mitunter sind sogar noch einzelne Passagen zu schreiben, wenn der Kanzler schon zu reden begonnen hat. Die Ergänzungsblätter werden ihm dann an der richtigen Stelle vom Sekretär gereicht.

Sein wichtigstes Werkzeug ist das Telefon. Ständig ist er erreichbar, ruft Stakeholder und Meinungsbildner an, verbringt ein

Drittel des Tages mit Außenkontakten. Er holt überall Meinungen und Argumente ein: In der Pause eines philharmonischen Konzerts, in der er einen Wirtschaftskapitän trifft, aus den Hunderten Briefen, die ihm vorgelegt werden, von seinen Künstlerfreunden, aus Büchern. Auch Menschen in der Parteiorganisation nehmen Einfluss: die Jungstars Karl Blecha, Heinz Fischer, Leopold Gratz, in den ersten Jahren vor allem Hannes Androsch und der kluge Sozialforscher Ernst Gehmacher. Daneben ist für den Kanzler eine Schar von Journalisten aller Couleurs und Weltsichten wichtig: Paul Lendvai, Karl Heinz Ritschel, Hermann Polz, Viktor Reimann, Kurt Vorhofer, Otto Schulmeister sowie Jochen Steinmayr von der Hamburger Wochenzeitung „Die Zeit". Er sendet ihnen nicht nur Botschaften, sondern stellt sich ihren Fragen und ihrer Kritik. Gesprächskreise mit Kulturmenschen – Leonard Bernstein, Fritz Muliar, Ernst Haeusserman, Friedrich Heer, Fritz Wotruba, Friedrich Torberg – sowie mit Wirtschaftsexperten, darunter Industriellenpräsident Hans Igler und vor allem Karl Kahane, komplettieren dieses intellektuelle „Crowdfunding". Der Einzige, der in einer Ratgeberrolle heutigen Verständnisses agiert, ist der Schweizer Managementberater Willy Wegenstein, mit dem Kreisky die Neuorientierung der Parteimedien plant, allerdings scheitert die Reformierung der „Arbeiter-Zeitung" an innerparteilichen Widerständen.

Impulse kommen aber auch direkt aus der Bevölkerung: „Er hatte sieben Millionen Politikberater. In den Jahren, in denen ich dort gesessen bin, trudelten täglich um die 300 Briefe ein", erinnert sich ein Kabinettschef – und alle werden beantwortet. Die meisten haben konkrete Anliegen, sie werden von den Sekretären an die Ressortminister verteilt, im Bedarfsfall wird auf Initiative des Kanzlers beim Ministerrat urgiert. Am liebsten hätte Kreisky wohl jeden Brief persönlich studiert – bei der Menge ein Ding der Unmöglichkeit –, er liest aber doch viele und entwickelt daraus neue Ideen: Schulfreifahrt, Geburtenbeihilfe und Gratisschulbücher sind angeblich von Briefen und den Gesprächen mit seinen Sekretären darüber inspiriert.

In den späten Jahren wird „der Alte" unzugänglicher, auch für seine Sekretäre. Dennoch wird das schmückende Beiwort „Kreisky-Sekretär" von Mitarbeitern wie von den Medien weiterhin genutzt. Es vermittelt eine Aura des Großen, bei wichtigen Ereignissen dabei gewesen zu sein, eine wichtige Phase österreichischer Geschichte mitgestaltet zu haben, vom unbestrittenen Meister viel gelernt zu haben. Doch das Etikett enthält meist keinen konkreten Hinweis darauf, was der solchermaßen Hervorgehobene vorbereitet, gestaltet, gelernt hat. Hinter dem strahlenden Chef treten die Ratgeber ins anonyme Dunkel zurück – selbst in ihrer eigenen Erinnerung. Aus heutiger Sicht scheint es vor allem wichtig gewesen zu sein, mit ihm gearbeitet zu haben, aber gar nicht so wichtig, was man gearbeitet hat. Dieser Widerspruch gibt beredt über die tatsächlichen Leistungen vieler Kreisky-Sekretäre Auskunft.

In den „großen" Kabinetten von Josef Klaus und Bruno Kreisky kommt rund um den Regierungschef erstmals konzentrierte inhaltliche und politische Kompetenz zum Einsatz. Die Form, wie sich die Sekretäre einbringen können, mag sich unterscheiden, aber selbst diese starken Bundeskanzler holen auf ihre je eigene Art Rat ein und lassen Personen aus ihrem engeren Umfeld inhaltlich etwas beitragen. Im Kabinett wird engagiert Politik gemacht, weil diese Kanzler Reformen vorantreiben wollen und daher in ihrem unmittelbaren Umfeld auf Sachverstand, politisches Bewusstsein und ein Gespür für die gesellschaftlichen Verhältnisse angewiesen sind.

Diese Epoche klingt in der Regierungszeit von Franz Vranitzky allmählich aus. Der Kanzler, der seine politische Karriere als Sekretär von Finanzminister Hannes Androsch begonnen hat und 1984 von Fred Sinowatz in die Regierung geholt wurde, schart ein professionelles Kabinett um sich. Er rekrutiert es primär aus dem Banken- und Wirtschaftsbereich – wie Kabinettschef Max Kothbauer, Rudolf Scholten und Hannes Sereinig – oder aus dem Ressort – wie etwa die Diplomatin Eva Nowotny. Der Arbeitsstil wird geschäftsmäßiger als unter Kreisky, die Rollenverteilung zwischen Chef und Mitarbeitern samt der Tendenz, sich ausführlich beraten zu lassen, aber nicht wirklich

ÖVP-Bundesparteiobmann Alois Mock und ÖVP-Generalsekretär Michael Graff, 1986

Entscheidungsmacht zu delegieren, gestaltet sich ähnlich. Und ähnlich wie zuvor machen einige Berater nach ihrer Kabinettszeit als Minister und Generaldirektoren große Karriere.

Bis heute spricht man über viele ehemalige Mitarbeiter von Vranitzky, Kreisky und Klaus mit großem Respekt. In den 1990er-Jahren entsteht das, was ein kluger Autor einmal als „Republik der Sekretäre“ bezeichnet hat. Zu denen der nachfolgenden Kanzler ist die Einschätzung eine andere. Nahezu jeder Politiker, der in jenen Jahren Karriere gemacht hat, war einmal Sekretär, mehr als 300 von ihnen sind prominent und mächtig geworden. Nach der Zeit, in der sie Programme entwickelt, Reden geschrieben, Kontakte vorbereitet, Skandale kalmiert, Schaltstellen bedient, Seilschaften begründet und viel gelernt haben, werden sie selbst Minister, Präsidenten, Banker, Intendanten. Sie prägen das politische System des Landes.

Um die Jahrtausendwende geht die große Zeit der Sekretäre zu Ende.

# 14.

# Spin-Doktoren und Consulting GmbHs

## Politikberatung als anonyme Dienstleistung

*Die Einsager von*
*Schüssel, Gusenbauer, Faymann, Kern*
*2000–2017*

An der Wende zu den Zweitausenderjahren verschwinden die profilierten Beraterpersönlichkeiten aus dem Bild, und in der Struktur der Ministerien und der Politik vollzieht sich ein tief greifender Wandel: Beratung wird anonym. Die Größe der Ministerbüros wächst, damit entsteht eine Verwaltung in der Verwaltung, die die Sektionschefs mediatisiert und andere Ratgeber fernzuhalten sucht, aber diese Sekretäre werden austauschbarer und inhaltlich schwächer. Diese Entwicklung zeichnet sich bereits unter Kanzler Viktor Klima ab – keiner seiner Kabinettssekretäre trat ins Rampenlicht öffentlicher Wahrnehmung. Für Kanzler und Minister wird die Vermarktung ihrer Person und ihrer „Message" bald ebenso wichtig wie die politischen Inhalte selbst. Dafür nehmen sie Unternehmen in Anspruch, die Politikberatung als professionelle Dienstleistung auf dem Markt anbieten. Waren es früher Einzelpersonen, die auf den Minister Einfluss ausübten, werden es jetzt breitere, diffuse Kreise und externe Institutionen.

Die schwarz-blaue Koalition der Jahre 2000 bis 2006 wird von Kanzler Wolfgang Schüssel dominiert, der nach außen hin wirkt, als würde er keinerlei Rat benötigen oder einholen. Ein Vorurteil – auch er umgibt sich mit Beratern und legt Wert auf die Meinung von Experten

Bundeskanzler Wolfgang Schüssel und Wilhelm Molterer

und Vertrauenspersonen. Einzelne Personen spielen jedoch keine entscheidende Rolle. Unter anderem werden einige starke Frauen gehört – Kabinettschefin Ursula Plassnik in der Außenpolitik, die Abgeordnete Ulrike Baumgartner-Gabitzer in allgemeinpolitischen Fragen, Elisabeth Udolf-Strobl als Büroleiterin im Wirtschaftsressort. Michael Sachs genießt als Parteimanager und Beamter Vertrauen, ebenso der Marktforscher Rudolf Bretschneider, einer der Wenigen, der Schüssel in größerem Kreis widersprechen darf. Der langjährigen Bildungsministerin Elisabeth Gehrer und Landwirtschaftsminister Wilhelm Molterer widmet er mehr Zeit als anderen Regierungsmitgliedern. Die Sektionschefs im Kanzleramt fragt er nicht ernsthaft um Rat, vielmehr demonstriert er bei den seltenen Führungsgesprächen geradezu lustvoll, wie wenig er von ihrer Arbeit hält.

In Wirtschaftsfragen greift Schüssel vor allem auf externe Expertise zurück: den Banker Wilfried Stadler, den Chef des Wirtschaftsforschungsinstituts Karl Aiginger, den Industriellen Claus Raidl. Aus den Interessensvertretungen greift er nur auf Personen zurück, denen er persönlich vertraut. Nur in der von der ÖVP forcierten

Privatisierungsoffensive scheint sich der ehemalige Wirtschaftsminister primär auf sein eigenes Expertenwissen zu stützen. In der Sozialversicherungsreform reicht das Beraterspektrum von Sektionschefs bis zum Kanzlersekretär und Universitätsprofessor. Gleichzeitig pflegt er Kontakte in Feldern, die scheinbar wenig mit seinem Kerngebiet zu tun haben: Über Kultur spricht er gern mit dem Chef der Wiener Philharmoniker Clemens Hellsberg, in Grundsatzfragen pflegt er den Diskurs mit dem Theologen Pater Severin Schneider vom steirischen Benediktinerstift Seckau.

Mitglieder des CV sind in diesem Feld kaum zu finden – da hat der Kanzler Vorbehalte.

Schüssel hält nicht viel von großen Sitzungen mit Beraterrunden, sind sie jedoch nicht zu vermeiden, ist er penibel vorbereitet, gerne greift er dann auf Artikel und Fachbücher zurück, aus denen er Statistisches und prägnante Sätze zitiert. Wenn er eine Reform angeht, verteilt er Arbeitspakete parallel auf mehrere Personen, fordert ungeduldig Zwischenberichte ein, wägt lange ab, spielt Varianten durch, lässt Studien vergeben, bevor er sich schließlich entscheidet. Erst wenn er sich des Ergebnisses sicher ist, geht er in die öffentliche Diskussion.

Bei großen Projekten greift der Wendekanzler auf professionelle Beratung zurück. So gibt es immer wieder Kontakt zur deutschen Bertelsmann-Stiftung, für die Gestaltung des Außenauftritts der österreichischen EU-Ratspräsidentschaft im Jahr 2006 engagiert er den niederländischen Designer Rem Koolhaas, zur Beratung in Fragen der Bioethik gründet er eine prominent besetzte Kommission.

Zwei Beispiele externer Consultancy, in die große Hoffnungen gesetzt werden, bleiben jedoch mehr oder weniger im Ansatz stecken: Im Oktober 2000 wird für 60 Millionen Schilling (4,4 Millionen Euro) das internationale Beratungsunternehmen Arthur Andersen angeheuert, um bei der „Schaffung der modernsten Verwaltung Europas sowie der Eliminierung des staatlichen Haushaltsdefizits" zu helfen. Doch die „Impuls 01" genannte Mission quält die Ressorts mit unzähligen Fragebögen und hanebüchenen Interviews, der Erkenntnisgewinn ist enden wollend. Das magere Ergebnis ist eine Standardisierung der internen Ministerialverwaltung und die Einrichtung von „Shared Services" – keine Rede von großen Einsparungen zur Budgetsanierung. Letztlich scheitert das Projekt am Widerstand der Bürokratie und am Verlust des Drucks von oben – Schüssel hat mittlerweile andere Sorgen, im Herbst 2002 implodiert die FPÖ, die Koalition ist geplatzt.

Nach der Neuauflage der schwarz-blauen Koalition wird 2003 mit dem Österreich-Konvent ein weiteres großes Projekt angegangen. Es soll nichts weniger als Vorschläge für eine große Staatsreform liefern. 70 Experten aus Verwaltung, Wissenschaft und Politik werden dazu eingeladen, auch der BKA-Präsidialchef ist dabei. Je länger jedoch beraten wird, desto stärker wird der Widerstand der Länder, blockierende Bedenkenträger beginnen sich zu organisieren. Nach zwei Jahren gibt es nicht viel mehr als einen dicken Bericht ans Parlament. Nur eine Bereinigung im Verfassungsrecht, die Schaffung der Verwaltungsgerichte, die Verankerung der Kammern in der Verfassung und kleine Kompetenzjustierungen bleiben, das große Ziel wird verfehlt.

Das System der Kanzlerberatung ist also differenzierter geworden, Kabinett und Externe dominieren, innerhalb der Verwaltung treten nur noch einige wenige einflussreiche Sektionschefs hervor, die tatsächlich Macht haben: Im Unterrichtsministerium führt Peter Mahringer in Personalunion Kabinett und Präsidium und damit das Haus fühlbar stärker als seine Ministerin. Der „Alleswisser und Vielverschweiger" bringt 20 Jahre Kabinettserfahrung beim Wiener Vizebürgermeister und beim Wissenschaftsminister mit, hat eine effiziente Hand für unbürokratische Lösungen und ist ein ebenso kundiger wie kreativer Verwalter. Der junge Finanzminister Karl-Heinz Grasser belässt die Routiniers der Sektionsleiter auf ihren Posten und hört auf sie. Vor allem der mächtige Budgetsektionschef Gerhard Steger prägt die Totalreform des Budgetrechts, der Wechsel von der Kameralistik zu einem an der Privatwirtschaft orientierten System ist sein

Werk. Das Innenministerium erlebt die steile Karriere des ehemaligen Gendarmen Michael Kloibmüller, der in diesen Jahren zum Kabinettschef und zusätzlich zum Leiter der Präsidialsektion avanciert. Er sieht sieben Minister(innen) kommen und gehen, überlebt Affären rund um das digitale Funksystem Tetron sowie den Verfassungsschutz, immer wieder werden Vorwürfe zu Postenschacher und clamorose Aktenweitergaben laut. 2018 wechselt er eher überstürzt aus dem Amit in ein kleines Privatunternehmen.

Mit dem Wahlsieg der SPÖ im Oktober 2006 und der Neuauflage der ungeliebten großen Koalition unter Kanzler Alfred Gusenbauer verstärkt sich am Ballhausplatz der Trend zur Anonymisierung der Beratung. Schon seit den 1980er-Jahren haben alle Parteien Politberater und Strategen aus dem Ausland, vornehmlich aus den USA. Die ÖVP hat schon früh Tom Edmonds und Walter de Vries engagiert, die SPÖ nimmt Stanley Greenberg in Anspruch – erfolgreicher Berater von Bill Clinton, Tony Blair und Gerhard Schröder. Der Wahlkampfspezialist setzt auf emotionale Botschaften, mit einem jungen, talentierten Israeli plant er sogar, in Wien ein eigenes Büro zu gründen: Tal Silberstein. Der aggressive und unkonventionelle Dreißigjährige wird zu einem wichtigen Spin-Doctor in Gusenbauers Wahlkampf.

Unter Rot-Schwarz verlieren die Persönlichkeiten in den Kabinetten weiter an realpolitischer Bedeutung. Qualifikation ist weniger gefragt, dafür gebärden sie sich selbstbewusst bis zur Peinlichkeit.In das Vakuum, das durch die gleichzeitige Entmachtung der Sektionschefs entsteht, strömen in wachsender Zahl Externe ein.

Die Kabinette fokussieren ihre Beratungsenergien gegen den Koalitionspartner, denn ein neues System, das der „Spiegelung", bedeutet, dass jedes Vorhaben eines Ministeriums von einem Ressort der anderen Partei blockiert werden kann. Damit werden sie zu Meistern des Junktimierens und damit des Scheiterns von Projekten. Am Ende ist klar, dass ihre Stärke ausschließlich im Verhindern liegt, eine Kraft in der Durchsetzung von Politik ist nicht mehr erkennbar. Folgerichtig ändert sich die personelle Komposition: Es sind kaum mehr Könner mit

Fachwissen und Führungserfahrung anzutreffen, sondern immer jüngere und immer niedriger ausgebildete Parteisekretäre, die auch ziemlich zufällig rekrutiert werden. Politische Beratung kommt von hier nicht mehr.

Doris Bures und Kanzler Alfred Gusenbauer

Die starken Ratgeber in der Ministerialhierarchie lassen sich mittlerweile an den Fingern einer Hand zählen. Josef Ostermayer, für kurze Zeit Kabinettschef im Infrastrukturressort, gehört dazu, bis er als Staatssekretär in die erste Reihe aufrückt. Die Präsidialchefs im Innenministerium und im Landwirtschaftsressort wirken über ihre Häuser hinaus, setzen Initiativen und bieten den „Sonderberatern" Paroli. Der Präsidialchef des Bundeskanzleramtes wird von manchen als letzter mächtiger Staatsdiener und oberster Beamter gesehen, der seine Verwaltung in angemessener Selbstständigkeit führen kann und dessen Wort gehört wird.

Der gegen alle Vorhersagen erzielte Wahlsieg führt dazu, dass Kanzler Gusenbauer logischerweise jenen Personen vertraut, die an diesem Erfolg beteiligt waren. Neben seinen teils langjährigen Weggefährten Doris Bures, Josef Cap und Parteimanager Josef Kalina zählen dazu vor allem die importierten Einflüsterer, „die Amerikaner". Auch in einer losen kulinarischen Runde mit Freunden aus frühen politischen Tagen wird Raum zum Diskutieren von Ideen organisiert. Darüber hinaus hört der Kanzler sporadisch auf einige wenige Minister(innen) und ab und zu auf persönliche Freunde wie den Anwalt Leo Specht oder Kulturstar André Heller. Einmal in Amt und Würden schottet sich Gusenbauer bald von vielen früheren Beratern ab und baut auch

Staatssekretär Josef Ostermayer, Berater von Kanzler Werner Faymann

kein starkes Kabinett auf. Ideen holt er sich – erratisch, ad hoc, ohne stringenten Plan und ohne feste Organisation – lieber und häufiger aus seinem weltweiten Netz politischer Freunde, in Einzelgesprächen und Telefonaten oder über die Lektüre ihrer Bücher und Papers.

Wenn die Partei versucht, auf ihre Minister und den Kanzler Einfluss auszuüben, hat dies eher Personalisierung, Image und Styling zum Gegenstand. Inhaltlich passieren Gusenbauer gravierende strategische Fehler, Schlüsselressorts überlässt er der ÖVP, vor allem aber die Aufgabe zentraler Wahlkampfversprechen nehmen ihm die Verbündeten übel. Noch einmal bezieht er die Externen stärker ein, weil sie „gute Organisatoren" sind und helfen sollen, „den Tunnelblick wegzukriegen". Als Versuche, sich beim Boulevard anzudienen, scheitern und ÖVP-Chef Wilhelm Molterer die Koalition nach nur 18 Monaten aufkündigt, lässt sich die Macht für die Sozialdemokratie nur mehr mit einem Personalwechsel an der Spitze retten – Gusenbauer tritt im Juli 2008 zurück und übergibt an Verkehrsminister Werner Faymann.

Auch wenn dieser prompt ankündigt, die „100 besten Köpfe des Landes von Kunst und Kultur bis Wirtschaft und Finanz" als Berater seiner Regierung heranzuziehen, stützt er sich tatsächlich nur auf einen ganz kleinen persönlichen Kreis, externe Unternehmen nimmt er für Public Relations, Marketing und Imagepflege in Anspruch. In entscheidenden Phasen allerdings – vor allem beim Überwinden der Finanzkrise 2008 mithilfe eines Bankenpakets und einer aktiven Arbeitsmarktpolitik – rekrutiert der SPÖ-Kanzler ad hoc einen qualifizierten Expertenkreis, etwa im Parlamentsklub oder aus den Reihen deutscher Genossen, mit denen er nahezu täglich telefoniert.

Im Alltagsgeschäft der Politik ist Josef Ostermayer relevanter als jeder andere Berater. Der Jurist aus dem Burgenland begleitet Faymann schon seit gemeinsamen Jahren in der SPÖ-nahen Mietervereinigung. Jetzt wird er Staatssekretär für Medien und Regierungskoordination, die starke „rechte Hand" des Kanzlers. Er erwirbt sich 2011 besondere Verdienste bei der Lösung des Kärntner Ortstafelstreits, Ende 2013 avanciert er zum Minister für Kunst und Kultur, Medien, Verfassung, Koordination – und leitet praktisch das gesamte Bundeskanzleramt. Ostermayer ist des Kanzlers Ratgeber und sein bester Freund, „Jeder weiß, was der andere denkt", sagt er einmal. Ohne ihn geht im Regierungsalltag wenig. Auch die SPÖ-Zentrale führt er de facto vom Ballhausplatz aus – mit zwei zuarbeitenden Geschäftsführern. Er ist wie sein Chef freundlich, zurückhaltend, er versteht sich als „Pragmatiker der Mitte" mit geringen Berührungsängsten zum Boulevard und folgt damit seinem Credo: „Wenn man die Menschen nicht erreicht, dann ist man als Politiker sehr einsam." Ostermayer pflegt den Kontakt zu einigen wenigen Spitzenbeamten, holt deren Rat ein und vertraut ihnen wichtige Aufgaben an.

Verkehrsministerin Doris Bures, zuvor enge Vertraute von Alfred Gusenbauer, hat auch auf Werner Faymann großen Einfluss, als Sparringpartner für Ideen greift der Kanzler auf den Journalisten Claus Pándi von der „Kronen Zeitung" zurück. Daneben gibt es nur einzelne Führungspersonen in der Verwaltung, denen er vertraut. In Wirtschaftsfragen wird Arbeiterkammer-Direktor Werner Muhm immer wieder konsultiert – etwa 2008 bei der Bewältigung der Finanzkrise oder der

Steuerreform ab 2012. Sein Wort hat Gewicht, als Generalrat der Nationalbank, in der Einschätzung des Hypo-Alpe-Adria-Desasters, bei der Arbeitnehmerfreizügigkeit. Für einige Zeit installiert der Kanzler auch den SPÖ-Abgeordneten Kai Jan Krainer als Berater für Wirtschaft und Budget in seinem Kabinett, doch diese Doppelrolle findet bald Kritik und wird daher beendet.

Auch Faymann tendiert nicht dazu, einen soliden permanenten Ratgeberkreis aufzubauen oder Experten aus unterschiedlichen Arbeitsfeldern zu binden. Sein Kabinett und die Sektionschefs nimmt er kaum für Inhaltliches in Anspruch. In seiner sehr kleinen Runde, mit der er seit Jugendfunktionärstagen immer schon zusammengearbeitet hat und die umsetzt, was er vorgibt, geht ihm Loyalität über alles. Kreativität, strategische Politikberatung, Entwicklung eines Narrativs über den Tag hinaus und Berater, die in eigene Netzwerke hineinwirken, haben für ihn keine Priorität. Nur in EU-Angelegenheiten ist von außen sichtbar, dass er den Rat anderer, insbesondere von Kommissionspräsident Jean-Claude Juncker und der deutschen Amtskollegin Angela Merkel, in Anspruch nimmt, ja sogar seine Politik danach ausrichtet. Innenpolitisch vom ewigen Zwist mit der Volkspartei gelähmt und in der Partei zunehmend in der Kritik, verliert Faymann in der Zeit nach der Flüchtlingskrise ab Herbst 2015 auch die Unterstützung der Boulevardmedien und tritt schließlich ab.

Sein Nachfolger Christian Kern lässt sich ab 2016 noch einmal von Tal Silberstein beraten, von ihm übernimmt der Regierungschef das Motto, 95 Prozent der Politik sei Inszenierung. Der zugekaufte PR-Guru verärgert im Kanzleramt praktisch alle, die er trifft – die Umgebung des Kanzlers ebenso wie die Profis der Verwaltung. Er ist erkennbar nur Spezialist dafür, „den Gegner von einem sauberen in einen schmutzigen Kandidaten zu verwandeln", aber nicht für kluge Regierungsberatung. Im Wahlkampf 2017 und gegen das schlagkräftige Team rund um Sebastian Kurz geht diese Strategie gründlich schief, sie ist einer der Gründe für den Mehrheitsverlust der SPÖ. In seiner Zeit am Ballhausplatz hat Kern keinen langjährigen Vertrauten in einem engsten Kreis. Der ehemalige Spitzenmanager der Bundesbahnen fragt zwar in der politischen Alltagsarbeit viele um ihren Rat, doch das macht die Entscheidungsfindung für ihn nicht unbedingt einfacher. Bisweilen setzt er auf professionelle Beratung – etwa bei einem großen Verwaltungsreformprojekt, das 500 Vorschläge angehen soll: Es wird von den Sektionschefs unter Moderation des Generaldirektors der Post und des früheren BKA-Präsidialchefs gesteuert, versandet aber an erbitterten gegenseitigen Blockaden der Koalitionsparteien. Ein Schicksal, das dem medial aufwändig inszenierten Zukunftsprojekt „Plan A" Kerns und seiner Berater ebenso wiederfährt.

Wolfgang Schüssel und Pressesprecherin Heidi Glück

Unabhängig von den konkreten Einflüssen, die einzelne Ratgeber, Sekretäre und Beamte noch haben, entwickelt sich der große Trend im Hintergrund. Seit 2000 wird Politikberatung zunehmend outgesourced. Diese Externen werden insbesondere für Vermarktung, Spin, Medienstrategie herangezogen; es geht eher um die Inszenierung von Politik, nicht so sehr um Politik, es geht um Symbolik, nicht um Inhalte, um Bilder, nicht um Maßnahmen, um Personalisierung, nicht um Sachthemen. Diese Art der Beratung hat mittelbare Auswirkungen auf die Regierung, ihr Handeln, ihre Entscheidungen und beeinflusst – oder infiziert – vor allem ihre Routine. Nicht weniger als 74 Thinktanks gibt es mittlerweile im Land, womit Österreich in einem globalen Ranking immerhin den 18. Platz belegt. In der internationalen Top-Liga der Denkfabriken finden sich aber nur drei heimische Wirtschaftsforschungsinstitute wieder.

Die neuen Berater sind internationale Promis, wissenschaftliche Institute, Stiftungen, Anwaltskanzleien, Verbände, NGOs, Public-Affairs-Consulter, Meinungsforscher und Lobbyisten. Aktuell im Trend sind die aus dem Boden schießenden Social-Media-Agenturen und Campaigning-Büros, die am Hype viraler Botschaften Hunderttausende Euro pro Einzelprojekt verdienen. Spätestens seit den Wahlerfolgen von Donald Trump bis Sebastian Kurz sind größere und kleinere Datenanalyse-Unternehmen in den Blickpunkt gerückt, die in den Big-Data-Strömen gezielt potenzielle Wähler lokalisieren, um ihr Wahlverhalten mit maßgeschneiderten Botschaften zu infiltrieren. Ein Multi-Millionen-Business. Die Firmen tragen fantasievolle Namen, hinter denen in Österreich ein stabiler Klub einiger Marktführer sowie ein Schwarm von Einzelpersonen steht. Vifere und gut vernetzte Kabinettschefs und Pressesprecher wechseln auf diese Schiene, die lukrativer und sicherer vor politischen Krisen ist als ein Posten im Ministerbüro. Schließlich bringt jeder Ministerwechsel den eigenen Job in Gefahr, kommt der neue Dienstherr aus einer anderen Partei, überlebt man ihn beruflich ohnehin nicht. Zuweilen werden Pressesprecher auch proaktiv mit der Unterstützung der Chefs in diese freie Marktwirtschaft entsorgt, abgefedert mit dem Startkapital einiger Beratungsaufträge im politischen Umfeld und Empfehlungen an mächtige Freunde.

Viele Consulter waren im Apparat einer Partei oder einem Ministerkabinett tätig, bevor sie sich selbstständig gemacht haben. Nur einige seien als Beispiele genannt: Heidi Glück ist Pressesprecherin von Kanzler Wolfgang Schüssel, bevor sie die Consulting-Agentur Spirit & Support gründet und damit Aufträge der öffentlichen Hand umsetzt. Daniel Kapp ist langdienender Pressemann mehrerer ÖVP-Minister, bevor er selbstständig seine „politische Erfahrung nutzt, Kommunikationsstrategien zielgerichtet und ergebnisorientiert zu entwickeln". Josef Kalina ist oberster Parteimanager der SPÖ und startet danach mit Unique Relations durch. Stefan Sengl macht zunächst politische Jugendarbeit und leitet nach der Gründung seiner Skills Group die

Walter Meischberger und Karl-Heinz Grasser, 2005

Wahlkampagne von Bundespräsident Heinz Fischer. Heimo Lepuschitz ist Pressesprecher des BZÖ, bevor er seine eigene Agentur gründet. Monika Langthaler ist grüne Abgeordnete, bevor sie brainbows – the information company erschafft.

Dazu kommt eine Phalanx persönlicher Freunde ehemaliger Spitzenpolitiker. Das ist etwa ex post am Umfeld von Finanzminister Karl-Heinz Grasser erkennbar, aus dessen Netzwerk heraus der Lobbyist Peter Hochegger das Finanzministerium, die Telekom, den Flughafen Wien, die Österreichischen Bundesbahnen und andere staatliche Unternehmen beraten hat. Walter Meischberger, ehemals FPÖ-Politiker und Kompagnon von Grasser und Hochegger, war für den Glücksspiel-Konzern Novomatic und die Telekom Austria aktiv. Gemeinsam agierten und berieten sie bei der Privatisierung der Wohnungsgesellschaft Buwog, einen Deal, der bis heute die Gerichte beschäftigt. Der Immobilienunternehmer Ernst Plech und der Investmentbanker Karlheinz Muhr, ebenfalls Teil des Grasser-Netzwerks, scheffelten Maklerprovisionen im staatsnahen Bereich. Dieses eine Fallbeispiel großer Millionengeschäfte kleiner Freundeskreise lässt ein Gesamtbild erahnen, denn es gibt viele dieser Netzwerke, auch wenn sie nicht wie dieses ins Visier der Justiz geraten.

Aber auch so kommt das Wirken externer Berater den Staat teuer: So sind die Ausgaben für zugekaufte Ratgeber ab dem Jahr 2000 ungleich höher als in jenen Zeiten, in denen noch auf amts- oder partei-interne Expertise zurückgegriffen wurde. Zwar gibt es keine vollständige statistische Aufstellung, doch lässt sich das Ausmaß errechnen, wenn man sich die Beträge in den Beantwortungen einer Vielzahl parlamentarischer Anfragen ansieht. Denen zufolge haben die österreichischen Ministerien in den vergangenen 20 Jahren mehr als eine halbe Milliarde Euro für Beratung ausgegeben, dazu kommt eine ähnlich hohe Summe für Werbung in Medien, um deren Unterstützung für politische Projekte zu sichern. Die Bundesländer geben ebenfalls viele Millionen im Jahr aus, und bei den großen Kommunen fallen vergleichbare Ausgaben an. Schließlich ist noch die staatsnahe Wirtschaft einzubeziehen, die sich ebenfalls für Millionensummen in öffentlichen und Verwaltungsangelegenheiten beraten lässt. In Summe belaufen sich die gesamten Ausgaben seit dem Jahr 2000 auf zwei Milliarden Euro. Zwar erscheint dieser Betrag im internationalen Vergleich nicht spektakulär – auch in Deutschland geben die Ministerien in einem Jahr eine Milliarde Euro aus –, doch auf die Größe des Landes und seiner Verwaltung bezogen hat sich hier allemal ein einträglicher Geschäftszweig samt unzähligen Beratern entwickelt, denen es materiell um einiges besser geht als seinerzeit den frühen Hofräten – auch jenen, die damals hohe Zuwendungen der Herrscher erhielten und auf großem Fuß lebten. Was in Maria Theresias und Metternichs Zeiten für Beratung pro Jahr ausgegeben wurde, fällt heute in ungefähr einer Woche an.

Angesichts dieses Aufwands stellt sich die Frage, ob die Instrumente der neuen Ratgeber diese Summen wert sind. Was können sie besser, anders, als die in der Verwaltung bereits vorhandenen Fachexperten oder jene Einzelpersonen, die früher diese Aufgabe erledigten? Verbessern sie konkret die Qualität der Entscheidungen in Administration und Politik?

Eines der Tools dieser neuen Berater, das vor allem unter Sebastian Kurz hocheffizient eingesetzt wird, ist die Gleichschaltung der Regierungskommunikation. Die PR-Profis der Ministerien sind mittlerweile immer dort, wo auch der Chef ist, eine Armlänge neben ihm. Hinter den insgesamt etwa 50 Personen, die keiner kennt, arbeiten ebenso anonyme Spezialunternehmen zu. Sie kümmern sich um eine idente Wortwahl der Regierenden, zumindest innerhalb der jeweiligen Fraktion. Was ein Minister öffentlich sagen soll, passiert zuvor den Tisch eines Kommunikationsgehilfen bei Kanzler/Vizekanzler, autonome Meldungen von Ressortchefs sind nicht erwünscht, sie entscheiden nicht mehr selbst, was sie sagen und tun. Das senkt die Qualität der Ressortpolitik eher, als sie zu verbessern.

Ein zweites Instrument ist externe PR-Beratung und Außenkommunikation, verstärkt eingesetzt seit dem Millennium. Die Ausgaben dafür liegen in den Jahren 2005 bei 30, 2016 bei 23 und 2018 bei 45 Millionen Euro. Zähneknirschend zahlt der Präsidialchef jedem Ministerium Jahr für Jahr Hunderttausende Euro für die Betreuung von Informationsplattformen, die Veranstaltung von Pressekonferenzen und Hintergrundgesprächen, die Entwicklung von Websites und Social-Media-Auftritten, für Logos und Medienkooperationen oder schlicht für „Kommunikationsmanagement“ – Arbeiten, die die Verwaltung selber (auch) könnte und die das Leben der Bürger nicht unmittelbar verbessern.

Ein drittes Werkzeug sind Studien und Gutachten – 2015/16 werden von den Ministerien 180 Expertisen um 17 Millionen Euro, im Jahr darauf 159 um zehn Millionen Euro vergeben. 2018 explodiert die Zahl derartiger Aufträge auf 2200. Eine präzise Titelliste lässt sich den Parlamentsmaterialien entnehmen; sie reicht von „Vertiefende Strukturanalyse der Landesschulräte“ um 370.000 Euro über ein angeblich von einem Generalsekretär erstelltes Papier zur „Vision Landesverteidigung“ bis hin zu einer „strategischen Beratung zu Mochovce“ um 182.595 Euro. Nur wenige dieser Studien werden aber von der Politik tatsächlich umgesetzt. Lediglich die technische Beratung im Bereich

Informationstechnologie und Datensicherheit ist zumeist konkret, plausibel und praxisrelevant.

Beliebt ist nicht zuletzt die Delegierung von Personalberatung und Besetzungsvorschlägen an Firmen. Praktisch alle Personalia von Bedeutung in den ausgegliederten Bereichen und mitunter sogar interne Besetzungen liegen seit Jahren in der Hand von Unternehmen, die vom Ressortchef entsprechend gebrieft werden. Folglich wissen die Berater in der Regel genau, wen sie als bestgeeignet für eine Bestellung vorschlagen. Bloß hat man das in den alten Zeiten der Sektionschefs ebenfalls gewusst – wiewohl nicht selten Parteizugehörigkeit mehr zählte als Qualifikation. Entscheidend ist jedoch: Die Qualität der Personalrekrutierung hat sich nicht verbessert. Und zumindest erstaunlich ist, dass ausgerechnet bei der Bestellung der neuen Generalsekretäre unter Türkis-Blau nicht auf das Recruitment neuen Stils zurückgegriffen wurde.

Bei Entscheidungen, die ein rechtliches Risiko enthalten können, werden zur Absicherung ebenfalls Externe herangezogen, in diesem Fall große Anwaltssozietäten. Die Kosten einer Anwaltsstunde liegen aber bei 500 Euro, die Arbeitsstunde eines Sektionschefs hingegen bloß bei 100 Euro. Dieser Mehraufwand ist vor allem bei der Erstellung von Gesetzesentwürfen, bei der die Verwaltung über viel mehr Erfahrung verfügt, kaum zu rechtfertigen.

Der Aufwand und die externe Beratung werden damit begründet, dass das verlangte Wissen intern nicht (mehr) verfügbar sei. Oder es gälte punktuelle Arbeitsspitzen abzudecken. Oft wird argumentiert, externe Beratung würde das Ergebnis zusätzlich legitimieren, angesichts der hohen Komplexität der Probleme müssten eben Profis zurate gezogen werden. Allesamt wenig überzeugende Argumente. Wissensmanagement kann wohlfeil in der Verwaltung entwickelt und gesichert werden, wenn man nur will. Arbeitsspitzen sind gerade in der Verwaltung aufgrund ihrer Größe, des Dienstrechts und motivierter Fachkräfte sehr gut abdeckbar. Entscheidungen werden einfach nicht glaubwürdiger, wenn Berater bei Struktur- und Organisationsanalysen erkennbar exakt die Empfehlungen liefern, die der Minister haben will. Und wer kennt die Komplexität öffentlicher Angelegenheiten besser als erfahrene, gut ausgebildete Verwaltungsprofis?

Trotz aller Skepsis lässt sich dieser Trend nicht mehr umkehren. Minister, die ihr Leben lang nichts anderes gelernt und gemacht haben als Politik, verstehen sich als Ein-Personen-Unternehmen, die es gewohnt sind, fehlendes Know-how extern zuzukaufen. Nachdem sie in Organisationen groß geworden sind, in denen Konkurrenzkämpfe zwischen Einzelpersonen dominieren, halten sie potenziell karrieregefährdende Zuarbeiter auf Distanz. Kanzler, die davor nie einen größeren Mitarbeiterstab geführt haben, finden im Amt nicht mehr eine optimale Struktur für strategische und operative Zuarbeit vor. Und sie sind geprägt vom Glauben an die Mechanismen des globalisierten Kapitalismus, der Wissen zu einer Ware macht, die am freien Markt verfügbar ist – und ansonsten die Optimierung von Effizienz und Performance in den Mittelpunkt des eigenen Handelns stellt.

# 15. Krisenmanagement am Ballhausplatz

## Zwischen Message Control und Staatsräson

*Von Sebastian Kurz zu Brigitte Bierlein und wieder retour*

2017–2020

In der Politik dominiert ein neuer Trend: Erfolgreiche Politiker setzen stärker auf eine „Bewegung" als auf ein Regierungsprogramm und professionelle Verwaltung. Damit war bereits die FPÖ unter Jörg Haider erfolgreich, 2017 setzt der neue ÖVP-Chef Sebastian Kurz ein ähnliches Konzept mit einer genau geplanten Strategie um und verwandelt es in einen spektakulären Wahlsieg. Die SPÖ verschläft den Prozess, weil sie mit ihren alten Modellen zehn Jahre lang relativ gut gefahren ist. Das neue, türkise Prinzip bedeutet für das Kanzleramt totale Autorität des Chefs im Verbund mit einer kleinen, eingeschworenen Truppe, die Entmachtung der vorgefundenen Strukturen sowie intransparente Entscheidungen. Inhaltliche Beratung wird zugekauft, wo sie der Kanzler braucht. Auf Experten beruft er sich bloß, wenn er sich abzusichern gedenkt und einen möglichen Ausweg offenlassen will. Das ändert insgesamt das System der Politikberatung.

Wieder – wie bereits in früheren Epochen – gibt es die verschworenen, auf Freundschaften gründenden Ratgeberkreise rund um Kanzler und Vizekanzler. Im Fall von Sebastian Kurz sind dies unter anderem ÖVP-Geschäftsführer Axel Melchior, der strategische Kopf Stefan Steiner und der alle Dimensionen der Kommunikation kontrollierende

Türkiser „Kanzlermacher"
Philipp Maderthaner

Berater und Kommunikator:
Gerald Fleischmann

Gerald Fleischmann, zu denen später noch Social-Media-Profi Philipp Maderthaner sowie Gernot Blümel, der Umsetzer, stoßen. Die Strategie der Übernahme des Bundeskanzleramts wird vom Team „Projekt Ballhausplatz", bestehend aus Kurz und acht Beratern, minutiös geplant. Bereits im Mai 2017, also fünf Monate vor der Nationalratswahl, wird etwa der spätere BKA-Generalsekretär Bernd Brünner mit dem Teilprojekt „BKA-Reform" befasst, Steiner übernimmt die „Erstellung einer Sektionsleiterliste" und das „Durchtelefonieren von Politikberatern". Auf die medial wirksame Gestaltung des klandestinen Projekts wird Wert gelegt, aber die „Inszenierung soll nicht deutlich werden".

Mit Antreten der türkis-blauen Regierung im Dezember 2017 wird eine Entwicklung der vergangenen 20 Jahre noch einmal verstärkt: Die Ministerbüros werden vergrößert, insbesondere in den freiheitlichen Ressorts. Nachdem ihre Minister vor Ort kaum auf Parteigänger zurückgreifen können, suchen sie das Manko mithilfe großer Stäbe aus den Burschenschaften zu kompensieren. Die türkis und blau besetzten Büros haben sich vor allem auf die Kontrolle des Ressorts zu konzentrieren, jede Abteilung bekommt einen „Aufpasser", nach außen gehende Akte müssen vorgelegt werden, liegen lange im Kabinett und werden – mitunter dilettantisch – umgeschrieben. Eine inhaltliche Beratung der Minister oder Zulieferung von Expertise leisten die neuen Sekretärinnen und Sekretäre ebenso wenig wie die Generation ihrer Vorgänger in der vergangenen großen Koalition. Vor allem in den von der neuen Volkspartei besetzten Ressorts arbeiten sie strikt auf Anweisung oder vorauseilend gehorsam, weil sie genauso ticken wie der Chef. Im Bundeskanzleramt sind alle um die dreißig und zuvor in der ÖVP-Jugend oder in der parteinahen Schülerunion aufgefallen. Sie sprechen, denken und kleiden sich gleich, wirken folglich wie geklont und sind gegenüber dem Amt pingelig und herablassend.

Dem Handeln der Kabinette ist kein rechtlicher Rahmen mehr gesetzt. Das ist nicht neu, aber im internationalen Vergleich doch auffallend. So lässt etwa das Statut für die Stäbe der EU-Kommissare keinen Platz für skandalanfällige Sonderverträge von Polit-Juniors ohne formale Qualifikation. Eine Degradierung erfahrener Beamter durch hörige Kopien ihrer Chefs wird so bereits im Vorfeld unterbunden und ein Mindestmaß an Transparenz, Kooperationsfähigkeit mit dem Apparat und damit eine Akzeptanz bei den Bürgern gewährleistet. Nach den EU-Regeln baut die Beratung auch auf inhaltlichen Grundsätzen auf: Die Zusammensetzung von Kabinetten soll ein breites Spektrum an Fachkompetenz bieten, Vorbildung, Berufserfahrung und Alter müssen ausgewogen vertreten sein. Die Sekretärinnen und Sekretäre müssen sich von den Grundsätzen der Unabhängigkeit, Objektivität und Rechtsstaatlichkeit leiten lassen und bei der Beratung eine repräsentative Anzahl von Ansichten berücksichtigen. Dem Kabinett des Kommissionspräsidenten gehören höchstens zwölf, dem eines Kommissars sechs Fachreferenten an. Das ist deutlich weniger als in österreichischen Ministerien mit bis zu 30 Referenten. Zudem muss die Hälfte davon aus der Verwaltung rekrutiert werden, was bei uns völlig außer Übung geraten ist. Das Gehalt der EU-Referenten unterliegt voll dem allgemeinen Dienstrecht. Ein Übertritt aus dem Kabinett in die Verwaltung ist nur im Rahmen der allgemeinen Regeln und über eine Ausschreibung möglich – das systematische Einschleusen ehemaliger Kabinettler in die Administration ist damit unterbunden. In Österreich hingegen haben sich alle Arten von Sonderregeln verfestigt, Standards dafür, wie eine professionelle Beratung auszusehen hat, sind unbekannt.

Zusätzlich werden 2018 mit der Schaffung der Position des Generalsekretärs neuen Typs die „grauen Eminenzen" dienstrechtlich und organisatorisch formal verankert. Sie werden vom Kanzler bzw. Vizekanzler persönlich ausgewählt und berichten direkt an diese, womit sie primär nicht ihrem eigentlichen Ressortchef verantwortlich sind. Dass sich die Minister eine solche Bevormundung und Kontrolle neuen Stils gefallen lassen, ist dem Umstand geschuldet, ausschließlich aufgrund ihres politischen Gehorsams berufen worden zu sein und so über keine eigene Hausmacht zu verfügen – ihr Schicksal ist somit völlig vom Fraktionschef abhängig.

Die Generalsekretäre werden ohne Ausschreibung und Qualifikationsanforderungen bestellt, sie sind allen Sektionschefs und allen Dienststellen gegenüber weisungsbefugt. Diese Neuschöpfung ist somit ein massiver Bruch mit der gewachsenen Verwaltungsstruktur. Es wird ein Zwitter geschaffen – politisch und beamtet zugleich, strategisch lenkend und operativ umsetzend, ohne konkrete Managementerfahrung mit konkreten Managementaufgaben betraut, existenziell von der Politik und nicht von der Leistung abhängig, an den Parteiauftrag und nicht ans Gesetz gebunden.

Sie haben die inhaltliche Beratung der Minister und Ministerinnen zu organisieren und das Haus optimal für die Zuarbeit einzusetzen. Damit werden jedoch die Sektionschefs, die die Inhalte und Probleme ihres Bereichs kompetent beherrschen und langjährige Materienerfahrung haben, vollständig diesen ohne Sachkenntnis und Routine agierenden Chefberatern untergeordnet. Warnungen vor fachlichen und handwerklichen Fehlern werden nicht ernst genommen, bis die Beamten sie, sichtlich frustriert, irgendwann achselzuckend geschehen lassen.

Die Generalsekretäre merken, dass sie ein Problem sind und haben. Einige suchen das mit künstlichen Autoritätsritualen zu überwinden: Ein Erlass im Heer, überall das Konterfei des Generalsekretärs anzubringen, die Fantasieuniform des obersten Innenministeriellen, gescheiterte Personaldiktate im BKA – all das könnte man einfach nur belächeln. Gleichzeitig jedoch greifen andere auf das Allheilmittel in großen Institutionen zurück: Sie umgeben sich mit eigenen Stäben, und da wird gewuchert. 70 Personen werkeln fortan in einer neuen Zwischenebene, die man vorher nicht gebraucht hat. Und diese Schwadron verstärkt das Problem noch zusätzlich, weil sie die Beamten bis ins kleinste Detail peinigt und durch Kontrollwahn demotiviert. Dass die Leute im Stab doppelt so viel wie die Beamten verdienen, macht die Sache nicht besser. Prozesse werden länger, die Effizienz schrumpft, die Qualität der Entscheidungen nimmt ab.

Äußert ein Beamter dann eine gute Idee, wird sie ihm vom Generalsekretär und seinen Leuten entweder weg- oder übelgenommen. Passiert Letzteren jedoch ein Fehler, wird gnadenlos ein Unliebsamer im Apparat gefunden, dem man diesen zuschieben kann. Das verstärkt die alte schlechte Tradition des „Beamtenmikado", jede Initiative zu unterlassen, um ja nicht aufzufallen.

Begleitend werden auch Kompetenzen der Sektionschefs beschnitten. Unter Rückgriff auf einen schon in der Vergangenheit oftmals bewährten Trick werden Geschäftsbereiche neu definiert, um die Sektion neu auszuschreiben. Aus parteipolitischen Gründen kommen natürlich nicht die bisherigen Leiter, sondern neue Player zum Zug, die ehemaligen Führungskräfte werden abberufen oder mit unnötigen Sonderfunktionen betraut. Im Nu schafft das System mehrere Dutzend weiße Elefanten. Kurzum: Die Professionalität der Verwaltung leidet erkennbar.

Diese Führungs- und Beratungsstruktur gerät im Juni 2019 aufgrund des dramatischen Platzens der ÖVP-FPÖ-Regierung erheblich unter Druck. Demokratiepolitisch ist es nicht möglich, die ausgeschiedenen FP-Regierungsmitglieder durch interimistische ÖVPler

Bundeskanzlerin Brigitte Bierlein und ihr Vorgänger und Nachfolger Sebastian Kurz

zu ersetzen, was quasi einer Alleinherrschaft einer 27-Prozent-Partei gleichkäme. Der Versuch, ein Übergangskabinett mit externen „neutralen“ Experten in den vakanten Ministerienspitzen zu etablieren, scheitert. Das Parlament legt sich quer, zu groß ist die Gefahr, dass die Neuen am Gängelband der politisch eingefärbten Kabinette hängen. Ein Misstrauensvotum macht eine neue Regierung notwendig.

Die österreichische Bundesverfassung deutet hier eine brauchbare Lösung an: „Mit der Fortführung der Verwaltung kann auch ein dem ausgeschiedenen Bundesminister beigegebener (…) leitender Beamter des betreffenden Bundesministeriums betraut werden.“ Noch gibt es in Ressorts und obersten Organen qualifizierte, dem Rechtsstaat verpflichtete Kräfte mit langjähriger Verwaltungserfahrung, aus deren Reihen im Juni 2019 die erste Beamtenregierung in der Geschichte der Zweiten Republik rekrutiert wird. Angeführt von Brigitte Bierlein, einer ehemaligen Präsidentin des Verfassungsgerichtshofs, und Ressortchefinnen und -chefs aus den obersten Rängen der Verwaltungsprofis wird ein Team berufen, dessen Mitglieder ihrer beruflichen Rolle und ihrem

Selbstverständnis gemäß eigentlich in die Kategorie der grauen Eminenzen, der Fachberater, einzureihen sind.

Dieses Kabinett, das sich nicht von Wählerstimmen, sondern von Sachkriterien leiten lässt, gewinnt binnen kurzer Zeit und über das gesamte politische Spektrum hinweg breite Akzeptanz in der Bevölkerung. Ursache dafür ist das ruhige, unaufgeregte Verwalten, der Verzicht auf jedwedes mediale Getöse, Gesetzestreue, das Bemühen um wahre Sachinformation und ein insgesamt bescheidenes Auftreten. Gleichzeitig erfährt die Art des Regierens eine tief greifende Veränderung: Es entwickelt sich eine Gewaltenteilung zwischen Legislative und Exekutive, wie sie eigentlich in der Verfassung vorgesehen ist. Der Umgang mit dem Parlament wird transparenter, die Gesetzesbindung der Verwaltung wird ernster genommen, das Legalitätsprinzip gewinnt wieder Überhand über politische Willkür.

Aber ist das wirklich eine Expertenregierung? Die Antwort kann nur differenziert ausfallen, schließlich trifft diese Charakterisierung nur auf eine Hälfte des Teams zu: Bundeskanzleramt, Justiz, Soziales, Inneres, Landesverteidigung und Frauenagenden werden tatsächlich von Spitzenbeamten geführt. In anderen Ressorts, wie dem Landwirtschafts-, Wirtschafts-, Bildungs-, Infrastruktur- und Außenministerium, regieren de facto weiterhin die Kabinettschefs, geben eigenständig Aufträge oder stoppen geplante Ministerakte. Dort sind die grauen Eminenzen dieselben türkisen Eminenzen wie zuvor: Bei der Landwirtschaftsministerin finden Sitzungen statt, die so klar vom Kabinettschef geleitet werden, dass am Ende ein Ländervertreter seinen Sitznachbarn fragt, wer denn die Dame neben dem Kabinettschef gewesen sei. Im Bildungsressort wird der vom ausgeschiedenen Minister bestellten Ombudsfrau eine ehemalige Kanzlerberaterin „zur Seite gestellt". Und der Außen- und Kanzleramtsminister hat den Kern des bisherigen Kanzlerstabs zu übernehmen. Diese jungen Kontrollore bleiben für alle sichtbar im Haus und umgeben sogar die Bundeskanzlerin so nahe, bis sie sich veranlasst sieht, ihrerseits qualifizierte Beratung durch erfahrene Verwaltungsexperten in Anspruch zu nehmen. Unbeeindruckt werden in diesen Ressorts weiterhin parteipolitische Personalia durchgezogen – über die Bestellung einer Landesrätin zur kaufmännischen Direktorin der Staatsoper und die Ablöse des Chefs der Statistik Österreich wird medial breit berichtet.

Angesichts dieses widersprüchlichen Bildes wird auch Kritik laut: Die Beamtenregierung sei zu wenig aktiv und selbstbewusst, sie solle mehr aus ihrer Position machen, lautet der Vorwurf. Unterstützer vermissen politische Aussagen in grundsätzlichen Fragen und im analytischen Diskurs. Obwohl bloß als Übergangsregierung angetreten, erwartet man sich dennoch Bleibendes, eine gewisse Fernwirkung, eine Messlatte für künftige Entscheidungen und Abläufe. Klare Statements darüber, wie vernünftig regiert werden kann, oder das Entwickeln ethischer, pragmatischer Standards, die allgemein für die führenden Akteure im Staatswesen gelten sollen. Eingemahnt werden zudem Leitlinien für ergebnisorientiertes und „unaufgeregtes" Regieren.

Verschiedentlich wird in dieser Phase behauptet, dass „Stillstand" eingetreten sei. Kraft Zahlen zeigt der Vergleich der Arbeit der Bundesregierungen jedoch, dass es einen solchen nicht gab. Von Juni bis September 2018, also in der Zeit von Türkis-Blau, fanden acht Ministerräte statt, 2019 und unter der Ägide des Expertenkabinetts sind es zwölf; bei den Ministerratsbeschlüssen steht es 213 zu 180, bei Verordnungen der Minister und Ministerinnen und der Bundesregierung 139 zu 143. Bei den neuen Gesetzen, die zu vollziehen sind, ist die Relation 14 zu 40. Der Output des Kabinetts Bierlein ist also nicht geringer als der des Vorgängerkabinetts.

Mit Blick auf die Vergangenheit unterscheidet sich jedoch die Art des Verwaltens und Regierens. Man arbeitet in schlankeren Strukturen, kommuniziert direkt, ohne Spin und Messages und ohne externe Beratung. Der Werbeaufwand wird der Budgetkonsolidierung gewidmet, der Etat für PR-Ausgaben sinkt um 32, im Bundeskanzleramt sogar um 98 Prozent. Die Expertenregierung bestellt keine Generalsekretäre und sie arbeitet mit relativ kleinen Ministerbüros, die intern rekrutiert werden. Consulter und Parteisekretäre werden nicht in Anspruch genommen. Ein Aufatmen geht durch die Häuser am und rund um den Ballhausplatz.

Zwar gelingt es der Regierung nicht, ihren Arbeitsgrundsätzen entsprechende Regelungen für die Zukunft zu fixieren – wohl auch, weil ein nachfolgendes Kabinett diese wieder umstoßen könnte –, dennoch ließen sich aus dieser Funktionsperiode einige Lehren ziehen: Eine kritischere Wahrnehmung von Message Control durch die Öffentlichkeit, ein wacheres Hinterfragen der Regierungskommunikation durch die Medien, eine Redimensionierung der Generalsekretäre sowie ein schärferer Blick auf die Größe der Kabinette. Die Erfahrung, dass die reale Verfassung durchaus der geschriebenen entsprechen kann, könnte das Selbstbewusstsein der Abgeordneten gegenüber der Exekutive stärken. Der Primat des Rechts über die Politik könnte zu einer Selbstverständlichkeit, die Position der professionellen Experten in den Ministerien wieder wichtiger werden.

Die Politikberatung der nachfolgenden Regierung Kurz II deutet allerdings nur punktuell in diese Richtung. Zwar werden Generalsekretäre teilweise aus der Verwaltung rekrutiert und die Stäbe und Ministerbüros nicht mehr größer. Doch es sind wieder bloß einige wenige, ganz dem alten neuen Stil verhaftete Akteure, die das Regieren am Ballhausplatz beeinflussen und nachhaltig Macht ausüben: der Medienmann Gerald Fleischmann, die industrievernetzte Thinktank-Chefin Antonella Mei-Pochtler, der konservativ-katholische Kabinettschef Bernhard Bonelli, der Generalsekretär Bernd Brünner.

Fleischmann bleibt der Spin-Doctor des Kanzlers, der Experte für die Unterordnung der Politik unter die Verkaufbarkeit von Botschaften, Mastermind der Message Control sowie Koordinator der Medienpolitik der Bundesregierung. Politisch in der straff organisierten niederösterreichischen Volkspartei sozialisiert, betreut er das öffentliche Bild vom Kanzler in diesem Stil. Bei kritischen Artikeln greift er angeblich sofort zum Telefon, um scharf und weitwendig zu intervenieren. Er bindet die Pressesprecher und Generalsekretäre der Minister weiterhin an den Regierungschef, was aus dem Kanzleramt und von der Regierung an die

Öffentlichkeit geht, muss über seinen Tisch. Seine Auftritte als Organisator und Leiter aller Pressekonferenzen zur Corona-Krise lassen den Weiterbestand seiner Macht erkennen, auch wenn er aus dem Stab in die Linie gewechselt ist. Er widmet sich auch operativen Details – in der Lockdown-Zeit führt er beispielsweise einen „digitalen Krisenstab" gegen Fake News über die Pandemie.

Teils in der Öffentlichkeit, aber vor allem im Hintergrund operiert Antonella Mei-Pochtler, die Leiterin der Stabsstelle „Think Austria", die sich im Bundeskanzleramt „Strategie, Analyse und Planung" widmet. Bereits vor 2017 hat die Unternehmensberaterin das „Projekt Ballhausplatz" betreut, das vor allem neoliberale Industrielle mobilisieren sollte, Kurz auf seinem Weg an die politische Spitze finanziell zu unterstützen. Zunächst bei der von ihm geleiteten Parteiakademie angestellt und dann offiziell im Kanzleramt installiert, fungiert die Gattin des Wiener Industriellenchefs als Verbindungsfrau in Industriekreise und zum internationalen IT-Business. Zudem darf sie neue Ideen und Schlagworte vor Publikum austesten – ihre forschen Formulierungen zu Demokratiegrenzen in Pandemie-Zeiten bringen allerdings ihrem Chef unangenehme Schlagzeilen. Autoritäre Züge prägen ihre wirtschaftspolitische Linie, die Verlängerung der Arbeitszeit und die Zerschlagung der Sozialversicherung tragen ihre Handschrift, ebenso wie die Ideen zur flächigen Überwachung mittels Gesundheits-Apps.

Bernhard Bonelli, der Kabinettschef, ist der Umsetzungstechniker aller politischen Entscheidungen und pflegt die ideologischen Grundsätze der Erzkonservativen in der Kanzler-Crew. In der Zeit der Expertenregierung verblieb er beim Kanzleramtsminister auf Wache und berichtete seinem Chef. Ansonsten schreibt man dem Mann, der sich laut Eigenauskunft „im Hintergrund pudelwohl fühlt", zu, Mastermind der Grundrechtseinschränkungen während der Corona-Krise und Verfechter einer harten Linie bei Sozialpolitik-Verhandlungen zu sein. Die Arbeit des strenggläubigen Katholiken ist einfach beschrieben: Der Kanzler gibt in groben Zügen vor, was er politisch wünscht, und Bonelli arbeitet die Details aus, beschafft Zahlen und Experten und verhandelt mit dem Koalitionspartner. In einem Zeitungsinterview liest sich das so: „Ich bin dafür zuständig, dass Themen, die dem Kanzler sehr wichtig sind, auch tatsächlich so umgesetzt werden, wie er sich das vorstellt."

Als im Frühjahr 2020 die Corona-Krise das Land in Atem hält, rüsten die zentralen Ressortchefs bei den externen Experten massiv auf. Es gibt zwei zentrale Krisenstäbe mit rund hundert involvierten Personen, die sich mehrmals pro Woche treffen. Die „Taskforce" im Gesundheitsministerium besteht aus Virologen, Epidemiologen, Public-Health-Experten und Medizinern, der „SKKM Koordinationsstab Sars-CoV-2/Covid-19" im Innenministerium aus unzähligen Verwaltungsleuten. Auch ein „Covid-19 Future-Operations-Clearing-Board" macht sich wichtig. Angesichts der Menge von Beratern spricht ein Journalist von einer „Pandemie der Experten". Zusätzlich hat sich die politische Spitze noch ein eigenes kleines Netzwerk eingerichtet, das entscheidenden Einfluss hat. Es gibt eine Runde um den Kanzler, zu der neben seinen schon genannten Ratgebern auch Experten der Medizinischen Universität Wien – Rektor, Vizerektor, eine Immunologin, eine Virologin – und der Complexity Science Hub Vienna, ein von mehreren Universitäten getragener Verein zur Erforschung komplexer Datensysteme, gehören. Daneben holt der Kanzler öffentlichkeitswirksam bei Israels Premier Benjamin Netanjahu und einigen EU-Regierungschefs Rat ein.

Die Dominanz der Öffentlichkeitsberater wird zur Inszenierung eines Stakkatos von Pressekonferenzen genutzt und damit ein eigener Spin entwickelt: Es werden besonders harte Eingriffsvarianten gewählt, Legitimationsbasis ist Gehorsam durch Angst, Erfolge werden intensiv beworben, Lockerungen sind Geschenke und nicht die notwendige und rechtlich gebotene Rückkehr zum Normalen. Zudem wird ein politischer „Windfall profit" realisiert, indem mit Fördermaßnahmen und Durchführungsarbeiten politisch nahestehende Institutionen betraut werden, die außerhalb der parlamentarischen Kontrollierbarkeit stehen – Rotes Kreuz oder Wirtschaftskammer –, und indem Hilfsangeboten für die eigene Klientel Priorität zuerkannt wird.

Kanzler Sebastian Kurz und Bernhard Bonelli, einer der Umsetzer im türkisen Team

Die Verengung des relevanten Beraterkreises führt auch zu Pannen: Warnungen vor Versorgungsengpässen werden zu spät aufgegriffen, rechtlich Fehler begangen, offenkundiges Versagen wird nicht geahndet, aus China beschaffte Masken erweisen sich als unbrauchbar, die Schließung der Bundesgärten gerät selbst den türkisen Spin-Doktoren zum medialen Fiasko, die Schuldzuweisungen Richtung Wien aufgrund angeblich zu legerer Schutzmaßnahmen münden in ein Prestige-Hickhack. Zugtransfers von Pflegerinnen verlaufen unkoordiniert oder finden nicht statt, für die darbende Kulturszene werden keine oder nur unzureichende Lösungen gefunden, versprochene finanzielle Unterstützung kommt nicht oder zu spät an, die kommunizierten Regelungen sind nicht mehr überblickbar. Bei öffentlicher Kritik an diesen Fehlern werden diese jedoch blitzartig auf die externen Experten geschoben – und damit ausgerechnet auf jene Beraterstäbe, die bei der Allgemeinheit mangels konkreter Aufgabenstellung und aufgrund ihrer willkürlichen Zusammensetzung ohnehin viel Vertrauen eingebüßt haben.

Wie diese Ereignisse abseits dieser Momentaufnahme einmal bewertet, wie diese Regierung historisch eingeordnet wird, lässt sich aus heutiger Sicht naturgemäß nicht sagen. Ebenso wenig , wie die Politikberatung am Wiener Ballhausplatz künftig aussehen wird, wie viel Einfluss die Hofräte, Einflüsterer, Spin-Doktoren, Boards, Tanks und grauen Eminenzen auf die jeweils Mächtigen haben werden. Gewiss ist bloß: Es wird sie weiterhin geben – und die Entwicklung wird so dynamisch weitergehen wie in den 300 Jahren zuvor.

# Graue Eminenzen

## Das Wesen des Hofrats

Seit im frühen 17. Jahrhundert der Kapuziner Père Joseph als Erster aufgrund der Farbe seiner Kutte als „graue Eminenz" des scharlachroten Kardinals Richelieu bezeichnet wurde, geistert dieser Rollentypus durch die Geschichte von Politik und Verwaltung. Nach den vielen unterschiedlichen Verkörperungen, denen wir in den vorangegangenen Kapiteln nachspüren konnten, liegt die Frage nahe, was eine derartige Persönlichkeit eigentlich ausmacht. Ich selbst habe viele Ratgeber kennengelernt und auch in diesem Genre mitgewirkt. Dabei habe ich gelernt, dass die Antwort seit der Zeit des alten Abbés im Wesentlichen gleich geblieben ist:

Diese Menschen sind umfassend gebildet, oft sind es Juristen, die besonders reüssieren. Sie weisen meist weitere Qualifikationen auf – Sprachen, künstlerisches Talent, wirtschaftliches Verständnis, historisches Wissen. Sie sind eloquent und gute, überzeugende Schreiber. Vor allem sind sie fleißig, konsequent und ausdauernd. Sie haben die Fähigkeit, sich Mächtigen zu nähern und für sie unentbehrlich zu werden. Sie sind erfolgreiche Netzwerker und haben Charisma. Sie diskutieren Ideen, Probleme und Lösungen nur im vertrauensvollen Rahmen. Sie fordern den Chef, aber verletzen ihn nie. Sie sind bereit, in die zweite Reihe zu treten und im Hintergrund zu arbeiten. Und sie können mit Menschen umgehen, ihnen zuhören, sie führen auch ohne formales Mandat.

Es geht ganz offensichtlich darum, nicht irgendeinen Rat zu geben, nicht einen abstrakten, nicht eine eingelernte Phrase, sondern den konkreten Gedanken zu entwickeln, der gerade jetzt, in der aktuellen Situation gebraucht wird. Es ist zudem wichtig, dem Beratenen das Gefühl zu geben, seine Sache ohne den Ratgeber gar nicht oder zumindest bei Weitem nicht so erfolgreich ins Werk zu setzen. Es nützt, wenn sich der Rat wissenschaftlich darstellen und theoretisch fundieren lässt. Kommunikation in all ihren Dimensionen perfekt zu beherrschen ist unerlässlich, damit schließlich auch der Beratene selbst perfekt kommuniziert. Es hilft, dieser Zweierbeziehung eine emotionale Dimension zu geben, Geborgenheit, Sicherheit, Ruhe, ein gutes Gefühl von dem, was man tut. Es wird erwartet, dass der Berater nicht bloß kommt, analysiert, ein Papier mit großen Linien und Empfehlungen schreibt und wieder geht, sondern in der Lage ist, den Beratenen durch die Mühen der Ebene, in der Routine der Umsetzung zu begleiten. Politik wird immer wieder in eine Krise schlittern, dann ist professionelles, punktgenaues Krisenmanagement gefragt, das nicht im Handbuch steht. Der erfolgreiche Berater hat ein Ziel und ein klares Konzept und die Werkzeuge, dieses mit aller Konsequenz und gradlinig umzusetzen. Dabei wird es unerwartete Hürden, Probleme geben, das verlangt höchste Flexibilität bei der Wahl des Weges, ohne dabei das Ziel aus den Augen zu verlieren. Man muss zur richtigen Zeit am richtigen Ort sein und blitzschnell reagieren, sonst ist die Chance für immer vorbei. Der Berater ist nie allein, er hat Vorgänger, Nachfolger, ist Teil eines Netzwerks seines Auftraggebers, das es zu pflegen gilt. Es kann Phasen geben, in denen sich der Ratgeber unsichtbar macht – das heißt aber nicht, dass er funktionslos ist, vielmehr kann das unauffällige Zuarbeiten wirksamer und nachhaltiger sein als der spektakuläre Zuruf oder die singuläre geniale Idee.

Das wäre also der Inhalt des Tornisters, den die erfolgreiche graue Eminenz mitführt. Heute wäre es wohl ein Notebook.

Vielleicht wird die Bedeutung der Berater und ihrer Fähigkeiten überschätzt. Schon Niccolò Machiavelli wusste, dass „die guten Ratschläge ihren Ursprung in der Klugheit des Fürsten haben müssen – nicht umgekehrt. Nur kluge Fürsten können klug beraten werden." Auch ich habe in meinem Bestreben, dort etwas beizutragen, wo die Entscheidungen „wirklich" fallen, feststellen müssen: Immer dann, wenn ich geglaubt habe, an genau diesem mystischen Ort angelangt zu sein, war die Stelle, an der tatsächlich die Entscheidungen getroffen wurden, wieder woanders. Kaum am Ziel, rückte es auch schon wieder fort von mir. Für einen Kanzlerberater mag das eine ernüchternde Erkenntnis sein, eine nachgerade kafkaeske Situation – gegen die selbst der beste

Ratgeber nichts ausrichten kann. Auch nicht der Berater der Zukunft. Er wird in einem Gewerbe operieren, das digital und wissenschaftshörig ist, also unzählige, gefühlt unendlich viele Entscheidungsorte kennt. Trendanalyse, feingesponnene Statistik, hochkomplexe Modellrechnung, Big Data, Artificial Intelligence, Denkfabriken, Fachexperten, Prognostiker – das kann ein Fortschritt in der Qualität sein, aber auch immer mächtigere, letztlich unkontrollierbare Influencer auf den Plan rufen, die im virtuellen Hintergrund agieren. Zu diesen kommen die Kommunikationsprofis, die knallharten Allesplaner, die besonders originellen Denker und eiskalten Macher. Von all denen holen sich die Minister Rat, mit ihnen wägen sie Alternativen ab, von ihnen sind sie abhängig – aber ohne sich ihnen auszuliefern. Sie berufen sich auf sie, wenn es opportun ist, und lassen sie sofort als die Verantwortlichen fallen, wenn ein Fehler manifest wird.

Es wird also für graue Eminenzen, Einflüsterer und Spin-Doktoren nicht einfacher werden. Auch nicht am Ballhausplatz in Wien.

Wenn ich die Augen schließe und mich in Gedanken an einen imaginären runden, mit grünem Filz bespannten Tisch mit jenen Ratgebern setze, deren Porträts zum Teil noch zu meiner Zeit an den Wänden des Palais am Ballhausplatz hingen, fühle ich mich eigentlich ganz wohl. Ich höre den hageren Sonnenfels dozieren, bewundere das Französisch des geschniegelten Gentz, genieße die Protokollpetitessen Kielmannseggs, verberge vor dem gestrengen Professor Kelsen meine Wissenslücken, erahne die böse Absicht hinter Hechts biederer Miene, belächle die umtriebige Kugelgestalt Eduard Chaloupkas, sehe die Angespanntheit der Kreisky-Sekretäre und lasse mich vom Neusprech der Consulter nicht weiter beeindrucken. Mit allen ließe sich ein interessantes, in vielerlei Hinsicht lehrreiches Zwiegespräch führen. Bildung, Fleiß, Kommunikationstalent, Charisma, das richtige Maß an Loyalität, die Freude an Macht und Gestaltung sowie diese gewisse Eleganz im Umgang mit Herrschaftstechniken faszinieren mich noch immer. Einem solchen Kreis will ich doch gerne angehören, auch wenn es nicht immer angenehm war, „zum Chef" am Ballhausplatz gerufen zu werden.

# Dank

Ich danke allen, die mich auf meinem Weg in die oberste Ebene der österreichischen Verwaltung unterstützt haben, insbesondere Hertha Firnberg, Franz Löschnak, Viktor Klima, Josef Ostermayer und meinem starken Team im Bundeskanzleramt. Und ich bin im Nachhinein auch jenen dankbar, die eine mögliche andere Karriere verhinderten.

Ich danke für lehrreiche Gespräche und Informationen einer Reihe von Persönlichkeiten, die im Buch vorkommen, und einigen anderen, die ich auf ihren Wunsch nicht nennen sollte, sowie meinem fordernden Verleger und meinem kundigen Lektor. Meiner Frau Anica danke ich für viele Stunden geduldigen Zuhörens und viele kritische Hinweise. Besonders danke ich den Mitarbeitern des Österreichischen Staatsarchivs und der Administrativen Bibliothek im Bundeskanzleramt, die mich ebenso perfekt wie engagiert in der Recherche unterstützten.

# Literatur

Das folgende Verzeichnis führt zu jedem Kapitel die nach meiner Einschätzung wesentlichen und interessantesten Bücher an, die ich – neben der eigenen Recherche in den Akten und Wiener Archiven – verwendet habe. Aus diesen Quellen stammen die wiedergegebenen Originalzitate. Naturgemäß konzentrieren sich diese Publikationen nicht auf die Beraterfunktionen der jeweiligen Persönlichkeiten und ihre Beziehung zu den Beratenen und zum Staat, sondern gehen weit darüber hinaus.


## Allgemein

Zum Verständnis der Rolle der Verwalter in Österreich gibt es nichts Profunderes als Waltraud Heindl, Gehorsame Rebellen. Bürokratie und Beamte in Österreich, Band I: 1780–1848 sowie

Josephinische Mandarine. Bürokratie und Beamte in Österreich, Band II: 1848–1914, 2013

## Kapitel 2 Bartenstein

Verlässlich: Alfred von Arneth: Johann Christoph Bartenstein und seine Zeit. In: Archiv für österreichische Geschichte Band 46, 1871

## Kapitel 3 Sonnenfels

Mitreißend und umfassend ist die Biografie von Simon Karstens: Lehrer – Schriftsteller – Staatsreformer, 2011. Sonnenfels selbst liest man in Hermann Rollett (Hg.): Briefe von Sonnenfels, 1874. Weiters: Joseph Sonnenfels, Grundsätze der Policey, Handlung und Finanzwissenschaft, 1787

## Kapitel 4 Gentz

Absolut lesenswert ist Harro Zimmermann: Friedrich Gentz. Die Erfindung der Realpolitik, 2012 . Einen ergänzenden Streifzug durch Sprache und Denken des Sekretärs bietet die Gentzsche Autographen-Sammlung von Günter Herterich, Universitäts- und Stadtbibliothek Köln

## Kapitel 5 Sophie, Kübeck

Anna Ehrlich, Christa Bauer: Erzherzogin Sophie. Die starke Frau am Wiener Hof, 2016 . Ingrid Haslinger: Erzherzogin Sophie. Eine Biografie nach den persönlichen Aufzeichnungen der Mutter Kaiser Franz Josephs, 2016

Josef Redlich: Kaiser Franz Joseph von Österreich, 1928. Mit vielen Hinweisen aus Kübecks Tagebuch. Und der Berater selbst: Tagebücher des Carl Friedrich Freiherrn Kübeck von Kübau. Herausgegeben und eingeleitet von seinem Sohne Max Freiherrn von Kübeck, 1909

## Kapitel 6 Kielmansegg

Walter Goldinger (Hg.): Kaiserhaus, Staatsmänner und Politiker. Aufzeichnungen des k. k. Statthalters Erich Graf Kielmansegg, 1966

## Kapitel 7 Hoyos

Österreichisches Staatsarchiv (ÖStA), Haus-, Hof- und Staatsarchiv, Administrative Registratur, F 4, Personalia: Alexander Graf Hoyos, Karton 141

Christopher Clark: Die Schlafwandler – Wie Europa in den Ersten Weltkrieg zog, 2013

Eric Leuer: Die Mission Hoyos. Diplomarbeit, Universität Wien, 2010

## Kapitel 8 Kelsen

Matthias Jestaedt (Hg.): Hans Kelsen Werke, Band 1, 2008

Felix Ermacora (Hg.): Quellen zum österreichischen Verfassungsrecht (1920), 1967. Und soeben erschien das ultimative Standardwerk, in dessen Manuskript ich vorweg einsehen durfte:

Thomas Olechowski: Hans Kelsen. Biographie eines Rechtswissenschaftlers, 2020

## Kapitel 9 Hecht

Der geradezu beängstigende Klassiker über Handeln und Wesen eines Schreibtischtäters: Peter Huemer: Sektionschef Robert Hecht und die Zerstörung der Demokratie in Österreich, 1975

## Kapitel 10 Kastner

Walther Kastner: Mein Leben – kein Traum. Aus dem Leben eines österreichischen Juristen, 1982

## Kapitel 11 Wildner

BMEIA: Das Tagebuch von Heinrich Wildner 1945, 1946, 1947. ÖStA, Allgemeines Verwaltungsarchiv, Tagebuch Heinrich Wildner, Manuskripte 1948, 1949

Josef Schöner: Wiener Tagebuch 1944/45, 1992

## Kapitel 12 Chaloupka

Nicolaus Drimmel (Hg.): Für Volk und Glauben Leben, Festschrift für Eduard Chaloupka, 2002

Österreichischer Cartellverband: Eduard Chaloupka, im Internet abrufbar

Gerhard Hartmann, Für Gott und Vaterland, 2006

## Kapitel 13 Thalberg

Hans Thalberg: Von der Kunst, Österreicher zu sein, 1984

Hans Thalberg, Die Nahostpolitik, in: Bielka/Jankowitsch/Thalberg (Hg.): Die Ära Kreisky, 1983

Nachlass Thalberg, Stiftung Bruno Kreisky Archiv, 24 Boxen

## Kapitel 14 Die Sekretäre

Josef Klaus: Macht und Ohnmacht in Österreich, 1971

Wolfgang Petritsch: Bruno Kreisky: die Biografie, 2010

Ab diesem und immer extensiver in den folgenden Kapiteln konnte ich bereits meine eigenen Aufzeichnungen und Akten nutzen, was ich weidlich getan habe.

## Kapitel 15 Anonyme Dienstleistung

Feri Thierry (Hg.): Politikberatung in Österreich, 2013

## Bildnachweis

**APA/picturedesk:**
akg-images / picturedesk.com: 29, 57, 67 (l.)
Archiv Seemann / Imagno / picturedesk.com: 109
AP / picturedesk.com: 137
Austrian Archives / Imagno / picturedesk.com: 63, 115, 119
Bridgeman Art Library / picturedesk.com: 17, 101
Contrast / picturedesk.com: 233
Juerg Christandl / KURIER / picturedesk.com: 239 (l.)
Jérôme da Cunha / akg-images / picturedesk.com: 31
Gabriel Decker / ÖNB-Bildarchiv / picturedesk.com: 67 (r.)
Michael Gruber / EXPA / picturedesk.com: 8, 243
Herrgott Ricardo / Verlagsgruppe News / picturedesk.com: 231
histopics / Ullstein Bild / picturedesk.com: 51
Robert Jäger / APA-Archiv / picturedesk.com: 221, 223
Kobé, Albin / ÖNB-Bildarchiv / picturedesk.com: 116
Erich Lessing / picturedesk.com: 174
Nemeth / akg-images / picturedesk.com: 19
Herbert Neubauer / APA / picturedesk.com: 228
ÖNB-Bildarchiv / picturedesk.com: 71, 85, 99, 131, 169, 179
Österreichisches Volkshochschularchiv / Imagno / picturedesk.com: 86
Roland Schlager / APA / picturedesk.com: 239 (r.)
Georges Schneider / picturedesk.com: 249
Johann Georg Schreiner / ÖNB-Bildarchiv / picturedesk.com: 75
Heinrich Schuhmann / ÖNB-Bildarchiv / picturedesk.com: 92
Hans Klaus Techt / APA / picturedesk.com: 227
United States Information Servic / ÖNB-Bildarchiv / picturedesk.com: 157, 187
Votava / Imagno / picturedesk.com: 154, 185 (u.), 201, 206 (2), 212
Weltbild / ÖNB-Bildarchiv / picturedesk.com: 152
Wienbibliothek im Rathaus / Imagno / picturedesk.com: 165
Gerhard Wild / picturedesk.com: 9

**Weitere Quellen:**
BMEIA / Bundesministerium für europäische und internationale Angelegenheiten: 161
Bundeskanzleramt / Bundespressedienst: 48, 162, 185 (o.)
Gregor Hofbauer: 253
Internet Archive / archive.org: 37
KHM / Kunsthistorisches Museum Wien: 15
Kreisky Archiv, Wien: 193
Privatarchiv: 217
Unesco: 110
Verband österreichischer Banken und Bankiers, Wien: 149 (Foto: Adolf Waschel)
Wikimedia: 47, 89

## Liebe Leserin, lieber Leser!

Hat Ihnen dieses Buch gefallen?
Wollen Sie weitere Informationen zum Thema?
Möchten Sie mit dem Autor in Kontakt treten?
Wir freuen uns auf Austausch und Anregung!

Christian Brandstätter Verlag GmbH & Co KG
Wickenburggasse 26
1080 Wien
E-Mail: **leserbrief@brandstaetterverlag.com**
Tel.: (0043) 1 512 15 43-256

**Wir sagen Danke.**
**Bleiben wir in Verbindung!**

Lassen Sie sich inspirieren!
Gute Geschichten, schöne Geschenkideen auf
**www.brandstaetterverlag.com**

**TEILEN MACHT GLÜCKLICH**
**facebook.com/Brandstaetter.Verlag**

**1. Auflage**


Designed in Austria, printed in the EU.

ISBN 978-3-7106-0466-9

Covergestaltung: Peter Manfredini
Satz: Burghard List
Lektorat und Projektleitung: Stefan Schlögl